AF880755

ACCESO GRATUITO DURANTE UN AÑO AL eBOOK Y/O AUDIOLIBRO **ADQUIRIDOS A TRAVÉS DE AMAZON**

Si ha adquirido este libro a través de **Amazon**, puede solicitar acceso gratuito a su versión digital durante **un año de forma gratuita**. Siga estos pasos:

¿Cómo solicitarlo?

1. Envíe un **correo electrónico a info@colex.es** con el asunto: **«Solicitud de eBook - [Título del libro]»**.
2. **Adjunte la factura de compra** de Amazon como comprobante.
3. Indique en el cuerpo del correo:
   - Su **nombre completo**.
   - Su **dirección de correo electrónico**.
     (para activar su cuenta en **www.colex.es**, si aún no está registrada).
4. **Una vez verificada la compra, recibirá un código de activación** para canjear en www.colex.es

✓ Una vez se valide el código, aparecerá una ventana de confirmación y su eBook y/o audiolibro estará disponible **durante 1 año desde su activación** en la pestaña «Mis libros» en el menú de usuario.

— Para más información y acceso a su código, visite: www.colex.es —

* Los audiolibros están disponibles en las ediciones más recientes de nuestras obras. Se excluyen expresamente las colecciones «Códigos comentados», «Biblioteca digital» y los productos de www.vademecumlegal.es.

No se admitirá la devolución si el código promocional ha sido manipulado y/o utilizado.

COLECCIÓN
SINGULARIDAD TECNOLÓGICA Y BUENA ADMINISTRACIÓN

— Estudios interdisciplinares —

1

ENFOQUES, EXPERIENCIAS Y FORMAS DE CONSTRUIR RESILIENCIA EN COMUNIDADES DE IBEROAMÉRICA

COLECCIÓN
SINGULARIDAD TECNOLÓGICA Y BUENA ADMINISTRACIÓN
— Estudios interdisciplinares —

COLECCIÓN
SINGULARIDAD TECNOLÓGICA Y BUENA ADMINISTRACIÓN
— Estudios interdisciplinares —

1

ENFOQUES, EXPERIENCIAS Y FORMAS DE CONSTRUIR RESILIENCIA EN COMUNIDADES DE IBEROAMÉRICA

Coordinadores
Dámaso Ramón Ponvert Delisles Batista
José Manuel Camacho Sanabria

COLEX 2025

ESTUDIOS INTERDISCIPLINARES

Calle Costa Rica, número 5, 3.º B (local comercial)
A Coruña, 15004, A Coruña (Galicia)
info@colex.es
www.colex.es

I.S.B.N.: 978-84-1194-936-1
Depósito legal: C 297-2025

Esta obra ha sido realizada gracias al apoyo financiero del Programa Iberoamericano de Ciencia y Tecnología para el Desarrollo (CYTED)

SUMARIO

PRÓLOGO

CAPÍTULO 1

RIFOREDEX, UNA RED CIENTÍFICA QUE APUESTA POR FORTALECER LA RESILIENCIA FRENTE A RIESGOS Y DESASTRES EN COMUNIDADES DE IBEROAMÉRICA

Dámaso R. Ponvert Delisles Batista, Jorge L. Martín Chiroldes, María de Las Olas Palma García, Edgar A. Marinero Orantes, José M. Camacho Sanabria y Horacio A. Ulloa López

CAPÍTULO 2

PROCEDIMIENTOS PARA EL ESTUDIO DE LA RESILIENCIA COMUNITARIA FRENTE A DESASTRES. VISIÓN DESDE LA RED IBEROAMERICANA PARA LA FORMACIÓN DE COMUNIDADES RESILIENTES (RIFOREDEX-CYTED)

Dámaso R. Ponvert Delisles Batista, Jorge L. Martín Chiroldes, María de Las Olas Palma García, Edgar A. Marinero Orantes, José M. Camacho Sanabria y Horacio A. Ulloa López

CAPÍTULO 3
CONCEPTOS Y FUNDAMENTOS PARA LA PROMOCIÓN DE LA RESILIENCIA COMUNITARIA EN ZONAS DESPOBLADAS EN ESPAÑA

Ana Laura López Carlassare y María de las Olas Palma García

CAPÍTULO 4
CRITERIOS PARA FUNDAMENTAR EL ANÁLISIS DEL CONTEXTO DE UNA COMUNIDAD CON VULNERABILIDADES CON VISTA A LA EVALUACIÓN ULTERIOR DE LA RESILIENCIA

Dámaso R. Ponvert Delisles Batista, Jorge Luis Martín Chiroldes y Obdulio N. Coca Rodríguez

CAPÍTULO 5

PERCEPCIÓN SOCIAL Y RESILIENCIA URBANA ANTE INUNDACIONES EN BACALAR, CHETUMAL, QUINTANA ROO, MÉXICO

Juan C. Alcérreca-Huerta, David G. Rejón-Parra y Guadalupe F. Ramírez-Dzul

CAPÍTULO 6

AUTOEVALUACIÓN DE LA RESILIENCIA ANTE DESASTRES EN LA COMUNIDAD COSTERA «CONSEJO POPULAR GUANABO», HABANA DEL ESTE, CUBA. METODOLOGÍA, HERRAMIENTAS Y RESULTADOS

Obdulio N. Coca Rodríguez, Jorge Luis Martín Chiroldes y Dámaso R. Ponvert Delisles Batista

CAPÍTULO 7

ANÁLISIS DE LA RESILIENCIA COMUNITARIA Y LA PROTECCIÓN CIVIL ANTE INUNDACIONES EN LA MICRORREGIÓN POTINASPAK, TUXTLA GUTIÉRREZ, MÉXICO

Juan Antonio Álvarez Trinidad, Octavio Grajales Castillejos y José Alfredo Jáuregui Díaz

CAPÍTULO 8

INUNDACIONES PLUVIALES INTRAURBANAS EN CHETUMAL, MÉXICO: UN CONTEXTO PARA EVALUAR LA RESILIENCIA COMUNITARIA A ESCALA MICRO

José Manuel Camacho Sanabria y Rosalía Chávez Alvarado

CAPÍTULO 9

RESILIENCIA COMUNITARIA DE LA COMUNIDAD RURAL EL PORCAL, MADRIZ, NICARAGUA: EVALUACIÓN DEL CONTEXTO Y CARACTERÍSTICAS

Marjorie Isabel Toruño Álvarez, Keila Saraí Ballestero Laguna, Rolando José Gutiérrez Corea, Karolina de los Ángeles D'Trinidad Almanza, Elliet del Carmen Pérez Romero, Carlos Ariel Rubí Téllez y Horacio Alejando Ulloa López

CAPÍTULO 10

ESTIMACIÓN DEL RIESGO DE DESASTRES EN LA COMUNIDAD DEL CONSEJO POPULAR GUANABO, HABANA DEL ESTE, CUBA. METODOLOGÍA, HERRAMIENTAS Y RESULTADOS

Jorge Luis Martín Chiroldes, Dámaso Ramón Ponvert Delisles Batista, Obdulio Nilo Coca Rodríguez y Pablo Bayón Martínez

CAPÍTULO 11

INNOVACIONES Y APRENDIZAJES PARA TRANSFORMAR LAS CRISIS EN RESILIENCIA

Gabriela Cáceres Flores y Bernard McCaul

PRÓLOGO

La obra «enfoques, experiencias y formas de construir resiliencia en comunidades de Iberoamérica» nos brinda una serie de reflexiones en el marco de la construcción y el «hacer» resiliencia a nivel local.

La construcción de la resiliencia comunitaria implica la capacidad continua y en desarrollo de esta para dar cuenta de sus vulnerabilidades y funcionar en medio de situaciones extremas y recuperarse de ellas. Se requiere un enfoque holístico y sistemático de la comunidad sobre cómo utiliza los recursos o cómo una sociedad educa a sus miembros a lo largo del tiempo para aprender del pasado y adaptarse a las oportunidades presentes y futuros.

La resiliencia comunitaria tiene una larga historia y está arraigada en su cultura e historia en torno a valores compartidos y conocimientos locales basados en una colaboración sólida entre diversos grupos y actores de la comunidad. Esta resiliencia requiere de una asociación innovadora entre los diversos actores, como partes interesadas, entidades de investigación, grupos y partes del tercer sector con el fin de superar las complejidades del desarrollo de la resiliencia. Utilizar el conocimiento local para comprender mejor las necesidades es crucial para desarrollar soluciones locales sostenibles y desarrollar la resiliencia de la comunidad a lo largo del tiempo.

Para ello, las contribuciones de este libro nos brindan procedimientos, conceptos y fundamentos para la promoción y fortalecimiento de la resiliencia comunitaria, donde los ejes de análisis, evaluación, autoevaluación de los contextos permiten comprender la estimación de la vulnerabilidad y el riesgo, donde la percepción de la población jugará un papel significativo en los aprendizajes y las innovaciones ante el desastre.

Así, la Red Iberoamericana para la Formación de Comunidades Resilientes antes Riesgos y Desastres por Eventos Naturales Extremos (RIFOREDEx), aporta con esta obra una contribución científica donde se promueve la discusión de aprendizajes comunitarios ante el riesgo de desastre.

Prof. Dr.- Ing. Geo. Oscar Frausto Martínez
Universidad Autónoma del Estado de Quintana Roo
Representante REDESClim 2021-2023

CAPÍTULO 1

RIFOREDEX, UNA RED CIENTÍFICA QUE APUESTA POR FORTALECER LA RESILIENCIA FRENTE A RIESGOS Y DESASTRES EN COMUNIDADES DE IBEROAMÉRICA

Dámaso R. Ponvert Delisles Batista
Facultad de Geografía
Universidad de La Habana

Jorge L. Martín Chiroldes
Instituto Superior de Diseño
Universidad de La Habana

María de Las Olas Palma García
Facultad de Estudios Sociales y del Trabajo
Universidad de Málaga

Edgar A. Marinero Orantes
Facultad Multidisciplinaria Paracentral
Universidad de El Salvador

José M. Camacho Sanabria
División de Ciencias, Ingeniería y Tecnología
Universidad Autónoma del Estado de Quintana Roo

Horacio A. Ulloa López
Instituto de Geología y Geofísica
Universidad Nacional Autónoma de Nicaragua

Resumen: La Red Iberoamericana para la Formación de Comunidades Resilientes antes Riesgos y Desastres por Eventos Naturales Extremos (RIFOREDEx), se crea con el objetivo de contribuir al fortalecimiento de las capacidades de las comunidades para enfrentar eficientemente riesgos y desastres provocados por eventos naturales extremos en países de Iberoamérica. Está integrada por 40 investigadores de universidades e instituciones científicas, gubernamentales de seis países de la región (Cuba, El Salvador, España, Honduras, México y Nicaragua) y es auspiciada por el Programa Iberoamericano de Ciencia y tecnología para el Desarrollo (CYTED). Enfoca su accionar en el diseño y aplicación de una metodología apropiada para medir la resiliencia ante riesgos y desastres a nivel comunitario basada en experiencias internacionales relevantes; trabaja arduamente en la formación y capacitación de actores comunitarios para empoderarlos con el conocimiento teórico-práctico sobre resiliencia comunitaria. Para alcanzar tales logros, involucrará de manera activa a los beneficiarios de las comunidades y promoverá la interacción sinérgica entre los grupos y miembros de la red con organizaciones y mecanismos internacionales para gestionar información científica y conocimiento relevante que deriven en la obtención de resultados que generen impactos positivos en la transformación de las comunidades.

Palabras Clave: Resiliencia; Comunidad; Riesgos; Desastres; Gestión de riesgos.

1. Introducción

En los últimos años, se ha puesto de manifiesto el incremento en intensidad y frecuencia de eventos naturales extremos. Ellos ponen en riesgo numerosas comunidades en todo el mundo. Hay evidencias de que las pérdidas humanas y medios de vida debido a desastres causados por ellos, y en particular debido al cambio climático, seguirán aumentando. Son las comunidades y las personas las que viven en su propia piel las consecuencias del cambio climático, que incluyen cambios en los patrones del clima, el aumento del nivel del mar y los fenómenos meteorológicos más extremos, entre otros. En otras palabras, ellas son las que reciben más directamente el impacto de eventos naturales extremos asociados al cambio climático que, en muchos casos, derivan en una variedad de desastres, grandes y pequeños con consecuencias importantes tanto a escala nacional como local, que, en muchos casos, se manejan con un enfoque de respuesta a las crisis.

Si continuamos con este tipo de enfoques, no seremos capaces de manejar la escala creciente tales desafíos. Se necesita un cambio de paradigma en la forma de trabajar con las comunidades en riesgo, actuando preventivamente para reducir la exposición, vulnerabilidad e impacto a nivel local. Una de las posibles respuestas es la promoción y el fortalecimiento de la resiliencia comunitaria, mediante un proceso participativo que involucre a sus beneficiarios; se requiere una nueva mentalidad que se centre más en el acompañamiento, la participación y la conexión de las comunidades a medida que enfrentan desafíos complejos.

Este es el enfoque adoptado por la Red Iberoamericana para la Formación de Comunidades Resilientes ante Riesgos y Desastres por Eventos Naturales Extremos (RIFOREDEx), cuyo objetivo principal es «Contribuir a la formación de comunidades resilientes mediante el fortalecimiento de sus capacidades para enfrentar eficientemente riesgos y desastres provocados por eventos naturales extremos en países de Iberoamérica».

El logro de este objetivo se alcanzará a través de los siguientes objetivos específicos: i). Diseñar, aplicar y validar una metodología propia para medir la resiliencia ante riesgos y desastres a nivel comunitario basada en experiencias internacionales relevantes, que: incorpore los preceptos más actuales y relevantes de la base documental y reglamentaria: Marco Internacional sobre Resiliencia Comunitaria (FIRC, 2017), los Objetivos de Desarrollo Sostenible de la Agenda 2030 (CEPAL, 2016), Marco de Sendai 2015-2030 (UNISDR, 2015), Lineamientos de las Plataformas Nacionales para la Reducción del Riesgo de Desastres (EIRD, 2018); asuma la Documentación científico-técnica de organismos y mecanismos de la ONU y la Convención Marco de las Naciones Unidas sobre el Cambio Climático (ONU, 1992), y además, las estrategias y plataformas sobre reducción de riesgos de desastres de los países involucrados en la red; integre herramientas, modelos, procedimientos, componentes básicos, experiencias y buenas prácticas internacionales que conforman la base de los conocimientos científico-técnicos más actuales en materia de resiliencia comunitaria, y en especial, nuevos enfoques y modelos sobre la resiliencia comunitaria diseñados, implementados y validados por organismos, instituciones, redes temáticas y plataformas internacionales que trabajan el tema; ii) Evaluar un conjunto de indicadores de resiliencia ante riesgos y desastres a nivel comunitario que acompañe la metodología y permita medir los déficits de capacidades resilientes y facilite la evaluación de una amplia gama de sus componentes y áreas temáticas clave; que tome en cuenta distintas experiencias internacionales actuales y relevantes como las características de una comunidad resiliente ante los desastres de John Twigg (TWIGG, 2007 y 2009) y la de la organización GOAL para medir la resiliencia comunitaria (GOAL, 2015, 2016 y 2019), y otras metodologías (CENAPRED, 2015); iii) Desarrollar una amplia gestión para la socialización, difusión y transferencia de los resultados obtenidos a los actores gubernamentales y agencias especializadas internacionales en temas relacionados con las políticas y estrategias para el fortalecimiento de la resiliencia en comunidades con vulnerabilidades y a la comunidad académica e investigadora a nivel internacional, utilizando las vías y mecanismos que ofrecen los congresos, seminarios, reuniones científicas, así como las redes sociales para presentar, analizar y discutir los resultados obtenidos.

2. Metodología

Para cumplir los objetivos planteados, la red ha adoptado una metodología que abarca tres etapas: i. Gestión de información; ii. Gestión del conocimiento; y iii. Socialización y transferencia del conocimiento.

En la primera etapa los grupos de la red utilizarán el método de investigación bibliográfica para estudiar, analizar, adaptar, integrar, adoptar y promover metodologías, enfoques, principios, herramientas y procedimientos ya establecidos por un conjunto de redes científicas, mecanismos, agencias, organizaciones e instituciones internacionales que han trabajado el tema de la resiliencia comunitaria en los últimos 10 años desde distintos puntos de vista, para generar nuevos resultados que se integraran con el mejor acervo teórico-práctico-ancestral-tradicional-actual acumulado en las sociedades contemporáneas. Será objeto de atención particular la base documental científica y metodológica elaborada por la Red Universitaria de Latinoamérica y el Caribe para la Reducción del Riesgo de Desastres (REDULAC) que promueve la campaña de universidades sostenibles y resilientes (UNISDR-USAID, 2015); La Alianza por la Resiliencia (Partners for Resilience) que ha presentado un modelo de comunidades resilientes que constituye un referente para este proyecto de red (PfR, 2007); La Coalición de Mil Millones para la Resiliencia que se centra en la conectividad para ayudar a personas, comunidades y organizaciones a conectarse, compartir y colaborar (FICR, 2018); La Alianza Zúrich que promueve el Modelo 4G y los 5 Capitales para la resiliencia comunitaria (FRA, 2019); El Fondo Global de Resiliencia Comunitaria, que es un mecanismo global promotor del «Diamante de la Resiliencia» (FICR, 2015 y 2018); El Marco sobre Resiliencia Comunitaria y La Hoja de Ruta hacia la Resiliencia Comunitaria de la FICR (FICR, 2017); El Manual de Comunidades Resilientes de la FICR (FIRC, 2015); el Marco para el Fomento de la Resiliencia Comunitaria (FICR 2014), y además, en las estrategias y plataformas sobre reducción de riesgos de desastres de los países involucrados en la red; entre otros que serían identificados por los grupos participantes

Los grupos de la red aplicando métodos de observación e investigación histórica, identificarán y seleccionarán las comunidades en las cuales realizarán sus intervenciones con el fin de aplicar los procedimientos diseñados para la evaluación de la resiliencia comunitaria. Una de las actividades fundamentales de esta etapa consiste en la gestión de información sobre el estado del arte del conocimiento teórico-práctico-ancestral-tradicional y actual existente sobre resiliencia comunitaria ante riesgos por eventos naturales extremos y desastres en cada uno de los países, así como sobre las herramientas más usadas a nivel internacional para medir la resiliencia ante riesgos y desastres a nivel comunitario, sus componentes básicos y experiencias relevantes. Todo este conjunto de información acopiada constituye una importante base de conocimientos, experiencias y buenas prácticas para los miembros de los grupos de investigación de la red, lo que permitirá apropiarse de las mejores prácticas y conceptos para su aplicación en las etapas posteriores. Esta etapa se llevó a cabo en el primer año de los cuatro que abarcó el período de trabajo del proyecto (red) por todos los grupos nacionales.

La segunda etapa abarcó dos momentos, en el primero, la red se propuso integrar aquellos conocimientos, saberes y buenas prácticas que marcan el estado del arte sobre resiliencia comunitaria utilizando métodos de investigación cualitativos, y a partir de ellos, generar una metodología basada en un enfoque común, propia, para medir y evaluar la resiliencia comunitaria ante riesgos y desastres por eventos naturales extremos en todas las comunidades metas seleccionadas. Este constituirá el resultado principal que identificará a la red y para diseñarlo, se utilizarán conceptos, experiencias y buenas prácticas de las metodologías más relevantes sobre el tema de resiliencia comunitaria a escala internacional, asumiendo aquellos fundamentos que puedan ser aplicados, adaptados o mejorados para medir los niveles de resiliencia en las comunidades en distintos ámbitos geográficos de los países que la integran y además, generar nuevos conceptos y un modelo propio que responda al estado actual del arte y a las características propias de los escenarios de las comunidades donde se aplicarán.

Entre estas metodologías estacan: el Manual de Comunidades Resilientes de la Federación Internacional de la Cruz Roja y la Media Luna Roja (FIRC, 2017); La Herramienta para mediar la resiliencia comunitaria ante desastres. Guía metodológica (GOAL, 2015); Análisis de la resiliencia de las comunidades ante desastres. Caja de herramientas ARC-D. Manual de guía al usuario (GOAL, 2016); Resiliencia para Sistemas Sociales. Enfoque R4S. Manual de orientación al usuario (GOAL, 2019), Hacia la Resiliencia. Una Guía para la Reducción del Riesgo de Desastres y Adaptación al Cambio Climático (Turnbull, et al., 2013); Características de una comunidad resiliente ante los desastres (Twigg, 2007 y 2009), Herramienta de Auto-evaluación para la Resiliencia frente a Desastres a nivel local. Evaluación preliminar (UNISDR, 2017), entre otras. También se utilizan los conceptos, principios y estrategias emanadas del marco científico, conceptual y metodológico más reciente (de los últimos cinco años) emanado de los organismos, mecanismos e instituciones de la ONU y otras instituciones que generan políticas y estrategias sobre el tema, tales como: los Objetivos de Desarrollo Sostenible de la Agenda 2030 (CEPAL, 2016), el Marco de Sendai 2015-2030 (UNISD, 2015), los Lineamientos de la Plataforma Mundial para la Reducción del Riesgo de Desastres 2018 (cita) y la base documental científico-técnica de organismos y mecanismos de la ONU y en especial la Convención Marco de las Naciones Unidas sobre el Cambio Climático (ONU, 1992); La Red Universitaria de Latinoamérica y el Caribe para la Reducción del Riesgo de Desastres (REDULAC) que promueve la campaña de universidades sostenibles y resilientes (UNISDR-USAID, 2015); Construyendo la resiliencia de los más pobres frente a desastres naturales (BIR, 2017); La Alianza por la Resiliencia (Partners for Resilience) (PfR, 2007) que ha presentado un modelo de comunidades resilientes que constituye un referente para este proyecto; La Coalición de Mil Millones para la Resiliencia que se centra en la conectividad para ayudar a personas y comunidades a colaborar (FICR, 2018); La Alianza Zúrich que promueve el Modelo de los 5 Capitales para la resiliencia comunitaria (FICR, 2017); El Fondo Global de Resiliencia Comunitaria, que es un mecanismo global promotor del «Diamante de la Resiliencia» (COMISIÓN HUAIROU, 2015); El Marco sobre Resiliencia Comunitaria, Una visión nueva sobre resiliencia comunitaria (CARE, 2012), que expone conceptos novedosos como «El árbol de visión de Partners for Resilience»; los Principios generales sobre la comunicación y promoción de la resiliencia para las sociedades nacionales y La Hoja de Ruta hacia la Resiliencia Comunitaria de la Federación Internacional de la Cruz Roja y la Media Luna Roja (FICR, 2017).

Como resultado, la metodología propia de la red RIFOREDEx, se nutrirá de esos antecedentes, pero incorporará de forma dialéctica e innovadora otros conceptos que le aportarán una identidad propia, a saber: i) el enfoque común como tronco básico que muestra el camino que las comunidades deben segur para incrementar paulatina y progresivamente sus niveles de resiliencia y ii) un conjunto de factores organizativos y nuevos conceptos propios a aplicar basado en el análisis dialéctico del estado del arte del conocimiento teórico-práctico sobre resiliencia e comunidades con vulnerabilidades.

En el segundo momento se implementaría la metodología del enfoque común diseñada en las comunidades metas para probarla y ajustarla a sus características personalizándolas. Este proceso abarcó la implementación de distintas intervenciones en cada comunidad por los equipos de investigación. A pesar de que en cada comunidad se aplicó el enfoque común, el esquema de procedimientos particulares utilizados en ellas no fueron iguales, por cuanto, presentaban características ambientales, socio-políticas, económicas, culturales y escenarios de riesgos diferentes, como también niveles de sus fuentes naturales de resiliencia (fortalezas, capacidades, actitudes, valores). Por la experiencia adquirida en el accionar de la red, esta segunda etapa abarcó el segundo y tercer años del proyecto.

Finalmente, en la tercera etapa, los grupos nacionales implementarán la estrategia para la socialización, difusión y transferencia de los resultados obtenidos. Para ello, se enfocarán en la caracterización de cada uno de ellos contemplando: objetivos, metodología empleada, contenido científico-tecnológico e innovativo, forma de empleo y/o aplicación, y los clientes/beneficiarios a los que va dirigido. Con estos resultados se publicará al menos un manual (libro) que se utilizará en la difusión y transferencia ulteriores. Se utilizarán los mecanismos propios del Programa CYTED y otras vías como las redes sociales, la presentación en eventos científicos, la publicación en revistas, periódicos, radio, televisión y otras fuentes publicitarias. Se aplicará el procedimiento elaborado para la transferencia de los resultados para con las redes científicas y organismos internacionales especializados de la ONU, los ONCYT y Organismos de Protección Civil de los países de la Red y de la Región iberoamericana. Esta etapa se ejecutó en el cuarto año y último del período de ejecución del proyecto (red).

3. Resultados y discusión

La metodología propuesta por la red RIFOREDEx, constituye el resultado principal. Dicha metodología se basa en el modelo del camino hacia la resiliencia (Figura 1) y sus componentes (Tabla 1), y en un grupo de factores característicos (Tabla 2).

Según la concepción que se expone en este trabajo, el modelo expresa el camino que debe recorrer una comunidad que aspire a incrementar sus niveles de resiliencia y de esa forma, enfrentarse de manera airosa a los eventos y desastres, absorber los impactos provocados por ellos en los sistemas naturales y humanos, recuperarse lo más rápido posible para volver a los niveles de capacidades y fortalezas exhibidos antes del impacto del desastre; y de nuevo, comenzar la transformación hacia niveles superiores de capacidades. Así, se resume la filosofía del progreso hacia la resiliencia de una comunidad que aspira a fortalecer sus capacidades a lo largo del tiempo.

En otras palabras, el modelo representa el camino «ideal» que debería seguir una comunidad con vulnerabilidades para incrementar sus fuentes de resiliencia. Como se muestra en a Figura 1, se parte de un nivel mínimo de resiliencia inicial (NR_i) que coincide con su Nivel Crítico de Resiliencia, y la meta es ir incrementando esos niveles de resiliencia (NR_2, NR_3...NR_i), hasta llegar a un nivel superior de resiliencia, expresado con la letra j (NR_j).

Figura 1. Modelo del camino para alcanzar niveles superiores de resiliencia por una comunidad en una situación ideal. Fuente: Elaboración propia de los autores

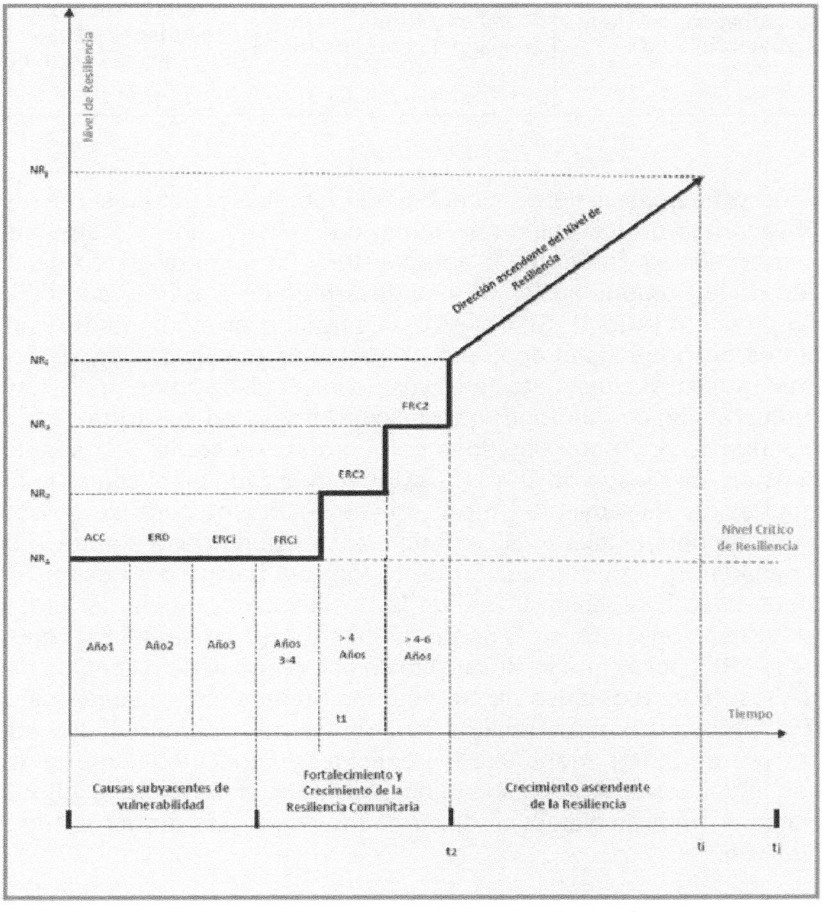

La Tabla 1 muestra, de manera sintética, los elementos que conforman el modelo del camino hacia la resiliencia de la metodología propuesta por la red RIFOREDEx para la evaluación (medición) y fortalecimiento de la resiliencia comunitaria.

Tabla 1. Elementos componentes del modelo adoptado del camino hacia la resiliencia propuesto por la red RIFOREDEx. Fuente. Elaboración propia

Componentes del modelo del camino hacia la resiliencia		
Intervenir sobre las causas subyacentes de la vulnerabilidad	Intervenir para hacer crecer y fortalecer la resiliencia comunitaria	Intervenir para hacer crecer de manera ascendente y sostenida a la resiliencia comunitaria

Las intervenciones se llevan a cabo para identificar y actuar sobre las causas subyacentes de las vulnerabilidades que existen en las comunidades. Como se aprecia en la Figura 1, abarcan tres. La primera es el Análisis del Contexto de la Comunidad (ACC) y se desarrolló en el primer año de ejecución del proyecto (Año 1). Su objetivo es caracterizar mediante un conjunto de factores descriptivos el conjunto de variables poblacionales, demográficas, ambientales, sociales, etc., a través de las cuales se ponen de manifiesto las vulnerabilidades de fondo (exposición, fragilidades y fortalezas de los sistemas humanos y naturales de la comunidad en estudio). La segunda es la Evaluación del Riesgo de Desastres (ERD), realizada en el segundo año de implementación del proyecto (Año 2), cuyos resultados permitieron configurar desde una perspectiva más científica, el escenario de riesgo de la comunidad, basada en la interpretación de la fórmula básica del riesgo: R=AxV. La tercera, es la Evaluación Inicial de la Resiliencia comunitaria (ERC_i en la primera evaluación, ERC_2 en la segunda, hasta ERC_n en la última), que debe seguir a la ERD, por lo que se desarrolló en el tercer año de ejecución del proyecto (Años 3), y su objetivo es conocer las fuentes naturales de resiliencia que exhiben los sistemas humanos y naturales de la comunidad; y además (algo muy importante), identificar los déficits de capacidades resilientes basados en indicadores. Ambos son conceptos nuevos, propios, resultantes de un proceso de análisis dialéctico desarrollado en los tres primeros años de la investigación.

El **Fortalecimiento y Crecimiento de la Resiliencia** (FRC_1, después de identificar los déficits de capacidades resilientes en la primera evaluación (ERC_1), FRC_2, después de la segunda y FRC_n durante la última evaluación realizada) es el segundo componente y tiene una importancia clave en el logro de la resiliencia, y, representa un concepto novedoso que se incorpora a la metodología, que no ha sido tratado (de esta manera) en otras metodologías internacionales. La idea es la siguiente: para fortalecer alguna cualidad en una persona, es necesario primeramente conocer su comportamiento. Una evaluación puede mostrar que esa característica es muy fuerte, medianamente fuerte o débil, dependiendo de la escala que se utilice para medirla. Si muestra debilidad, es porque hay un déficit, y para superarlo, es necesario actuar sobre él para fortalecerlo. Este es el principio del fortalecimiento de capacidades: aplicar un conjunto medidas para fortalecer los indicadores deficitarios. El carácter y contenido de estas medidas depende, en primer lugar de la naturaleza del indicador deficitario. En el caso de la red RIFOREDEx, este componente se comenzó a desarrollar justo en el cuarto año de acción de la red, sin embargo, no fue posible implementarlo íntegramente como está concebido, debido a la imposibilidad de desarrollar las estrategias para el fortalecimiento de las capacidades deficitarias identificadas, las cuales demandaban un período de tiempo de al menos un año para implementarlas. Por consiguiente, los grupos nacionales utilizaron variantes en sus comunidades metas para paliar en cierta medida esta limitación.

Finalmente, el **Crecimiento Ascendente y Sostenido** de la resiliencia, se basa en el estado alcanzado por el desarrollo del componente anterior, y toma en cuenta el carácter variable, cambiante y dinámico de la resiliencia comunitaria, que puede estar y de hecho lo está, sujeta a factores externos tales como estresores, fenómenos y eventos adversos de diferente tipología que pueden afectarla. En la Figura 1, esta etapa se aprecia como una flecha cuya saeta se dirige en dirección al infinito, aludiendo a que este proceso es permanente, ascendente y progresivo. Como es de suponer en el tiempo de cuatro años que disponía la red para desarrollar la investigación, no fue posible desarrollar las estrategias pertinentes para implementarlo. Sin embargo los análisis desarrollados han permitido caracterizar íntegramente las acciones requeridas para llevarlo a cabo y se ha concluido que se requiere de un tiempo entre 6 y 8 años para desarrollar de manera íntegra y coherente el modelo del camino hacia la resiliencia propuesto por la red RIFOREDEx.

Los **Factores Característicos,** constituyen las variables y elementos que caracterizan los componentes descritos anteriormente. Según la metodología desarrollada se consideran tres tipos: organizativos, conceptuales y metodológicos. En la Tabla 2, se muestra una síntesis de los factores característicos del enfoque común de la metodología propuesta por la red RIFOREDEx.

Tabla 2. Los factores característicos del enfoque común de la metodología apropiada. Fuente: Elaboración propia

Factores característicos		
Factores Organizativos	**Factores conceptuales**	**Factores metodológicos**
i) Definir el tipo de comunidad a estudiar. ii) Definir la escala de análisis espacial. iii) Definir el tipo de fenómeno o amenazas iv) Definir el tipo de análisis.	i) Identificar las Fuentes naturales de resiliencia comunitaria. ii) Definir los déficits de capacidades resilientes. iii) Fortalecimiento de la resiliencia comunitaria.	i) Analizar el contexto de la comunidad. ii) Medir las fuentes naturales de resiliencia de la comunidad. iii) Fortalecer las capacidades resilientes deficitarias. iv) Medir las capacidades resilientes reforzadas.

Los factores organizativos se definen al inicio del estudio de la resiliencia de una comunidad determinada sobre la base de las variables siguientes. Tipo de comunidad: si es urbana/urbana costera, peri-urbana, rural, o semi-rural; Escala de análisis espacial: nivel de desagregación espacial en que se realiza el análisis de los datos. Puede ser micro (manzana y/o barrio), local (localidad, municipio) o regional (provincia, estado); Tipo de riesgo o fenómeno: si el escenario de riesgo analizado es de origen natural o antrópico con los eventos que los caracterizan; y Tipo de análisis: simple o combinado (multiamenazas).

En la evaluación de la resiliencia según el modelo asumido, se hace necesario definir, caracterizar y aplicar tres conceptos fundamentales: i) fuentes naturales de resiliencia comunitaria, (ii) déficit de capacidades resilientes, y iii) fortalecimiento de la resiliencia comunitaria.

Las fuentes naturales de resiliencia (i), son aquellas capacidades (actitudes, conductas, comportamientos y valores) que el individuo, y por su intermedio, la familia o la comunidad, ha adquirido las que los caracterizan como entidades con determinadas fortalezas o debilidades para enfrentar, absorber, mantenerse activos y recuperarse durante fenómenos naturales adversos y otras contingencias de tipo social y económicas. Estas se identifican mediante la aplicación de determinadas estrategias como pueden ser encuestas, entrevistas, conversatorios, etc. Los déficits (ii) constituyen los insumos esenciales sobre los cuales hay que actuar para llevarlos a niveles más altos, indicativos de una mejor condición. Este es un concepto propio, elaborado dialécticamente como resultado de esta investigación y constituye un aporte significativo de la red RIFOREDEx, no tratado en otras metodologías directamente. Al proceso de mejoramiento de los déficits de capacidades resilientes para llevarlos a un crecimiento cualitativo y/o cuantitativo, se ha denominado en esta metodología como el «fortalecimiento de la resiliencia comunitaria» (iii), también un concepto propuesto por la red RIFOREDEx a partir del análisis llevado a cabo en algunas comunidades metas.

Por último, los factores metodológicos representan la visión colectiva para la aplicación de los procedimientos asumidos por los equipos de la red para medir las capacidades resilientes en las comunidades metas por ellos elegidas para aplicar la metodología. Según esta visión, cada grupo debe abordar cuatro etapas: i) Analizar el contexto de la comunidad; ii) Medir las fuentes naturales de resiliencia de la comunidad; iii) Fortalecer las capacidades resilientes deficitarias; y iv) Medir las capacidades resilientes reforzadas. Aunque se trata de un enfoque común, ello no implica que se utilicen los mismos proceders y herramientas en cada etapa. Lo anterior está determinado por un conjunto de factores de tipo objetivo tales como, el tiempo disponible y recursos para implementar el proyecto en cuestión. Por ejemplo, si un proyecto solo abarca un período de dos años y su presupuesto es limitado, lo más probable es que no pueda aplicar íntegramente las cuatro etapas propuestas. También hay que considerar los factores de tipo subjetivo, los cuales pueden influir en la implementación de las etapas. Entre ellos, destacan el nivel de información, conocimiento y capacidades que exhiben los integrantes del equipo del proyecto, sus niveles de experticia y si tienen dificultades para el acceso y dominio de algunas herramientas tecnológicas diseñadas por organizaciones y mecanismos internacionales, y poseen diferentes niveles de iniciativa y/o insuficiente apoyo logístico y financiero y poco acompañamiento de parte de los actores locales de los territorio donde están enclavadas las comunidades, entre los principales.

Como ya hicimos referencia, por la experiencia que la red RIFOREDEx acumuló en sus cuatro años de trabajo, se apreció que la mayoría de los grupos, en el primer año, aplicaron el análisis del contexto de la comunidad (ACC), en el segundo y parte del tercero algunos realizaron la estimación del riesgo (ERD) y otros la evaluación inicial de la resiliencia en sus comunidades (ERCi) y la determinación de los déficits de capacidades a través de un conjunto de indicadores, mientras que otros grupos extendieron ambos procedimientos hasta el tercer y parte del cuarto año.

El procedimiento para el fortalecimiento de las capacidades resilientes (FCR_i) actuando sobre los déficits detectados, no se pudo aplicar por carencia de tiempo y la razón es comprensible: se requiere de suficiente tiempo y de una buena planificación y organización del trabajo con los grupos focales comunitarios, para implementar estrategias para empoderar a los actores comunitarios con los conocimientos necesarios y fortalecer cada uno de los indicadores deficitarios identificados, y, estos aspectos no funcionaron bien en los grupos, razón por la cual, en su lugar, utilizaron su propias acciones, que respondían a las condiciones concretas identificados por ellos.

Según la propia experiencia y buenas prácticas observadas en la red RIFOREDEx, el tiempo de 4 años efectivos disponible en el proyecto, alcanzó solamente para aplicar las etapas (i) y (ii), y desarrollar una variante atípica para el fortalecimiento de las capacidades resilientes deficitarias (iii), asumido por cada grupo en sus respectivas comunidades metas atendiendo a las características y condiciones propias de cada una.

Sin embargo, para una aplicación ideal de la metodología propuesta, se propone —luego del análisis de las experiencias obtenidas y buenas prácticas implementadas— desarrollar el esquema siguiente: el análisis del contexto de la comunidad (ACC) en el primer año de un proyecto cuyo objetivo sea medir y dar seguimiento a la evolución de la resiliencia comunitaria; la estimación del riesgo de desastres (ERD) entre el primer y segundo años; la primera evaluación de la resiliencia (ERC_i) y determinación de los déficits de capacidades (DCR_i) en el tercer año; luego, durante al menos un año (tiempo mínimo) y hasta dos años (máximo) (cuarto año - quinto año), implementar la estrategia de fortalecimiento de capacidades deficitarias (FCR_i), y a continuación, durante final del quinto o sexto año, evaluar los avances alcanzados como resultado de la aplicación de la estrategia de fortalecimiento, aplicando la segunda evaluación de la resiliencia, y, a partir del segundo semestre (bien del quinto o del sexto año), implementar un nuevo ciclo de fortalecimiento de aquellos déficits que aún permanecen, y, si se detectan nuevos déficits, iniciar un tercer ciclo de fortalecimiento (a partir del séptimo año). En conclusión, el tiempo mínimo para aplicar íntegramente la metodología, tal como se presenta en el modelo propuesto requiere de al menos seis años (mínimo) hasta 8 años (máximo para el crecimiento ascendente y continuo de la resiliencia.

4. Conclusiones

La red temática RIFOREDEx, desarrolló un trabajo colaborativo, que se nutrió de las experiencias, conocimientos, saberes y buenas prácticas existentes en disímiles países de Iberoamérica, lo cual tendrá una repercusión importante a nivel de la región habida cuenta de que los resultados que obtenidos son un reflejo de los condiciones físico-geográficas, ambientales, político-sociales, culturales y de riesgo de las comunidades y países representados.

En esa diversidad de condiciones combinada con la estrategia del enfoque común en el abordaje de los procesos metodológicos para evaluar los niveles de resiliencia en las comunidades metas, le confiere al proyecto la originalidad y pertinencia que se transferirá en el conjunto de resultados integrados como metodologías, indicadores, libros y manuales que contribuirán a enriquecer el acervo teórico en la comunidad académica, científica e institucional de la región.

El trabajo contribuirá a engrosar las experiencias internacionales de otras redes científicas y organizaciones internacionales que trabajan en función de mejorar y fortalecer las capacidades de las comunidades para que puedan enfrentar y absorber los impactos provocados por eventos naturales y asociados al cambio climático y puedan perfeccionarse y transformarse en aras de un mejor desarrollo sostenible.

5. Referencias bibliográficas

BIR, *Indestructibles. Construyendo la resiliencia de los más pobres frente a desastres naturales.* Resumen, 2017, S.L, Banco Internacional de Reconstrucción y Fomento / Banco Mundial, https://openknowledge.worldbank.org/bitstream/handle/10986/25335/211003ovSP.pdf

CARE, *Una visión nueva sobre resiliencia comunitaria.* Una visión para la práctica para la reducción de riesgo, 2012, S.L, Partners for Resilience. https://reliefweb.int/report/world/una-visi%C3%B3n-nueva-sobre-resiliencia-comunitaria

CENAPRED, Índice de Resiliencia a Nivel Municipal, 2015, S.L, Coordinación Nacional de Protección Civil. Dirección de Análisis y Gestión de Riesgos Subdirección de Estudios Económicos y Sociales, Ciudad de México. http://www.atlasnacionalderiesgos.gob.mx/descargas/Metodologias/Resiliencia.pdf

CEPAL, *Objetivos de Desarrollo Sostenible. Agenda 2030 y los Objetivos de Desarrollo Sostenible. Una Oportunidad para América Latina y el Caribe*, 2016, S.L, Una publicación de las Naciones Unidas. Recuperado de: https://repositorio.cepal.org/bitstream/handle/11362/40155/24/S1801141_es.pdf

CITMA, *Enfrentamiento al Cambio Climático en la República de Cuba. Tarea Vida*, 2017, S.L, Ministerio de Ciencia, Tecnología y Medio Ambiente (CITMA), La Habana, Cuba, http://financiamientoclimatico.cubaenergia.cu/index.php/descargas/8-folleto-tarea-vida/file

COMISIÓN HUAIROU, El Fondo Global de Resiliencia Comunitaria, Marco y Lineamientos Operativos, 2015, S.L, La Comisión Huairou, http://huairou-rd.bkfk-t5yk.accessdomain.com/wp-content/uploads/2016/06/Fondo-de-Resiliencia-Comunitaria.pdf

EIRD, *Lineamientos de las Plataformas Nacionales para la Reducción del Riesgo de Desastres*, 2028, S.L, Naciones Unidas, Nueva York. https://www.eird.org/cdmah/contenido/lineamientos-plataformas.pdf

FICR, Marco de la Federación Internacional para el Fomento de la Resiliencia Comunitaria, 2014, S.L, Federación Internacional de Sociedades de la Cruz Roja y de la Media Luna Roja, Ginebra, Suiza, https://docer.com.ar/doc/ns50c0e

FICR, *Manual para comunidades resilientes. Hacia 1000 millones de acciones*, 2015, S.I, Federación Internacional de la Cruz Roja – Oficina Regional para las Américas, Ciudad de Panamá, Panamá, https://www.preparecenter.org/resource/manual-para-comunidades-resilientes

FIRC, *Hoja de Ruta hacia la Resiliencia Comunitaria. Implementación del Marco sobre Resiliencia Comunitaria*, 2017, S.I, Federación Internacional de Sociedades de la Cruz Roja y la Media Luna Roja, Ginebra, Suiza, https://oldmedia.ifrc.org/ifrc/wp-content/uploads/2018/03/1310403-Road-Map-to-Community-Resilience-SP.pdf

FIRC, *La Coalición de Mil Millones para la Resiliencia. Trabajando en alianzas centradas en la comunidad hacia mil millones de acciones por la resiliencia*, 2018, S.L, Oficina Regional para las Américas, Ciudad de Panamá, Panamá. https://www.ifrc.org/es/noticias/discursos-y-articulos-de-opinion/discursos/2014/coalicion-de-cali-de-mil-millones-para-la-resiliencia

FRA, *La Medición de la Resiliencia de las Comunidades ante Inundaciones* (FRMC por sus siglas en inglés), 2019, S.I, Flood Resilience Alliance. http://repo.floodalliance.net/jspui/bitstream/44111/3107/1/1000-PAZFRA-Spanish-V3d-WEB.pdf

GOAL, *Herramienta para mediar la resiliencia comunitaria ante desastres. Guía metodológica*, 2015, S.L, http://dipecholac.net/docs/herramientas-proyecto-dipecho/honduras/Guia-Medicion-de-Resiliencia.pdf

GOAL, *Análisis de la resiliencia de las comunidades ante desastres. Caja de herramientas ARC-D. Manual de guía al usuario*, 2.ª ed., 2016, S.L, http://resiliencenexus.org/wp-content/uploads/2020/05/ARC-DToolkitUserManualB01_SPANISH_Version_A03.pdf

GOAL, *Resiliencia para Sistemas Sociales. Enfoque R4S. Manual de orientación al usuario*, 2019, Edición Preliminar, S.L, http://resiliencenexus.org/wp-content/uploads/2020/02/Espa%C3%B1ol-EnfoqueR4S.pdf

ONU, *Convención Marco de las Naciones Unidas sobre el Cambio Climático*, 1992, S.L, Nueva York. https://unfccc.int/resource/docs/convkp/convsp.pdf

PfR, *El modelo de comunidades resilientes: Una estrategia colaborativa de la Alianza por la resiliencia (Partners for Resilience – PfR – Guatemala) para apoyar la resiliencia comunitaria*, 2007, S.I, https://noticias.uca.edu.sv/uploads/texto_3750/file/PDF-797386-1447951157-564dfb350fb47.pdf

TURNBULL, M., STERRETT, CH., AND HILLEBOE, A, Hacia la Resiliencia. Una Guía para la Reducción del Riesgo de Desastres y Adaptación al Cambio Climático, 2013, S.L, Practical Action Publishing Ltd. https://www.crs.org/sites/default/files/tools-research/hacia-la-resiliencia-una-guia-para-la-reduccion-del-riesgo-de-desastres-y-adaptacion-al-cambio-climatico.pdf

TWIGG, J. *Características de una comunidad resiliente ante los desastres*. Nota Guía, 2007, S.L, Primera versión (a probar en campo). https://www.eird.org/newsroom/Spanish_Characteristics_disaster_high_res.pdf

TWIGG, J. *Characteristic of a Community Resilient to Disasters*, 2009, S.L, Disaster Risk Reduction Interagency Coordination Group del Departamento para el Desarrollo Internacional del Gobierno del Reino Unido. http://www.benfieldhrc.org/disaster_studies/projects/communitydrrindicators/community_drr_indicators_index.htm

UNISDR, *Marco de Sendai para la Reducción del Riesgo de Desastres 2015-2030*, 2015, S.L, 1.ª ed., Ginebra, Suiza. https://www.unisdr.org/files/43291_spanishsendaiframeworkfordisasterri.pdf

UNISDR, *Herramienta de autoevaluación para la resiliencia frente a desastres a nivel local. Evaluación preliminar*, 2017, S.L Oficina de las Naciones Unidas para la Reducción del Riesgo de Desastres, Nueva York, https://eird.org/camp-10-15/docs/herramienta-evaluacion.pdf

UNISDR-USAID, *La Red Universitaria de Latinoamérica y el Caribe para la Reducción del Riesgo de Desastres (REDULAC-RRD)*, 2015, S.L, Campaña Universidades Sostenibles y Resilientes, https://www.uv.mx/sugir/files/2018/08/Campana-USR.pdf

UNISDR, *Plataforma Global 2017 para la Reducción del Riesgo de Desastres*. Memoria, 2017, S.L Cancún, México. https://www.preventionweb.net/files/55465_proceedingsesweb.pdf

CAPÍTULO 2

PROCEDIMIENTOS PARA EL ESTUDIO DE LA RESILIENCIA COMUNITARIA FRENTE A DESASTRES. VISIÓN DESDE LA RED IBEROAMERICANA PARA LA FORMACIÓN DE COMUNIDADES RESILIENTES (RIFOREDEX-CYTED)

Dámaso R. Ponvert Delisles Batista
Facultad de Geografía
Universidad de La Habana

Jorge L. Martín Chiroldes
Instituto Superior de Diseño
Universidad de La Habana

María de Las Olas Palma García
Facultad de Estudios Sociales y del Trabajo
Universidad de Málaga

Edgar A. Marinero Orantes
Facultad Multidisciplinaria Paracentral
Universidad de El Salvador

José M. Camacho Sanabria
División de Ciencias, Ingeniería y Tecnología
Universidad Autónoma del Estado de Quintana Roo

Horacio A. Ulloa López
Instituto de Geología y Geofísica
Universidad Nacional Autónoma de Nicaragua

Resumen: La necesidad de contar con una visión teórica y metodológica compartida por un grupo de países de la región iberoamericana (Cuba, El Salvador, España, Honduras, México y Nicaragua) pertenecientes a la Red Iberoamericana para la Formación de Comunidades Resilientes ante Riesgos y Desastres por Eventos Naturales Extremos (RIFOREDEx) condicionó la realización de esta investigación cuyo objetivo fue caracterizar distintos procedimientos para la evaluación (medición) y fortalecimiento de la resiliencia comunitaria en sus respectivos contextos desde un enfoque común. Se siguió una metodología desde el paradigma cualitativo que abarcó el análisis histórico del surgimiento del término resiliencia comunitaria y el análisis de las metodologías y procedimientos más relevantes a escala internacional para la medición de la resiliencia. Como resultado de este análisis se utilizaron esos criterios para caracterizar, desde una perspectiva sistémica, los procedimientos particulares que se aplicarían en el estudio de la resiliencia desde la visión de la red RIFOREDEx, utilizando criterios organizativos, conceptuales y metodológicos y un grupo de variables específicas para cada contexto geográfico donde se ubicaban dichas comunidades. Este resultado constituye un logro original y novedoso en la forma de abordar el análisis de la resiliencia comunitaria bajo distintos escenarios geográficos y de riesgos.

Palabras clave: Resiliencia comunitaria, Enfoques, Evaluación, Medición, Riesgo.

1. Introducción

El vocablo resiliencia está de moda, es común escucharlo en los más disímiles contextos: en los medios de comunicación, en las redes sociales, en los ambientes académicos, en reportes de organizaciones internacionales, gubernamentales o no, en informes científicos y técnicos relacionados con el medioambiente, la salud, las ciencias naturales, y por supuesto, en la *vox populi*. No hay rama de la naturaleza, la sociedad y el pensamiento donde este término no tenga cabida.

Y es que los problemas que enfrenta hoy el mundo en que vivimos, constituyen la base material idónea para propiciar el uso (a veces desmedido) de este concepto: un mundo caracterizado por la incertidumbre y la aporía; resultado de la crisis del capital internacional como sistema (Casals, 2022); un mundo en el que la pugna geopolítica y las crisis entre los principales polos de poder están labrando el camino hacia un nuevo orden mundial, al tiempo que provocan la ralentización y estancamiento de la economía a ese nivel, y un proceso inflacionario que amenaza con tomar alcances más que regionales.

Es el mismo mundo que relega en el tiempo la adopción de medidas para detener el deterioro del ambiente como consecuencia del calentamiento global, y, donde se agrava la crisis alimentaria que promete sumergir en la hambruna a sectores cada vez más amplios de la población mundial —en particular de los países más atrasados y desfavorecidos—, que como consecuencia de la ruptura de las cadenas de suministros por la presencia de conflictos armados, han afectado los niveles de producción y transportación de alimentos básicos, y en consecuencia, la elevación de los precios y una inflación que llega hasta países llamados ricos. Es también, un mundo expectante

ante la posibilidad de aparición de nuevas catástrofes humanitarias como la de la Covid-19 que ocasionó más de 15 millones de muertes (Casals, 2022).

Entonces, he allí las causas del porqué las palabras «resiliencia y resiliente» estén en el centro de los procesos de comunicación global e interpersonales. Más que palabras o frases, son problemas y circunstancias que atañen a la ciudadanía, las familias, comunidades, poblaciones, gobiernos locales, regionales y nacionales, mecanismos y organizaciones regionales y mundiales que nos representan.

En este contexto, corresponde crear y desarrollar los mecanismos de resiliencia necesarios para enfrentar y superar los desafíos que caracterizan al mundo en que vivimos por difíciles que estos sean. Y esta es, precisamente, la misión que asume la Red Iberoamericana para la Formación de Comunidades Resilientes ante Riesgos y Desastres por Eventos Naturales Extremos (RIFOREDEx.

De ahí que el objetivo de este trabajo sea exponer la visión que ha concebido dicha red para el estudio de la resiliencia comunitaria frente a los desastres, que responda a las características geográficas y ambientales, tradiciones histórico-culturales y procesos histórico-sociales que se dan en las comunidades seleccionadas como muestras en cada uno de los países que la integran.

Dicho objetivo responde a la situación que se ha puesto de manifiesto en los últimos años en estos países caracterizada por el incremento en intensidad y frecuencia de eventos naturales extremos. Ellos ponen en riesgo numerosas comunidades en todo el mundo. Hay evidencias de que las pérdidas humanas y medios de vida debido a desastres causados por ellos, y en particular debido al cambio climático, seguirán aumentando (FIRC, 2017). Por lo tanto, si se continúa adoptando un enfoque de respuesta a las crisis, no se podrá manejar la escala creciente de tales desafíos. Se necesita un cambio de paradigma en la forma de trabajar con las comunidades en riesgo, actuando preventivamente para reducir la exposición, la vulnerabilidad y el impacto a nivel local. Se requiere una nueva mentalidad que se centre más en el acompañamiento, la participación y la conexión de las comunidades. Entonces ¿cuál debe ser la estrategia a aplicar? Debe ser la promoción y el fortalecimiento de la resiliencia comunitaria, mediante un proceso participativo que involucre a todas las personas beneficiarias.

Y esa es precisamente la visión general que asume la red RIFOREDEx, una red adscrita al Programa Iberoamericano de Ciencia y Tecnología para el Desarrollo (CYTED), que está integrada por siete grupos de investigadores de diferentes instituciones académicas, centros de investigación y organizaciones no gubernamentales de seis países (Cuba, El Salvador, España, Honduras, México y Nicaragua) cuyo reto principal es «Contribuir a la formación de comunidades resilientes mediante el fortalecimiento de sus capacidades para enfrentar eficientemente riesgos y desastres provocados por eventos naturales extremos en países de Iberoamérica».

2. Metodología

La investigación se realizó desde el paradigma cualitativo, partiendo de la identificación de un problema de estudio concreto: ¿cuáles deberían ser los procedimientos particulares para la evaluación (medición) y fortalecimiento de la resiliencia comunitaria que adoptarían los grupos de la red RIFOREDEx, siguiendo una visión común, ante la diversidad de corrientes surgidas para abordar el tema? o dicho de otra manera, ¿cuál debería ser la visión común de la red para que sirva de referente a los grupos de la red, para el diseño de sus procedimientos particulares para la evaluación (medición) y fortalecimiento de la resiliencia en sus comunidades metas?

Para dar solución a esta problemática, se emplearon los métodos históricos y de análisis y síntesis. El primero para analizar el origen y desarrollo del término «resiliencia» en diferentes períodos de la sociedad moderna, con base en las principales corrientes que le dieron origen y sus características; mientras que con el análisis y síntesis se estudió por separado cada una de las corrientes, sus exponentes y sus vínculos con los ejes temáticos de la resiliencia, para luego, encontrar las propiedades y relaciones de manera conjunta entre ellos y extraer los elementos requeridos con los cuales fundamentar esa visión común.

Con estos antecedentes la investigación se desarrolló entre los años 2021 y lo que va del 2024, siguiendo tres etapas: I. Preparación, 2. Intervenciones, y 3. Obtención, análisis y transferencia de resultados.

En la preparación, primeramente, se hizo la selección de las comunidades metas en cada país donde cada grupo implementaría los procedimientos metodológicos por ellos diseñados. Posteriormente se desarrolló el proceso de gestión de información y conocimiento sobre los ejes temáticos relevantes de la investigación tales como los conceptos de resiliencia y resiliencia comunitaria, las corrientes de pensamiento a nivel internacional, el estado del arte, sus pilares y ante pilares, metodologías y herramientas para su medición, sus ejes temáticos (la gestión del riesgo de desastres (GRD), la adaptación al cambio climático (ACC); y el manejo y restauración de ecosistemas (MRE), sus bases gnoseológicas y metodológicas, componentes y medidas. Finalmente, con los elementos obtenidos del estudio, se diseñó la metodología propia de la red basada en un modelo para alcanzar progresivamente, a lo largo del tiempo, niveles cada vez más altos de resiliencia de las comunidades y fortalecerla aplicando distintas estrategias que se adapten a los contextos y factores característicos de la comunidad donde se aplique. Esta visión, sirvió de pauta teórica y metodológica a los grupos de la red para el diseño de los procedimientos y herramientas particulares más acordes con los niveles de conocimientos, habilidades y herramientas tecnológicas disponibles para llevar a cabo la evaluación (medición) y fortalecimiento de la resiliencia en sus comunidades metas. Esta etapa se desarrolló básicamente durante el año 2021.

Las intervenciones, se desarrollaron entre el segundo y tercer años de acción de la red (2022 y 2023), en las cuales se movilizaron los equipos de investigación hacia las comunidades metas con el fin de aplicar los diferentes procedimientos y herramientas por ellos concebidos y como meta, obtener datos e informaciones relacionadas con la resiliencia de la comunidad.

Entre los principales procedimientos concebidos están las encuestas para el análisis del contexto socio-demográfico, administrativo y ambiental; las evaluaciones de los escenarios de riesgo de desastres, y por supuesto, la evaluación (medición) de la resiliencia inicial de sus comunidades. Algunas de las metodologías y herramientas que se utilizaron indistintamente por los equipos nacionales fueron la encuesta conocida como la Parte A para el Análisis del contexto de las comunidades con vulnerabilidades y la Parte B para el Análisis de la resiliencia ante desastres (GOAL, 2015 y Mccaul

y Mitsidou, 2016) y sus herramientas (aplicaciones) *CommCare Exchange*, Tablero *Power Bi*; el Enfoque R4S (McCaul y otros, 2019). También se utilizó la aplicación para la evaluación rápida del riesgo de desastres, la aplicación para la evaluación preliminar y detallada de la resiliencia comunitaria (nivel preliminar y detallado), ambas diseñadas por un equipo de investigadores de la Oficia de las Naciones Unidas para la Reducción del Riesgo de Desastres (UNISDR, 2017a, 2017b y 2017c).

Finalmente, la obtención, análisis y trasferencia de resultados se desarrolló fundamentalmente durante los dos semestres del 2024, donde se caracterizaron cada uno de los resultados obtenidos, y se establecieron y aplicaron las estrategias para su socialización a la comunidad académica e investigadora y organizacional, así como los mecanismos para transferencia e introducción en la práctica social.

3. Resultados y discusión

3.1. Caracterización de las corrientes para el estudio de la resiliencia

Como resultado de la evolución del pensamiento psico-social que se manifestó desde finales del S-XX hasta la actualidad, han emergido una serie de elementos gnoseológicos y metodológicos que le otorgan otras dimensiones al concepto de resiliencia. En el análisis histórico de estos períodos han destacado tres corrientes intelectuales de la noción de resiliencia social: la anglosajona-norteamericana, la europea y la latinoamericana.

La primera, se caracteriza por ser esencialmente conductista, pragmática y centrada en lo individual (SUÁREZ y otros, 2007). Bajo esta noción se considera que la resiliencia es un proceso dinámico gracias al cual los individuos demuestran una adaptación positiva, a pesar de las situaciones de adversidad experimentadas. LUTHAR, *et al.*, (2000), coinciden con los estudios de MASTEN (1999) y RUTTER (1999) al afirmar que este constructo no representa un rasgo de personalidad, sino que es el resultado de la conjugación entre la exposición ante la adversidad y la manera en que la persona obtiene resultados favorables de ajuste positivo. Otro representante de esta corriente como GROTBERT (2006), define la resiliencia aplicada como la capacidad humana para enfrentarse, superarse e incluso salir fortalecido por las experiencias de adversidad, todo ello con la interacción dinámica entre lo social (yo tengo), habilidades (yo puedo) y fortaleza interna (yo soy y yo estoy). Mientras que MASTEN (2001) argumenta que la resiliencia parece ser un fenómeno común que se produce en la mayoría de los casos del funcionamiento de los sistemas adaptativos humanos básicos. Asimismo, LUTHAR, CICCHETTI y BRECKER (2000) reconocen tres componentes importantes para definir la resiliencia: (a) qué se entiende por adversidad o riesgo; (b) cómo se sucede la adaptación positiva o cómo se supera la adversidad; (c) cuál es el proceso que influye sobre el desarrollo humano y su dinámica en los mecanismos emocionales, cognitivos y socioculturales. En esta misma línea, se refiere el término resiliencia como el proceso o fenómeno de la competencia a pesar de la adversidad y no como un rasgo, el que es diferente al término resistencia, el cual sólo se usa cuando se hace referencia a un específico rasgo de la personalidad. Por su parte, HENDERSON Y MILSTEIN (2003) hacen uso del concepto de resiliencia para referirse a las personas que pueden sobreponerse a las experiencias negativas y que a menudo, hasta se fortalecen en el proceso de superarlas. Según ellos, centran su atención en las fortalezas y las potencialidades sin detenerse demasiado en el déficit y se fundamentan en un modelo de bienestar, a través de una resiliencia proactiva, en la que es importante la adquisición de competencias y recursos propios.

La escuela europea destaca por sus mayores enfoques psicoanalíticos y por su perspectiva ética. Existen planteamientos como el de CYRULNIK (2001) que consideran que, aunque los niños sean una población idónea para estudiar y potenciar la resiliencia, no será hasta una edad más avanzada, cuando se pueda reflexionar acerca de la adversidad, ya que llevan a cabo conexiones con fechas y lugares en su historia personal. Otros exponentes como MANCIAUX (2001) y LECOMTE Y MANCIAUX (2001) plantean que la resiliencia implica un proyecto de vida, con elementos como la resistencia, el afrontamiento y la adaptabilidad. Mientras que, para AMAR, MARTÍNEZ Y UTRIA (2013), la resiliencia no se consigue para siempre, ya que es dinámica, evolutiva y varía según el ciclo evolutivo, influyendo en ella los sucesos e incluso la cultura en la que esté inmerso el sujeto (GIORDANO Y

NOGUÉS, 2007). En resumen, ORTEGA Y MIJARES (2018) consideran que la resiliencia, para esta escuela, surge de adversidades traumáticas y se puede presentar de diversas formas, ya sea de un trauma de gran impacto, de un hecho puntual o repetitivo en un periodo de tiempo; y de las experiencias de la realidad humana en la cotidianidad.

La latinoamericana, de raigambre comunitaria, se enfoca en lo social como lógica de respuesta ante problemas del contexto (SUÁREZ y otros, 2007). Con un origen en la región, donde a los desastres por fenómenos de orígenes naturales se ha añadido la pobreza y la desigualdad, la resiliencia comunitaria es aún un concepto más reciente que la resiliencia individual, y se refiere a aspectos de afrontamiento de los traumas y conflictos colectivos por los grupos humanos en los cuales influyen otros aspectos psicosociales, además de las respuestas individuales al estrés (URIARTE, 2013). Aunque es bueno aclarar que no es una corriente exclusiva de autores latinoamericanos. Según el autor, la resiliencia comunitaria se refiere, por lo tanto, a la capacidad del sistema social y de las instituciones para hacer frente a las adversidades y para reorganizarse posteriormente de modo que mejoren sus funciones, estructura e identidad. Identifica la manera en que los grupos humanos responden a las adversidades que como colectivo les afectan al mismo tiempo y de manera semejante: terremotos, inundaciones, sequías, atentados, represión política y otras, al tiempo que muestra cómo se desarrollan y fortalecen los recursos con los que ya cuenta la comunidad. Entre los referentes de esta corriente, destacan SUÁREZ y otros (2007), que señalan que la resiliencia comunitaria es la condición colectiva para sobreponerse a desastres y situaciones masivas de adversidad y construir sobre ellas. Por su parte, TWIGG (2007) planteó que resiliencia comunitaria no es una intervención específica o delimitada para responder a un determinado acontecimiento adverso. Es mucho más que eso; es la capacidad por parte de la comunidad de detectar y prevenir adversidades, la capacidad de absorción de una adversidad impactante y la capacidad para recuperarse tras un daño, que es, en definitiva, lo que define a la resiliencia comunitaria. Pero sin dudas, uno de los aportes más significativos, no solo en lo conceptual sino también en lo práctico, corresponde a la organización internacional GOAL, la que mediante distintas metodologías y herramientas (GOAL, 2015; MCCAUL Y MITSIDOU, 2016; MCCAUL y otros, 2019), ha demostrado en distintas comunidades de América Latina que la resiliencia comunitaria es mucho más que un concepto para contribuir a la transformación de las fuentes naturales de resiliencia de ellas. Otras organizaciones han contribuido notablemente al desarrollo y aplicación de los principios de la resiliencia comunitaria en la región latinoamericana, como son la Cruz Roja Internacional la Media Luna Roja (FICR) y Partners for Resilience (PfR), por citar solo dos, que trabajan en y para la región latinoamericana. Estas han desarrollado una importante contribución para la implementación del concepto bajo distintos enfoques, pero siempre en función de fortalecer las capacidades naturales de resiliencia de las comunidades.

3.2. Los procedimientos propios para el estudio de la resiliencia comunitaria según la visión de la red RIFOREDEx-CYTED

Con los antecedentes y fundamentos expuestos, se han aplicado cinco variantes de casos para evaluar la resiliencia ante desastres en igual número de comunidades cuyas características se describen a continuación.

Caso A. Evaluación de la resiliencia ante eventos hidrometeorológicos en la comunidad costera «Consejo Popular Guanabo», Habana del Este, Cuba.

Caso B. Evaluación de la resiliencia ante eventos de inundación pluvial en la comunidad urbana «Proterritorio», Chetumal, Quintana Roo, México.

Caso C. Evaluación de la resiliencia ante el fenómeno de despoblación e incendios forestales en la comunidad rural «Genalguacil», Málaga, España.

Caso D. Evaluación de la resiliencia ante eventos multiamenazas en un sector peri-urbano de la ciudad de San Andrés, El Salvador.

Caso E. Evaluación de la resiliencia ante eventos hidrometeorológicos (sequía, inundaciones) y otros inducidos en la comunidad rural «El Porcal», Madriz, Nicaragua.

Estos casos se describen brevemente a continuación siguiendo las pautas del modelo del enfoque común de la metodología propuesta por la red RIFOREDEx.

El Caso A se desarrolló en la Comunidad del Consejo Popular Guanabo, municipio Habana del Este, provincia La Habana, República de Cuba, ubicada en las coordenadas geográficas 23^0 09' 53" N y 82^0 08' 21" O. Es una comunidad costera, que forma parte de un núcleo urbano de unos quince mil habitantes, situado, a lo largo de una franja de playa (Figura 1).

Para conocer las características del escenario de riesgos se aplicó la metodología de la Oficina de Naciones Unidas para la Reducción del Riesgo de Desastres conocida como Estimación Rápida del Riesgo o QRE por sus siglas en inglés (UNISDR, 2017a).Y finalmente para identificar las fuentes naturales de resiliencia de la comunidad, se utilizó la aplicación de la Oficina de Naciones Unidas para la Reducción del Riesgo de Desastres conocida como Evaluación (nivel preliminar) de la resiliencia ante desastres a nivel local (UNISDR, 2017b). Estas aplicaciones utilizan determinadas estrategias como encuestas, entrevistas, conversatorios con actores clave y talleres comunitarios participativos con grupos focales; los que permitieron conocer las fuentes naturales de resiliencia a través del análisis de los factores subyacentes de la vulnerabilidad en la comunidad expresados en la exposición y la fragilidad de sus sistemas naturales y humanos, y también, los déficits de capacidades resilientes. Debido al corto tiempo disponible no fue posible aplicar las estrategias para el fortalecimiento de las capacidades resilientes deficitarias concebidas en el modelo, ni tampoco medir su efecto ulterior en la comunidad, por lo que, en su lugar, se aplicaron algunas medidas alternativas para compensar esta limitación. (Tabla 1).

Figura 1. Localización de la comunidad costera «Consejo Popular Guanabo», Guanabo, Habana del Este, La Habana, Cuba. Fuente: elaboración propia a partir de imágenes obtenidas desde Internet.

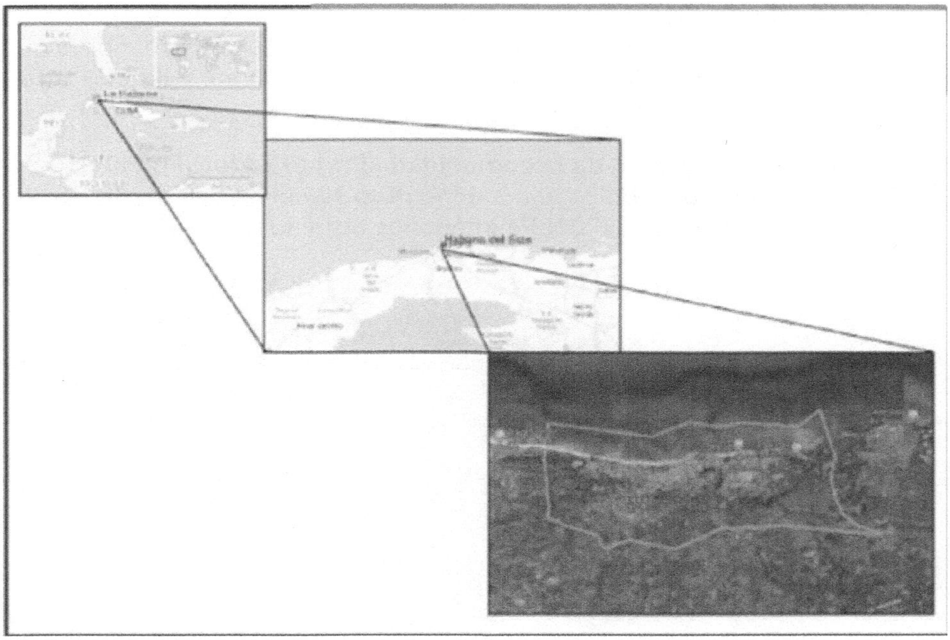

El caso B, se enfocó en el estudio de la resiliencia en una comunidad de nombre «Proterritorio», ubicada en íntegramente en el entorno urbano del municipio de Othón P. Blanco entre las coordenadas 18°31'24'' y 18°31'55'' latitud norte, y 89°41'57'' y 89°42'52'' longitud oeste, ciudad de Chetumal, Quintana Roo (Figura 2).

Los factores organizativos considerados en el análisis fueron, el tipo de comunidad: urbana-costera, la escala del análisis espacial: escala a nivel micro (barrio y manzana), el tipo de fenómeno o amenaza: de origen natural hidrometeorológicos (en específico, inundaciones pluviales); y el tipo de análisis: combinado, por la concurrencia de sistemas hidrometeorológicos-precipitaciones extremas e inundaciones pluviales.

En cuanto al modelo progresivo para la evaluación de la resiliencia de la comunidad, se asumió una secuencia que incluyó los procedimientos siguientes. Se inició con el análisis del contexto de la comunidad aplicando la metodología ARC-D de GOAL (Mccaul y Mitsidou, 2016). Le siguió la evaluación de la resiliencia utilizando el cuestionario de la Parte B de la propia metodología ARC-D de GOAL. Las aplicaciones de estos procedimientos permitieron identificar las fuentes natrales de resiliencia de la comunidad, a partir del conocimiento de las características socio demográficas, administrativas y ambientales y del resultado de los 30 indicadores utilizados para la evaluación de la resiliencia. Como en el Caso A, no fue posible aplicar las estrategias para el fortalecimiento de las capacidades resilientes deficitarias, ni medir su efecto ulterior en la comunidad, tal como están concebidas en el modelo del camino hacia la resiliencia debido al factor tiempo, por lo que para contrarrestar estos factores limitantes se implementaron algunas medidas que se muestran en la Tabla 1.

Figura 2. Ubicación de la comunidad «Proterritorio». Fuente: Elaboración propia con base en el Instituto Nacional de Estadística y Geografía (INEGI, 2018) e imágenes obtenidas de Internet

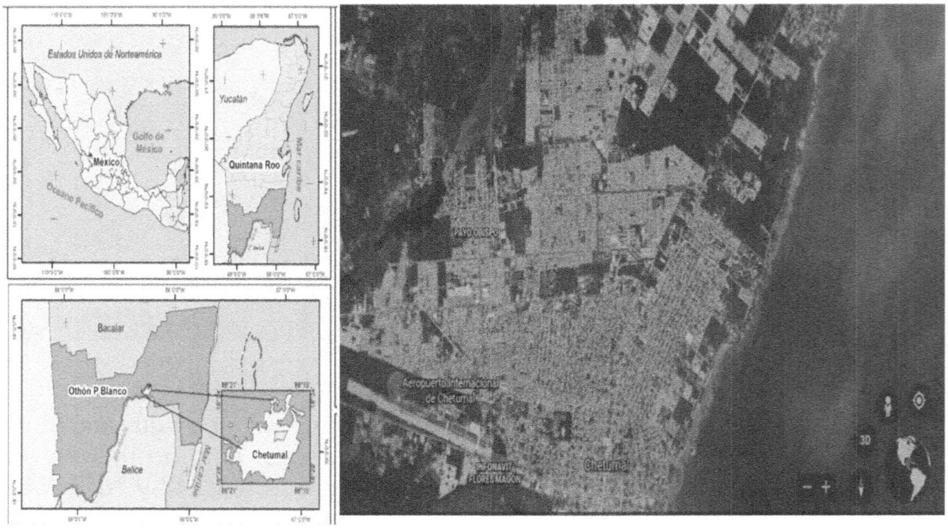

Para desarrollar el Caso C se seleccionó la comunidad «Genalguacil», Málaga, España, cuyo núcleo urbano está ubicado en las coordenadas geográficas de 36⁰ 32" Latitud N y 5⁰ 14" Longitud O (Figura 3).

Se seleccionó debido a su identificación como comunidad en riesgo de despoblación representativo de la llamada «España vaciada», fenómeno de tipo territorial, social y demográfico que está causando desequilibrios y dificultades en el desarrollo social de las zonas afectadas. Estos procesos de despoblación generan consecuencias negativas para sus habitantes, quienes encuentran mayores dificultades de acceso a los servicios públicos de diferente índole, mayores tasas de desempleo y de dependencia (García, 2003).

Las variables definidas para el estudio de la resiliencia en dicha comunidad son: a) Tipo de comunidad: semi-rural, b) Escala de análisis espacial: nivel local (municipal); c) Tipo de fenómeno amenaza: Antrópico, dado por los fenómenos de despoblación e incendios forestales, y d) Tipo de análisis: Combinado (asociación entre factores sociodemográficos e incendios forestales).

Los procedimientos utilizados en este caso para la evaluación longitudinal de la resiliencia fueron, en primer lugar, el análisis del contexto de la comunidad desarrollando los ocho componentes incluidos en la metodología ARC-D de GOAL. Le siguieron los procedimientos para para la evaluación de la resiliencia inicial, se utilizaron algunos indicadores específicos de tipo social para medir capacidades resilientes (Ruiz, 2015) y elementos e indicadores de metodologías de la organización GOAL (GOAL, 2015, Mccaul y Mitsidou, 2016; Mccaul, y otros, 2019).

Figura 3. Ubicación de la comunidad «Genalguacil» municipio de igual nombre de la provincia Málaga, Andalucía, España. Fuente. Elaboración propia a partir de fuentes de Internet

En cuanto al fortalecimiento de las capacidades resilientes deficitarias y la medición de su efecto ulterior en la comunidad, se presentaron las mismas limitaciones expuestas en los estudios realizados en los casos anteriores, por lo que se decidió implementar un grupo de medidas para paliar esta situación que se muestran en la Tabla 1.

El Caso D, se implementó en un sector de la periferia de la ciudad de San Vicente, ubicada en las proximidades del volcán «San Vicente» (Figura 4), ocupando las coordenadas 13° 38′ 19″ Norte y 88° 47′ 12″ Oeste, en el Departamento del mismo nombre, República de El Salvador.

Se inició en estudio definiendo las variables organizativas que caracterizan esta comunidad: 1. Tipo de comunidad: urbana-periférica, 2. Escala de análisis espacial: Micro (colonia, barrio y cuadra), 3. Tipo de fenómeno o amenazas: Natural (deslizamiento de tierra, inundaciones y amenaza volcánica por la cercanía al volcán «San Vicente») y 4. Tipo de análisis: Combinado, por la acción conjunta de alguno de los eventos de tipo hidrometeorológico, antrópico y geológico.

En cuanto a los procedimientos para el análisis de la resiliencia, se siguió el mismo esquema siguiente: para llevar a cabo el análisis del contexto de la comunidad se aplicó la metodología ARC-D de GOAL (Mccaul y Mitsidou, 2016). A continuación, se implementó el procedimiento para la evaluación de la resiliencia comunitaria ante desastres, utilizando el cuestionario de la Parte B de la propia metodología ARC-D de GOAL. Como resultados de estos procedimientos, se pudo caracterizar el escenario de riesgos de dicha comunidad a partir del conocimiento de las características socio demográficos, administrativos y ambientales, y, además, se identificaron las fuentes naturales de resiliencia de la comunidad mediante el análisis del comportamiento de los 30 indicadores utilizados para la evaluación de la resiliencia.

Figura 4. Ubicación geográfica de la comunidad «San Vicente» en las proximidades del volcán del mismo nombre, Departamento San Vicente, El Salvador. Fuente: elaboración propia a partir de datos obtenidos de Internet

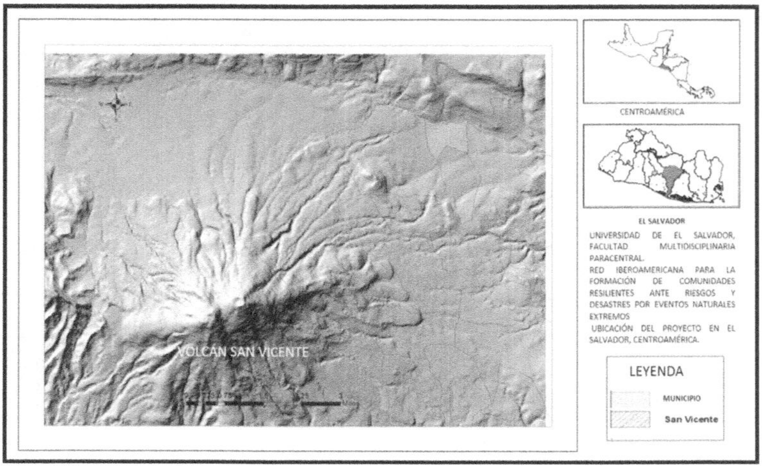

El Caso E se desarrolló en una comunidad de ambiente netamente rural, denominada «El Porcal», ubicada en el municipio San Lucas, Madriz, Nicaragua, en las coordenadas 13°42'48'' N y 86°60'37'' O y (Figura 5).

La comunidad «El Porcal» es netamente rural y junto a otras que forman parte de la eco región del Corredor Seco de Nicaragua, se caracteriza, además, por ser una comunidad de los pueblos originarios de la Tribu de los Chorotegas, Villalta Orozco (2018), lo que le imprime un valor socio-cultural a la misma.

En canto al análisis de la resiliencia se asumió un modelo simple enfocado en los eventos de tipo hidrometeorológicos, específicamente por la sequía, que en los últimos años se han incrementado en frecuencia e intensidad. Por esta razón, se justificó un estudio de los factores de vulnerabilidad (exposición, fragilidad y capacidades) de los sistemas naturales y humanos de la comunidad, como estrategia para su reducción del riesgo de desastres y la protección del ecosistema (recursos naturales locales como vegetación, suelos y agua ubicados en las inmediaciones del área de estudio), que pueden verse afectados por este tipo de eventos, requiriendo adoptar medidas para su restauración o recuperación.

Figura 5. Ubicación de la comunidad «El Porcal», San Lucas, Madriz, Nicaragua. Fuente: elaboración propia a partir de la cartografía del IGG-CIGEO y de imágenes de Google Earth desde Internet

El modelo aplicado se inició con el análisis del contexto de la comunidad, desarrollando los ocho componentes incluidos en la metodología ARC-D de GOAL (Mccaul y Mitsidou, 2016), seguido de los procedimientos para la identificación de los déficits de capacidades resilientes como resultado de la aplicación la de elementos, herramientas e indicadores de metodologías de la organización GOAL para medir las capacidades resilientes (GOAL, 2015 y

MCCAUL Y MITSIDOU, 2016). En cuanto al fortalecimiento de las capacidades resilientes deficitarias y la medición de su efecto ulterior en la comunidad, se presentaron las mismas limitaciones expuestas en los estudios realizados en los casos anteriores en lo referido al factor tiempo, por lo que no fue posible aplicar los procedimientos para el fortalecimiento de los déficits de capacidades resilientes, ni implementar estrategias para valorar el efecto de las medidas en el reforzamiento de dichas capacidades. En este caso, se aplicaron algunas medidas ajustadas al tiempo disponible en el proyecto, para, en alguna medida, contribuir al fortalecimiento de estas capacidades deficitarias, como se muestra en la Tabla 1 para el caso de El Porcal.

3.3. Medidas aplicadas por los grupos en sus comunidades metas como alternativa al fortalecimiento de capacidades resilientes deficitarias

Para fortalecer los déficits de resiliencia detectados durante la evaluación, según el modelo concebido se requiere aplicar una estrategia de capacitación para con los actores de la comunidad, con la cual, actuar sobre cada uno de aquellos indicadores que mostraron niveles de resiliencia bajos. La implementación de esta estrategia generalmente se desarrolla mediante talleres de capacitación comunitarios o con cursos cortos, y de esta forma, empoderarlos con los conocimientos y herramientas necesarias para fortalecerlos. Pero ello requiere, como es lógico, luego de un tiempo prudencial, evaluar de nuevo el avance alcanzado. Según la experiencia adquirida, este período puede tomar un año (tiempo mínimo) y hasta dos años (ideal). Como no se dispuso de este tiempo porque el proyecto solo duró cuatro años para cumplimentar las evaluaciones de la resiliencia, los grupos aplicaron un conjunto de medidas adaptadas a los factores y condiciones presentes en sus comunidades. Este conjunto de medidas alternativas, se muestran en la Tabla 1.

Tabla 1. Medidas aplicadas para el fortalecimiento de la resiliencia tras su evaluación en cada comunidad meta. Fuente: Elaboración propia.

No.	Grupo	Comunidad meta	Acciones de fortalecimiento y crecimiento
1	CUBA	Consejo Popular Guanabo, Habana del Este, Cuba	1. Revisión del Plan de Reducción del Riesgo de Desastres (RRD) de la comunidad y su actualización según las prioridades del Marco de Sendai 2015-2030 y los 10 aspectos esenciales de la campaña municipal «Desarrollando ciudades Resilientes». 2. Realización de un diagnóstico del estado actual de los mapas de amenazas críticas y de los escenarios de riesgos y su actualización.

No.	Grupo	Comunidad meta	Acciones de fortalecimiento y crecimiento
1	CUBA	Consejo Popular Guanabo, Habana del Este, Cuba	3. Desarrollo de acciones de capacitación con especialistas de planeación urbana sobre como incluir los factores de resiliencia en el diseño y planeación urbanística. 4. Acciones de sensibilización y capacitación para con el sector privado a fin de que se elaboren los planes de RRD y ACC, y su actualización periódica. 5. Elaboración de un plan de medidas para fortalecer la resiliencia de la infraestructura vital ante la ocurrencia de desastres en la condición más crítica y probable y presentación a las autoridades locales.
2	MÉXICO	Proterritorio, Othón P. Blanco, Chetumal, Quintana Roo, México.	1. Actualización del mapa de «Peligro por inundaciones interurbanos en Chetumal». 2. Actualización del mapa de vulnerabilidad y exposición ante inundaciones pluviales. 3. Colaboración entre Protección Civil Municipal y la Universidad Autónoma del Estado de Quintana Roo para contribuir a la reducción del riesgo de desastres en la comunidad.
3	ESPAÑA	Genalguacil, Málaga, Andalucía, España	1. Implicar a la población en un proceso de evaluación participativa de los riesgos, que permita pasar de percepciones individuales a otras de tipo comunitario. 2. Desarrollar acciones institucionales que incluyan a las personas vulnerables de manera específica. 3. Implicar a quienes trabajan con las personas vulnerables (ej. personal sanitario) en actividades comunitarias para facilitar la integración y participación de las personas vulnerables. 4. Impulsar una mayor presencia de servicios sociales en las actividades municipales. 5. Establecer protocolos de actuación y planes concretos para enfrentar los eventos adversos que ocurren. 6. Desarrollar programas e iniciativas que prevengan los incendios forestales y reduzcan los motivos que hacen abandonar el municipio.

No.	Grupo	Comunidad meta	Acciones de fortalecimiento y crecimiento
4	EL SALVADOR	San Vicente, El Salvador	1. Evaluación y mapeo participativo de las vulnerabilidades y factores de riesgo, socializando con toda la comunidad 2. Talleres comunitarios, conversatorios y reuniones con los actores comunitarios para fortalecer el conocimiento sobre riesgos y la percepción local del riesgo. 3. Transmisión y difusión de conocimientos y capacidades sobre reducción del riesgo de desastres y adaptación al cambio climático en escuelas e instituciones gubernamentales y el sector privado.
5	NICARAGUA	El Porcal, San Lucas, Madriz, Nicaragua	1. Actualización y socialización del plan municipal de gestión de riesgos ante sequía. 2. Promoción de la gestión integrada de los recursos hídricos a nivel local. 3. Promover el fortalecimiento de los sistemas constructivos de las viviendas en coherencia con las tradiciones y el contexto comunitario. 4. Promoción de estrategias de conservación del agua y del suelo del territorio de la comunidad y a través de uso de técnicas tradicionales como las cercas muertas, cercas vivas, acequias y diques.

4. Conclusiones

Para desarrollar la investigación se empleó una metodología cualitativa a través de los métodos histórico y de análisis y síntesis, con los cuales, se desarrolló un proceso de gestión de información y conocimiento sobre las corrientes históricas de pensamiento que dieron origen al término resiliencia comunitaria, sus dimensiones y enfoques, bases conceptuales y metodológicas, componentes, herramientas, ejes, pilares y ante-pilares.

Para llegar a una conclusión científica, sobre la metodología propuesta por la red RIFOREDEx para evaluar los niveles de resiliencia de las comunidades con vulnerabilidades, se diseñó un modelo que fue asumido por los grupos de la red para aplicarlos en sus comunidades metas.

El modelo del camino hacia la resiliencia, es el principal resultado científico y metodológico cuya característica principal es que concibe un análisis no lineal de la resiliencia en comunidades con vulnerabilidades, —que es como se ha concebido hasta la actualidad por la mayoría de los enfoques para la medición de la resiliencia a escala internacional—, sino que, este nuevo modelo considera la evaluación de la resiliencia de manera escalonada y ascendente, mediante un análisis multi-temporal (longitudinal) que puede abarcar varios períodos de tiempo hasta completar las etapas que contiene. Su fundamento consiste en la identificación de los déficits de capacidades resilientes en cada evaluación (medición) realizada a partir del comportamiento del grupo de indicadores seleccionados (en la metodología ARC-D se miden 30 indicadores, mientras que en la aplicación de la metodología (herramienta) de la UNISDR basada en los 10 aspectos esenciales para el desarrollo de ciudades resilientes, se valoran 47 indicadores. Posterior a la identificación de estos déficits, la metodología contempla la implementación del fortalecimiento de estas capacidades deficitarias mediante estrategias de formación de capacidades, charlas, cursos, talleres de capacitación, y otras acciones, que tampoco se encuentran explícitos en otras metodologías internacionales.

Los factores organizativos concebidos en el modelo, se determinan en el inicio de la investigación y permiten formarse una idea del escenario donde se llevará a cabo la evaluación. Se analiza el tipo de comunidad, la escala de análisis espacial, el tipo de fenómeno o amenazas y el tipo de evaluación: simple (cuando el estudio se centra únicamente en una amenaza o peligro, y combinado (cuando, por el contrario, el estudio se aborda desde un en foque multi-amenazas.

Como factores de metodológicos, se concibió un procedimiento común para medir las capacidades resilientes en las comunidades metas en todos los grupos de la red, que abarca cuatro etapas: i) Evaluación del contexto de la comunidad; ii) Medición de las fuentes naturales de resiliencia de la comunidad y determinación de los déficits de capacidades resilientes; iii) Fortalecimiento de las capacidades resilientes a partir de los déficit detectados; y iv) Medición de las capacidades resilientes reforzadas.

El análisis sistémico de estos factores permitió llegar a la conclusión de que en la red RIFOREDEx, se implementaron cinco procedimientos basados en el modelo de análisis longitudinal para la evaluación (medición) de la resiliencia comunitaria ante desastres. De ellos, dos fueron implementados en comunidades urbanas-costeras frente a eventos de tipo hidrometeorológicos (una frente a eventos de inundación pluvial y la otra frente a eventos asociados con la penetración y erosión provocadas por marejadas costeras), dos aplicados en comunidades rurales, una de ellas con el análisis centrado en el fenómeno de despoblación e incendios forestales (semi-rural), y la otra (netamente rural) frente a eventos de sequía, y, una comunidad ubicada en un escenario peri-urbano) frente a eventos múltiples (terremotos, deslizamientos de tierra e inundaciones). Todos los casos fueron convenientemente caracterizados.

Consideramos que la metodología utilizada para evaluar (medir) la resiliencia comunitaria, puede ser útil para preparar, organizar, conducir y fundamentar el trabajo de organizaciones, redes, y proyectos que trabajan con comunidades de distinto tipo.

Finalmente, las limitaciones metodológicas identificadas durante el proceso de construcción de esta propuesta son de dos tipos: i) factor tiempo, lo que puede influir en el incumplimiento parcial del camino hacia la resiliencia y ii) recursos financieros y tecnológicos que también pueden incidir en el desarrollo de las intervenciones.

5. Referencias bibliográficas

Amar, A., J., y Martínez, G., M., y Utria, U., L. «Nuevo abordaje de la salud considerando la resiliencia», 2013, *Salud Uninorte*, 29 (1), págs.124-133.

Casals, J. «Cuba, el mundo y la(s) crisis», 2022, *Periódico Granma*, Órgano Oficial del Comité Central del Partido Comunista de Cuba, n.° 34. Año 58. martes 7 de junio, Edición única, La Habana, Cuba.

COEM, *Plan de mitigación y uso de tierras*, San Vicente, 2003, S.L, Recuperado de: https://www.eird.org/deslizamientos/pdf/spa/doc15415/doc15415-a.pdf

Cyrulnik, B. *La maravilla del dolor el sentido de la resiliencia*, 2001, Barcelona: Granica.

FICR, *Hoja de Ruta hacia la Resiliencia Comunitaria - Implementación del Marco sobre Resiliencia Comunitaria*, 2017, S.L Ginebra, Suiza. Recuperado de: https://www.ifrc.org

Forés, A. y Garcés, J. *La resiliencia en entornos socioeducativos,* 2012, Vol. 62, S.L, Narcea ediciones.

García, F. «La lucha contra la despoblación todavía necesaria». *Políticas y estrategias sobre la despoblación de las áreas rurales en el siglo XXI*, 2003, S.L, Centro de Estudios sobre Despoblación y Desarrollo de Áreas Rurales, Zaragoza.

Giordano, S. y Nogués, S. *Educación, resiliencia y diversidad,* 2007, Buenos Aires, Argentina: Espacio.

GOAL, «Herramienta para mediar la resiliencia comunitaria ante desastres». *Guía metodológica,* 2015, S.L, Recuperado de:shttp://dipecholac.net/docs/herramientas-proyecto-dipecho/honduras/Guia-Medicion-de-Resiliencia.pdf

GONZÁLEZ, G. *El concepto de Resiliencia*, 215, S.L, Caritas Argentina. En red: Recuperado de: http://www.tsred.org/modules.php?name=News&file=article&sid=30

GROTBERG, E. G. *A guide to promothing resilience in children,* 1995, La Haya: Fundación Bernard Van Leer.

GROTBERG, E. H., «¿Qué entendemos por resiliencia? ¿Cómo promoverla? ¿Cómo utilizarla?», en Grotberg, E. H. (Comp.), *La resiliencia en el mundo de hoy. Cómo superar las adversidades,* Barcelona, Gedisa, 2006, págs. 17-57.

HENDERSON, N. Y MILSTEIN, M. M. *Resiliencia en la escuela*, 2003, Buenos Aires, Argentina: Paidós.

LECOMTE, J. Y MANCIAUX, M. «Maltrato y resiliencia», en M. Manciaux (Eds.), *La resiliencia: resistir y rehacerse,* Madrid: Gedisa, 2001, págs.113-120.

LUTHAR, S. S., CICCHETTI, D. Y BRECKER, B. *The construct of resilience: a critical evaluation and guidelines for future work,* NIH Public Access AuthoeManuscriptChildDevelopment, 2000, 71(3), págs. 543-562.

MANCIAUX, M. «Resiliencia y edad avanzada», en M. Manciaux (Comp.), *La resiliencia: resistir y rehacerse,* Madrid: Gedisa, 2001, págs.103-110.

MASLOW, A.H. *El hombre autorrealizado: hacia una psicología del ser,* 1983, Barcelona: Kairós.

MASTEN, A. S. «Commentary: the promise and perils of resilience research as a guide to preventive interventions», en M. D. Glantz y J. L. Johnson (Eds.), *Resilience and development: Positive life adaptations,* New York: Plenum Press, 1999, págs. 251-257.

MASTEN, A. S. «Ordinary magic. Resilience Processes in Development», 2001, *American Psychologist,* 56(3), págs. 227-238.

MCCAUL, B., CÁCERES, G., MENCIA, S., y otros, «Resiliencia para Sistemas Sociales» *Enfoque R4S.* Manual de orientación al usuario, 2019, S.L, Edición preliminar. GOAL. Recuperado de: https://resiliencenexus.org/wp-content/uploads/2021/02/Espa%C3%B1ol-EnfoqueR4S.pdf

MCCAUL, B., Y MITSIDOU, A. «Análisis de la resiliencia de las comunidades ante desastres». *Caja de herramientas ARC-D,* Manual de guía al usuario., 2016, S.L, GOAL. Recuperado de: http://resiliencenexus.org/wp-content/uploads/2020/05/ARC-DToolkitUserManualB01_SPANISH_Version_A03.pdf

ORTEGA, Z., Y MIJARES B, «Concepto de Resiliencia: desde la diferenciación de otros constructos, escuelas y enfoques», 2018, *ORBIS, Revista Científica electrónica de Ciencias Humanas / Scientific e-Journal of Human Sciences*, 39, (13), págs. 30-43.

PARLAMENTO EUROPEO «El Parlamento Europeo estudia en Zamora cómo afrontar la despoblación de las zonas rurales en la Unión Europea», 2018, S.L, [Comunicado de prensa]. https://www.europarl.europa.eu/spain/resource/static/files/PDF/despoblacion_y_cambios_demogr-ficos.pdf

RADKE-YARROW Y SHERMAN, «Hard growing: children who survive», en J. Rolf y otros (eds.): *Risk and protective factors in the development of psychopathology.* Cambridge: Cambridge University Press, 1990, s.l.

RAMÍREZ, H. *La resiliencia*, 1995, Recuperado de: http://www.geocities.com/centrotecnicas/resiliencia.html

RUIZ, J.I. «Resiliencia comunitaria: propuesta de una escala y su relación con indicadores de violencia criminal», 2015, *Pensamiento Psicológico,* 13, 1, págs. 119-135. https://doi:10.11144/Javerianacali.PPSI13-1.rcp

RUTTER M. «Resilience concepts and findings: Implications for family therapy», 1009, *The Association for Family Therapy*. 21, págs.119-144.

RUTTER, M. «Resilience; some conceptual considerations», 1993, *Journal of Adolescent Health,* 14, 8, págs. 626-631.

SUAREZ OJEDA, E. N., JARA, ANA M. DE LA, MÁRQUEZ, V. (2007). «Trabajo comunitario y resiliencia social», en M. Munist, E. Suárez, D. Krauskopf y T. Silber (comp.), *Adolescencia y Resiliencia*, 2007, págs.81-108.

TWIGG, J. *Características de una comunidad resiliente ante los desastres.* Nota Guía, 2007, S.L, Primera versión (a probar en campo. Recuperado de: https://www.eird.org/newsroom/Spanish_Characteristics_disaster_high_res.pdf

UNISDR, *Herramienta de autoevaluación para la resiliencia frente a desastres a nivel local.* Evaluación preliminar, 2017a, Oficina de Naciones Unidas para la Reducción del Riesgo de Desastres, Ginebra, Suiza. Recuperado de: https://eird.org/camp-10-15/docs/herramienta-evaluacion.pdf

UNISDR, *Herramienta de autoevaluación para la resiliencia frente a desastres a nivel local.* Evaluación detallada, 2017b, S.L, Oficina de Naciones Unidas para la Reducción del Riesgo de Desastres, Ginebra, Suiza. Recuperado de: https://eird.org/camp-10-15/docs/herramienta-evaluacion-detallada.pdf

UNISDR, *Herramienta (QRE) de evaluación rápida del riesgo de desastres a nivel local,* 2017c, S.L, Oficina de Naciones Unidas para la Reducción del Riesgo de Desastres, Ginebra, Suiza. Recuperado de: https://www.unisdr.org/campaign/resilientcities/toolkit/article/quick-risk-estimation-qre.html

URIARTE, J DE D. «La resiliencia. Una nueva perspectiva en psicopatología del desarrollo», 2005, *Revista de Psicodidáctica,* 10 (2), págs. 61-80.

Uriarte, J de D. «La perspectiva comunitaria de a resiliencia», 2013, *Psicología Política,* 47, págs.7-18.

Vanistendael, S. «Como crecer superando los percances». *Resiliencia: capitalizar las fuerzas del individuo*, 1995, S.L, Ginebra: Oficina Internacional Católica de la Infancia. BICE.

CAPÍTULO 3

CONCEPTOS Y FUNDAMENTOS PARA LA PROMOCIÓN DE LA RESILIENCIA COMUNITARIA EN ZONAS DESPOBLADAS EN ESPAÑA

Ana Laura López Carlassare
Facultad de Estudios Sociales y del Trabajo
Universidad de Málaga

María de las Olas Palma García
Facultad de Estudios Sociales y del Trabajo
Universidad de Málaga

Resumen: La despoblación rural es un problema creciente, multicausal y con graves consecuencias de distinta índole. El declive demográfico afecta principalmente a zonas alejadas de grandes ciudades, donde la disminución de la población reduce la actividad económica, limita el acceso a servicios considerados como básicos y erosiona el tejido social y el capital existente. El abordaje de la despoblación ha de ser integral, multifacético y localizado, con una visión integral y de promoción de soluciones a largo plazo. Un enfoque holístico y que considere a las propias comunidades como elemento fundamental para salir adelante y superar los desafíos que la despoblación impone. La resiliencia comunitaria se presenta como una clave para permitir a las personas residentes adaptarse, recuperarse, prevenir y mitigar los efectos negativos de la despoblación. Las comunidades pueden, a través de la promoción de la resiliencia comunitaria, transformar aspectos que inciden en la pérdida de habitantes y en las dificultades para estimular la llegada de nuevas personas a estos territorios. En el siguiente capítulo se profundiza en esta relación, mediante un análisis de la despoblación y de la resiliencia comunitaria como estrategia de respuesta.

Palabras clave: despoblación, enfoque, resiliencia comunitaria, análisis zonas alejadas

1. Introducción

La despoblación se ha convertido en un fenómeno notable a escala global, con especial incidencia en algunas zonas geográficas, sobre todo las alejadas de grandes urbes donde se concentran mayoritariamente los servicios y oportunidades. La disminución progresiva de habitantes representa una amenaza para muchas zonas rurales y también para algunas áreas periféricas, con serias implicaciones a diferentes niveles: demográfico, económico, social, medioambiental y cultural, entre otros.

Los efectos que ocasiona la despoblación son variados e inciden en múltiples dimensiones. En lo económico, produce intensas disminuciones de los ingresos, una contracción acusada de la actividad local, la pérdida de empleos, limitaciones en la diversificación económica y laboral, e incluso una menor capacidad de las administraciones locales para ofrecer servicios básicos en cantidad y calidad suficientes.

También en lo medioambiental se producen cambios en el uso del suelo y en la gestión de los recursos naturales, lo que puede ocasionar efectos nocivos para la biodiversidad y el paisaje. Esto, a su vez, puede influir en el desarrollo turístico y en la capacidad de atraer nuevos negocios, iniciativas económicas, mercantiles y laborales, e incluso nuevos habitantes a la zona.

En términos sociales la despoblación puede aumentar el aislamiento y los sentimientos de soledad entre las personas residentes. También llega a erosionar la cohesión comunitaria y la construcción de una identidad común en estos municipios y regiones. Además, puede limitar el acceso a servicios que resultan fundamentales, tales como los sanitarios, educativos, culturales y los servicios sociales, sobre todo los de carácter especializado.

La despoblación deviene, de esta forma, un problema que no solo significa la reducción del número de habitantes, sino que también conlleva una serie de desafíos complejos que requieren de una atención específica y de respuestas multifacéticas a la vez que localizadas.

Como respuesta a estos desafíos, aparecen diversas iniciativas y estrategias de acción. De esta forma, la resiliencia comunitaria se presenta como una dimensión crucial para entender, abordar e incluso prevenir la despoblación.

La resiliencia comunitaria, es la capacidad de un colectivo para adaptarse y recuperarse frente a perturbaciones y cambios adversos. Implica, en este sentido, la habilidad de las comunidades para enfrentar la disminución de la población. Les ayuda a mitigar los efectos negativos que provoca la despoblación y encontrar fórmulas que permitan la revitalización, viabilidad y sostenibilidad de estas zonas. Sobre todo, en el largo plazo. De esta forma, se posiciona como una acción de respuesta frente a la despoblación, que puede ayudar a las comunidades a desarrollar estrategias que pueden transformar una situación crítica en una oportunidad para reinventarse e incluso para prosperar.

Las respuestas deben pasar por todas las facetas en las que la despoblación tiene impacto. De esta manera, las acciones más efectivas pasan por diversificar la economía y las actividades laborales, promover el emprendimiento local, mejorar las infraestructuras y los servicios puestos a disposición, e implementar políticas que incentiven la llegada de nuevos pobladores y que, además, los fijen al territorio, tanto a los nuevos como a los previos.

Se observa así que la despoblación es un fenómeno de gran complejidad y efectos profundos en aspectos variados de la vida comunitaria. La resiliencia comunitaria, como dimensión y como respuesta activa frente a la crisis que la despoblación supone, es esencial para abordar los desafíos que presenta la despoblación y aportar para transformar las áreas afectadas en comunidades sostenibles y con posibilidades de presente y también de futuro.

En el capítulo que se presenta a continuación, se abordan los principales conceptos relativos a esta problemática y sus principales efectos. Además, se contextualiza la realidad de la situación en especial en el contexto español, destacando las principales consecuencias que tiene para las comunidades de las zonas geográficas en las que la despoblación es más acusada. Se realiza un recorrido por el concepto de resiliencia comunitaria, asociándola al fenómeno de la despoblación. Se destaca la importancia de abordar la cuestión desde un enfoque general, holístico, inclusivo y multifacético.

2. Conceptualización de la despoblación

Comprender la despoblación requiere realizar intentos por definirla y también por contextualizarla. Este proceso, lejos de suponer un hecho aislado o puntual, es el resultado de la confluencia de muchos factores de distinta índole que interactúan de forma compleja, conformando un escenario de dificultad para su estudio y también para su abordaje e intervención (López y Palma, 2024). A pesar de ello, es fundamental hacer dicho esfuerzo para identificarla, entender sus consecuencias y sobre todo afrontarla para prevenir sus efectos negativos.

2.1. Definición y características de la despoblación

La despoblación es un proceso complejo y multifactorial que afecta a numerosas regiones. Los fenómenos de despoblación existen en diferentes ámbitos geográficos, incluso en grandes urbes y ciudades con altos índices de población, sin embargo, sus efectos sobre áreas de baja densidad resultan los más dramáticos.

En términos generales, se caracteriza por la disminución acusada y sostenida de la población a lo largo del tiempo. Se produce cuando las defunciones superan los nacimientos por un crecimiento vegetativo negativo, porque la emigración supera a la inmigración gracias a un saldo migratorio negativo o porque ambos procesos ocurren de manera simultánea (Pinilla y Sáez, 2017).

Se trata de un fenómeno de marcado carácter demográfico y territorial, pero que no por ello deja de tener consecuencias en otros muchos ámbitos, sobre todo en el económico y el social. La tendencia a la despoblación de las zonas rurales supone la masificación de muchas áreas urbanas, con las consecuentes dificultades en la gestión y consecución del bienestar en ambos contextos. La calidad de vida, tanto de las personas habitantes de estas zonas geográficas como de las que se masifican, termina por verse mermada (Budí y Alarma, 2022). La concentración de las actividades económicas y culturales y servicios sanitarios y sociales en grandes ciudades producen un paulatino desplazamiento del dinamismo desde las zonas rurales hacia los núcleos urbanos. Revertir esto requiere de estrategias integrales, localizadas, que promuevan el desarrollo de estas zonas y que contemplen iniciativas de distinta índole, no únicamente de prestaciones y económicas. Estas últimas, por sí solas no alcanzan para favorecer un equilibrio poblacional que resulte sostenible.

El paulatino abandono de las áreas rurales, conocido en algunos casos como éxodo rural, ha provocado el aumento de preocupaciones respecto a la sostenibilidad de ciertas zonas. Esto se ve acompañado de tensiones que emergen de los impactos económicos, políticos, demográficos, culturales, medioambientales e incluso sociales que produce (Laborda y otros, 2021). De alguna forma, la despoblación refleja una serie de inequidades territoriales y es en buena medida fruto de transformaciones socioeconómicas de los últimos tiempos que no han encontrado una respuesta eficiente por parte de las autoridades competentes. Ha sido recientemente cuando se ha comenzado a prestar especial atención al fenómeno. Sin embargo, las iniciativas no han sido demasiado exitosas. Estas han estado centradas, habitualmente, en el desarrollo económico, olvidando algunos otros aspectos de gran relevancia en materia de despoblación y sobre todo de repoblación de estas zonas, entre ellas las ecológicas y medioambientales (Martínez y otros, 2020; Navarro y otros, 2021). También las comunitarias.

Los procesos de despoblación se relacionan con diferentes tipos de vulnerabilidades. A pesar de ello, solo recientemente los estudios se han centrado en las zonas rurales, cuando habitualmente han sido las zonas urbanas las que han acaparado la atención de los estudios sobre vulnerabilidad (Recaño, 2017). En todo caso, se asocia la despoblación con las vulnerabilidades de tipo socio-demográfico, pero también con las medioambientales y las culturales. Se trata de un estresor que deteriora los recursos y capacidades comunitarias, menoscabando las oportunidades de salir adelante, mejorar la calidad de vida de las personas residentes e incluso de permanecer en el territorio (Del Valle, 2021).

2.2. Indicadores y métricas utilizadas para medir la despoblación

La población varía en su presencia en los espacios geográficos principalmente según los cambios económicos-territoriales, tales como los procesos de industrialización, el crecimiento de las urbes y de las zonas metropolitanas; y las decisiones políticas relacionadas con infraestructuras de distinta índole, las referentes a gestión medioambiental, de transporte y también de prestaciones económico-sociales para la zona de referencia. Estos cambios han producido situaciones poco equilibradas entre las diferentes zonas, tanto en el caso español como a escala internacional (De Cos y Usobiaga, 2016).

Todo esto ha provocado que ciertos indicadores demográficos, socioeconómicos y territoriales presenten números que muestran una situación grave en el ámbito rural despoblado y más aislado. En cada contexto geográfico se utilizan unos u otros, dependiendo del caso concreto:

a) La densidad de población, que generalmente es baja en zonas rurales en proceso de despoblación.

b) La tasa de crecimiento natural (diferencia entre la de natalidad y la de mortalidad) y que, presentando valores bajos a nivel general, estos son más acusados en el ámbito rural.

c) Un saldo migratorio negativo, que indica que la población emigra más que se instala en el territorio, provocando bajadas en el número de vecinos de la comunidad.

d) El aislamiento geográfico.

e) La distribución espacial de la población, que se concentra en ciertas áreas y abandona otras, provocando problemas de dispersión territorial en zonas rurales.

f) La disminución del número de municipios o su fusión, puede estar señalando la pérdida de población en las áreas rurales.

g) Una tasa baja de fecundidad a nivel general, por la que el número medio de hijos por mujer en edad fértil es inferior a la registrada en el pasado.

h) Acelerado envejecimiento poblacional, lo que señala una proporción elevada de personas mayores de 65 años en el territorio. Este índice presenta incluso valores de sobre-envejecimiento, con un alto porcentaje de personas que superan los 80 años residiendo en estas zonas.

i) Una distribución por edades que muestra una pirámide poblacional de base estrecha y cuerpo ancho, que es generalizada y más acusada en los territorios rurales.

j) La tasa de actividad baja, que indica falta de oportunidades laborales para la población en edad de trabajar de estas zonas.

k) Una renta per cápita con ingresos medios por habitante más bajos en las zonas rurales, donde se presentan mayores niveles de pobreza que en las ciudades.

l) Un nivel educativo bajo que limita las oportunidades laborales y favorece su búsqueda en otros territorios.

2.3. Factores desencadenantes de la despoblación

Son variadas las causas que contribuyen a generar un escenario de despoblación. Estas se articulan para constituir contextos complejos, que ponen en jaque el desarrollo de las zonas en las que se suceden. Entre ellos destacan: el desempleo, la falta de oportunidades laborales, salarios inferiores respecto de las ciudades, la falta de actividad económica, en gran medida producto de la industrialización y los cambios en las formas de labor agrícola. También el envejecimiento, la masculinización, el descenso de las tasas de natalidad, los procesos migratorios en sentido rural-urbano sobre todo de personas jóvenes y de las mujeres, la falta de servicios básicos tales como los sanitarios, educativos, de transporte público y de comunicación, asistenciales y de ocio y en cantidad y calidad suficientes. Se añaden las propias características orográficas y de accesibilidad al territorio. Además, se añaden infraestructuras públicas básicas deterioradas e incluso factores ambientales tales como la desertificación, el cambio climático, la falta de agua para cultivos, la propagación de incendios forestales, entre otros (Del Real, 2020, Yu y otros, 2022).

Por otra parte, la despoblación también tiene su causa en la normalizada consideración de que el rol de las zonas rurales es el de proveer de lo necesario a las zonas urbanas. De esta forma, serían territorios para la extracción, dependientes y subsidiarios de las ciudades, aumentando las ya manifiestas desigualdades entre ambos ámbitos (Bustos y otros, 2021; Hermosilla, 2020). Estas dinámicas, además de producir enormes impactos medioambientales en los territorios rurales, mantienen vigentes prácticas de desequilibrio entre las ciudades y el campo, lo que provoca lógicas intenciones por parte de las personas residentes en el ámbito rural de buscar oportunidades que se niegan allí. De esta manera, se conforma una estructura que provoca la despoblación y que requiere de respuestas multifacéticas para hacerle frente. Sin embargo, esto no ha ocurrido de manera exitosa, al menos por el momento. Aunque se están sucediendo iniciativas y la preocupación es cada vez mayor con respecto a la despoblación, las medidas no han sido del todo contundentes. De esta forma, los factores políticos, de gestión y administración, se suman a los anteriormente mencionados como factores conducentes y/o provocadores de la despoblación rural (Bello, 2023).

3. Contextualización del fenómeno de despoblación en España

3.1. Breve historia de la despoblación rural en España

Con anterioridad al siglo XIX, la población española se encontraba mayoritariamente en zonas rurales, a pesar de ciertas tendencias migratorias a las zonas costeras y periféricas en los siglos XVI y XVIII (Nadal, 1966). Las necesidades de mano de obra en el campo, hacían que las actividades económicas estuvieran desplazadas allí y las personas podían trabajar de manera sólida en estas zonas. Salvo algunas crisis demográficas, sobre todo causadas por epidemias, la población se mantenía estable. Con la industrialización de algunas zonas españolas del siglo XIX, se inició un proceso migratorio campo-ciudad que no tuvo un impacto en el equilibrio demográfico y social y en la sostenibilidad de los municipios rurales.

Sin embargo, fue a mediados del siglo XX cuando se produjo una aceleración de la despoblación, que duró hasta principios de la década de los noventa. El «desarrollismo» en lo económico, tuvo como contracara un abandono masivo de los territorios rurales, sobre todo del interior de España, para buscar oportunidades en las ciudades. Este proceso se ralentizó en la última década del siglo, pero sin frenarse, aunque solo ha sido llegado el siglo XXI cuando la despoblación ha pasado a estar en el centro del debate político y mediático y ser un tema que preocupa a gestores, profesionales, académicos y la ciudadanía en general (Pinilla, 2023; Pinilla y Sáez, 2017; Saiz y otros, 2022).

3.2. Actualidad de la despoblación rural en España

A pesar del crecimiento demográfico experimentado en el siglo XXI, buena parte del territorio español, sobre todo la mitad norte del interior, tiene actualmente densidades poblacionales críticas, por debajo de los 5 hab./km^2 y los 10 hab./km^2. De esta forma, España es el país de Europa con mayor número de celdas de 1km^2 deshabitadas y un ejemplo claro de estancamiento e incluso regresión poblacional (EUROSTAT, 2023; FEMP, 2017a). Situación que es incluso peor, pues las cifras de empadronamiento son superiores a las de personas que efectivamente residen en dichos territorios (Pinilla y Sáez, 2017).

Hay nueve Comunidades Autónomas de las 17 que conforman España, que han perdido población entre los años 2010 y 2019: Extremadura, Galicia, Castilla y León, Asturias, Aragón, Cantabria, Castilla-La Mancha, Comunidad Valenciana y La Rioja. Sin embargo, es cuando se observa al ámbito local cuando se observa la gravedad del problema. De los 8131 municipios españoles, 3926 están en riesgo de despoblación al sufrir una densidad poblacional inferior a 12.5 hab. /km^2, perder habitantes entre 2001 y 2018, tener una variación residencial negativa desde 2011 y/o un saldo vegetativo negativo desde ese mismo año (Comisionado del Gobierno frente al Reto Demográfico, 2020). 6245 de los municipios de España han perdido población respecto del 2010, el 91 % de los cuales tienen menos de 5000 habitantes. De esta manera, un 83.2 % de los municipios con una población inferior a 5000 habitantes han visto sus habitantes reducirse entre 2011 y 2020, mientras que el número se incrementa a 87.1 % para los municipios de menos de 1000 (Gobierno de España, 2021).

Figura 1. Municipios españoles que pierden población en la década 2011-2020 Fuente: Gobierno de España, 2022

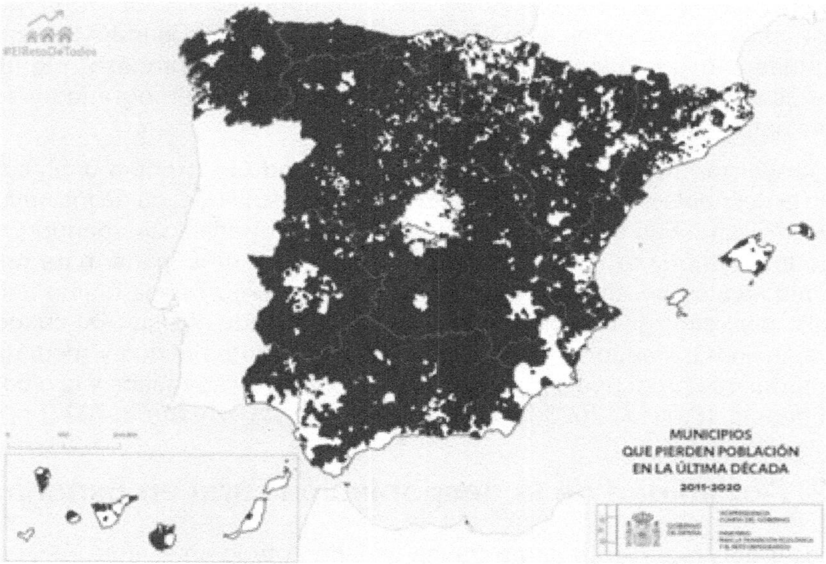

Estos datos alarmantes, han provocado que prácticamente todas las administraciones locales de España hayan decidido elaborar y poner en acción medidas para intentar contrarrestar los procesos de despoblación o disminuir sus efectos más negativos (Esparcia, 2020). Esto se ha logrado con diferentes grados de éxito.

3.3. Impactos a nivel nacional y local

Tal y como se ha mencionado, la despoblación produce consecuencias en diversos ámbitos, todos de importancia y con impacto en el bienestar y calidad de vida de las personas residentes.

Entre ellos destacan: los económicos, con una constricción del mercado laboral, pérdida de empleo, disminuciones en los ingresos, falta de oportunidades, reducción de la actividad local, limitación de la diversificación económica, de servicios. También en este mismo sentido, destaca que a las administraciones locales puedes resultarles muy complicado ofrecer servicios básicos suficientes. En términos sociales, se produce un aumento en el aislamiento y sentimientos de soledad de las personas que residen en estas zonas. Se puede erosionar la cohesión comunitaria y la identidad de quienes allí viven. Además, los servicios sanitarios, educativos, culturales, de ocio, abastecimiento y sociales terminan por menguar o incluso desaparecer de estas zonas, lo que repercute en las oportunidades de acceder a un estado de bienestar robusto y alimenta el deseo de emigrar (Collantes y Pinilla, 2019). También se pierde patrimonio cultural y conocimientos ancestrales, que desaparecen por la falta de relevo generacional en estas áreas geográficas. Esto produce la masculinización y un envejecimiento de población, con una pérdida de tejido humano que debilita otras muchas esferas (Camarero, 2017).

En otro terreno en el que se producen pérdidas significativas es el medioambiental: con el abandono de prácticas agrícolas, aumento de procesos de desertización, erosión, incendios, cambios en la gestión y utilización de los recursos naturales y forestales, con efectos negativos sobre la zona, su fauna y flora (Afán, 2006). Esto, a la vez, puede influir en la atracción turística de estos territorios y por tanto en la capacidad de dinamizar económica y socialmente estos municipios.

4. Importancia del estudio de la despoblación desde una óptica multidisciplinar

Existen muchos motivos que justifican un estudio de la despoblación que supere la perspectiva unidimensional. La influencia de tantos factores distintos es uno de ellos. El escenario de complejidad que conforma la despoblación rural, provoca que ninguna disciplina por sí sola pueda abarcar la totalidad del fenómeno (López y Palma, 2024). Además, la óptica multidisciplinar es fundamental para prevenir que las soluciones implementadas produzcan consecuencias no deseadas. Estas podrían aparecer al no considerar todos los factores implicados, por lo que buscar y aportar soluciones integrales resulta esencial para abordar este tema.

De esta manera, además de las disciplinas más frecuentemente relacionadas con el fenómeno de la despoblación (geografía, economía, demografía, sociología, etc.) deben incluirse análisis compartidos con otras tales como la antropología, política, el trabajo social. Y con enfoques como el de la resiliencia comunitaria, que puede permitir una comprensión más completa de la despoblación, aportando soluciones innovadoras, creativas, adaptadas a la comunidad y al territorio, fortalecedoras del tejido social, y por tanto, exitosas.

5. Conceptualización de la resiliencia comunitaria

5.1. Definición y origen del término resiliencia

Surgido de la física, como capacidad de volver a adquirir la forma original después de haber sido deformado y reanimarse, el concepto de resiliencia ha logrado relevancia en el ámbito de las ciencias sociales. A pesar de las críticas, asociadas sobre todo a las dificultades para definirlo de manera sólida y la poca atención al impacto de las estructuras sobre su desarrollo (WILSON, 2012), ha ido tomando cada vez mayor importancia. En estas disciplinas, se concentra en la fortaleza personal, en las oportunidades de una dinámica positiva de cambio y mejora constante. La resiliencia supone una capacidad universal de ajuste personal y social en situación de crisis en las que el contexto no resulta favorecedor (URIARTE, 2005). Refiere a individuos y también a grupos o comunidades y es producto de las relaciones sujeto-contexto (RUTTER, 1993), de aquí la gran importancia del tejido comunitario y de la situación del contexto. El desarrollo de habilidades para hacer frente a los sucesos, con una actitud positiva, encontrando el significado de lo ocurrido, supone una cualidad valiosa que permite superar las crisis y fortalecerse.

Por su parte, la resiliencia comunitaria es la que impulsa este empoderamiento en colectivos que comparten la exposición a estresores diversos. Cuando las comunidades se reorganizan para sobrevivir, se adaptan positivamente, logran prevenir, mejorar su estructura, comprometerse y transformarse para seguir adelante, son resilientes (URIARTE, 2013). Supone ver oportunidades de desarrollo en la adversidad. Habitualmente se ha asociado a fenómenos adversos de carácter medioambiental, sin embargo, desde hace algún tiempo se ha inclinado hacia «desastres» de tipo sociopolítico, tales como violencia criminal, guerras civiles, etc. En una situación intermedia entre ambas tipologías, podría situarse la despoblación, que se conforma en la articulación de ambos.

Se reconocen algunas dimensiones fundamentales en la resiliencia comunitaria: algunos modelos se focalizan en la regulación emocional, la disposición y uso eficaces de recursos o el bienestar y capital social y la percepción de competencia y capacidades comunitarias o eficacia colectiva. Cada una de ellas agrupa una serie de atributos que se consideran esenciales en las comunidades resilientes: optimismo, sentido de la vida, humor, expresividad, empatía y afrontamiento; integración social, autoestima, identidad, normas morales, recursos, cohesión y conductas pro sociales; y control, competencia, auto eficacia, perseverancia, habilidades, creatividad, autonomía, desafío, esfuerzo y preparación, respectivamente (ALZUGARAY y otros, 2018). A todo se añaden la diversificación económica y la sostenibilidad, además de las fórmulas de liderazgo y gobernanza existentes en la comunidad, como cuestiones fundamentales para considerar un colectivo como resiliente.

En este sentido, el modelo de MELILLO Y SUÁREZ (2001), resulta fundamental al plantear estas dimensiones en calidad de pilares. De esta forma, las cinco capacidades sociales que involucran en el modelo, suponen los cimientos sobre los que se apoyan las comunidades resilientes: autoestima colectiva, identidad cultural, humor social, honestidad estatal y solidaridad.

En el marco de las zonas rurales de manera concreta, se ha desarrollado un modelo que implica las siguientes dimensiones para el estudio de la resiliencia comunitaria: relaciones y redes sociales; valores, actitudes y creencias; diversidad e integración; procesos de toma de decisiones y acción colectiva; personas y organizaciones clave; cuestionar rutinas pasadas y crear nuevas; aprendizaje y auto reflexión colectiva; equilibrio económico, ecológico y social; y servicios e infraestructuras básicas para la población local (ADAM, 2023).

5.2. La resiliencia comunitaria como respuesta a la despoblación

Según lo anteriormente explicado, la resiliencia comunitaria no supone una mera reacción al fenómeno adverso en cuestión, en este caso la despoblación. Por el contrario, es una estrategia proactiva que fortalece y dinamiza los tejidos económicos y el capital social de las comunidades rurales, haciéndolas más fuertes frente a las problemáticas a enfrentar. Solo aquellas comunidades que innovan, ofrecen una adecuada calidad de vida y apuestan por el sentimiento de pertenencia de sus habitantes, pueden superar el reto que la despoblación les pone por delante (KRÖHNERT y otros, 2011). Las comunidades más resilientes se muestran más capaces de hacer frente a una adversidad tal como la despoblación, haciéndolo de forma activa y, además, mantenida en el tiempo (ADAM, 2023).

Además, promover nuevas oportunidades económicas y diversificar la economía y mercado laboral de la zona, hace que las comunidades sean más sostenibles y tengan más posibilidades a largo plazo. Y puesto que la despoblación puede erosionar las relaciones en el territorio, la resiliencia comunitaria es un mecanismo para fortalecer el apoyo, el sentido de pertenencia, la colaboración y el tejido social. Aporta adaptaciones flexibles a los cambios sobrevenidos, empoderando a las comunidades locales mediante la participación ciudadana cooperativa, creativa y comprometida. Todo ello, puede convertir a los territorios rurales en lugares más atractivos para residir.

6. Estrategias para fomentar la resiliencia comunitaria en zonas despobladas

Fomentar la resiliencia comunitaria en las zonas con baja densidad poblacional o con pocos/as habitantes es fundamental para revitalizarlas y favorecer su existencia a largo plazo. De esta manera, todas las iniciativas que se desplieguen en dichas zonas deberían contemplar un enfoque resiliente que favorezca el dinamismo, el desarrollo y fortalezca los lazos comunitarios. La resiliencia comunitaria, transformadora y empoderadora, ofrece una oportunidad para intervenir en estas zonas. Promoviendo la organización autónoma de las comunidades, su desarrollo local y endógeno, tanto a través de las políticas públicas como de las iniciativas surgidas en las propias comunidades.

Las comunidades rurales más resilientes son aquellos en los que las personas interaccionan significativamente entre sí y se implican individual y colectivamente, también de forma organizada. Las relaciones que emergen de estos contactos son las que pueden provocar espacios de innovación y búsqueda de soluciones novedosas. Por ello la importancia de apostar y contribuir a una dinámica social integradora y cooperativa (ADAM, 2023). Sin dudas, esto compromete a las personas que residen en estos espacios en primer lugar, pero también: a quienes gestionan lo público, a quienes toman las decisiones, a la iniciativa privada, a las organizaciones de la sociedad civil y a aquellos/as profesionales que realizan sus funciones en estos contextos geográficos. El dinamismo social y la revitalización de estas comunidades en declive socioeconómico requieren la implicación de agentes variados, que incluso sean capaces de modificar sus formas y prácticas habituales, transformándolas para adecuarlas a las necesidades actuales. Podría afirmarse que el enfoque de la resiliencia debe adueñarse de los procedimientos y estrategias de todos los agentes, además de la propia ciudadanía.

El fortalecimiento de la identidad comunitaria es indispensable: a través de una promoción del sentido de pertenencia, que provoque convicción en las capacidades comunitarias y también confianza en que es posible la revitalización de la zona y su preservación a largo plazo. En esta línea, la participación comunitaria se torna un elemento central. Deben articularse medidas que hagan que sean las personas residentes quienes tomen las decisiones sobre aquellos aspectos que les influyen (KUMPULAINEN y otros, 2022). De esta forma, se podrán garantizar iniciativas relevantes, apoyadas, sostenidas por la comunidad y quizás entonces, sostenibles. Además, mediante la participación se estará fortaleciendo la cohesión y el capital social, tan cruciales en estos contextos geográficos. También en este sentido, debe apostarse por redes locales de cooperación e intercambio y por liderazgos locales fuertes que conozcan, entiendan, movilicen y guíen. Estos podrían situarse en los propios municipios o quizás partir de la colaboración intermunicipal, comarcal o regional. Las alianzas resultan esenciales para la prosperidad, el intercambio de recursos, conocimientos y experiencias.

En el plano puramente económico, también existen oportunidades para un enfoque resiliente que ayude a revitalizar las zonas rurales despobladas o en riesgo de despoblación: fomentar el emprendimiento (facilitando financiamiento y ofreciendo capacitaciones específicas por temáticas y contextualizadas), promover un turismo sostenible, promover el desarrollo tecnológico, diversificar el sector empleo (fomentando nuevos sectores que trasciendan la agricultura tradicional), e incentivar prácticas agrícolas sostenibles y de carácter cooperativo, están entre ellas. Las cooperativas (agrícolas, de crédito, para proveer servicios, etc.) son herramientas clave para la participación y el desarrollo comunitarios. A través del trabajo compartido y la unión frente a desafíos muy conocidos, fomentan el desarrollo rural económico y social de las regiones en las que se implantan. Son una forma efectiva de organizarse para dar solución a problemas urgentes, a la vez que fortalecen la resiliencia comunitaria y se transforman en recurso importante para la zona.

También establecer incentivos mediante programas de repoblación y retorno, de acceso a vivienda, mejorar el acceso a servicios básicos, adaptar los programas educativos a las particularidades del entorno y que les preparen para los desafíos locales. Programas de digitalización, de cuidado de las prácticas culturales y conservación medioambiental (FEMP, 2017b). Además, deberían implementarse estrategias de gestión de riesgos, frente a los más comunes y a otros desastres que podrían sucederse y ser de gran impacto en las comunidades. Todo, con la participación constante de la comunidad. Utilizando sus conocimientos, experiencias, necesidades y estrategias para promover la resiliencia comunitaria en estas zonas.

Las políticas públicas reflexionadas, bien diseñadas, contextualizadas, llevadas al terreno y participadas, pueden ayudar a transformar estas zonas rurales despobladas o en riesgo de despoblación.

7. Algunas reflexiones finales

Superar las barreras y los retos que pone por delante la despoblación de las zonas rurales, exige una visión holística que articule estrategias de diferente tipo: acceso a financiación, mejora de la infraestructura educativa, sanitaria, de servicios sociales, lúdica, adaptarse y prevenir los riesgos asociados al cambio climático, crear redes sociales fuertes e integradas. Todo esto, además, debe de tener por núcleo a las propias comunidades, buscando que se promueva su resiliencia, se empoderen y se transformen en sostenibles en el corto, medio y largo plazo. Únicamente a través de la cooperación entre todos los agentes implicados es viable dicho enfoque. Exige la colaboración de las comunidades, de los individuos, de las organizaciones de la sociedad civil, del sector privado empresarial y de los gobiernos a diferente escala, sobre todo la local. En ese sentido, se entiende que debe trabajarse en pos del compromiso político existente con estos territorios, que en muchas ocasiones han quedado al margen de las estrategias de desarrollo económico y social. Y este compromiso, se debe transformar en oportunidades reales y equitativas, con medidas que logren reducir las dificultades añadidas que tienen estos territorios aislados y despoblados.

Resulta ineludible un estudio y comprensión de las necesidades específicas que tienen los distintos territorios y las comunidades que en ellos residen. Solo así será posible adaptar las iniciativas de lucha contra la despoblación y a favor de la calidad de vida y bienestar de las personas residentes en estas zonas. Buena parte de las investigaciones, respuestas, formas de intervención, son generales o diseñadas en general. Sin embargo, puede que la clave se encuentre en equilibrar los análisis macro y la contextualización y localización para la toma de decisiones. Los aportes locales deben considerarse nucleares. El balance entre estos niveles puede ser crítico para el diseño e implementación de medidas que resulten efectivas, eficientes y sostenibles.

En última instancia, no puede obviarse la importancia del componente político de la resiliencia comunitaria. Las capacidades de adaptación, prevención, transformación, empoderamiento e incluso conservación de lo que funciona en la zona, exigen la consideración de las comunidades como plenos sujetos de derechos y dueñas de las decisiones sobre su presente y futuro. La resiliencia comunitaria reivindica la potestad de las comunidades a mantener lo que estiman oportuno, y sobre todo a cambiar y demandar lo que no.

8. Referencias bibliográficas

Adam Hernández, A. «Conceptualizando la resiliencia rural a escala local: Nuevas perspectivas para el desarrollo en territorios despoblados a partir del caso de la Sierra de Albarracín». *Revista internacional de estudios vascos*, 68(1), 2023, págs. 3-21.

Afán De Ribera Ibarra, M. «Análisis teórico. Consecuencias ambientales de la despoblación rural II». *Congreso Nacional del Medioambiente, Cumbre del Desarrollo Sostenible*, 2006.

Alzugaray, C., Basabe, N., Muratori, M., García, F. & Mateos-Pérez, E. «Psicología comunitaria positiva y resiliencia comunitaria: una propuesta de instrumento». *Revista Latinoamericana de Psicología Positiva*, 4, 2018, págs. 169-184.

Bello Paredes, S. «La despoblación en España: Balance de las políticas públicas implantadas y propuestas de futuro», *Revista de Estudios de la Administración Local y Autonómica.* Nueva Época, 19, 2023, págs. 125-147.

Budí Orduña, V. Y Alarma, L. «Economía rural, mercado de trabajo y despoblación: efectos derivados de un tamaño de mercado reducido». *Revista de treball, economia i societat,* 104, 2022, págs. 1-14.

Bustos, B., Contreras, Y., E Insunza, X. *La política nacional rural 2020: aportes para el proceso constituyente.* Vicerrectoría de investigación y Desarrollo de la Universidad de Chile, 2021.

CAMARERO, L. «El medio rural: por los senderos de la despoblación». Un enfoque positivo, Documentación Social. *Revista de estudios sociales y de sociología aplicada*, 185, 2017, págs. 19-36. Riesgos demográficos y políticas públicas en la España rural.

COLLANTES, F. Y PINILLA, V. «¿Lugares que no importan? La despoblación de la España rural desde 1900 hasta el presente», 2019. Zaragoza: *Prensas de la Universidad de Zaragoza*.

COMISIONADO DEL GOBIERNO FRENTE AL RETO DEMOGRÁFICO. *Diagnóstico estrategia nacional frente al reto demográfico.* Eje despoblación, 2020. Madrid, Gobierno de España.

DE COS, O., & USOBIAGA, E. «Exploración de nuevos planteamientos metodológicos para la estimación a escala intraurbana de población vulnerable». In: J. Domínguez, & R. Díaz, (Eds.). *Actas del XV Congreso de la Población Española*, págs. 545-559, 2016. Universidad de Las Palmas de Gran Canaria.

DEL REAL SÁNCHEZ-FLOR, J. M. *La cooperativa agroalimentaria y la cooperativa rural como motores para la vertebración, diversificación y riqueza en el medio rural en Despoblamiento y desarrollo rural, propuestas desde la economía social* (coords. Gemma Fajardo García y Jaime Escribano Pizarro), 2020, págs. 55-64.

DEL VALLE RAMOS, C. «From the city to the mountains: environmental value, family ties and way of life as factors of attraction of neo-ruralists in the Sierra Norte de Sevilla» (Spanish). *Revista Internacional de Estudios Migratorios*, 11(2), 2021, 96-117.

ESPARCIA, J. «La despoblación: Emergencia y despliegue de políticas públicas en Europa y en España». En AGE (Asociación Española de Geografía) (Ed.), *Espacios rurales y retos demográficos: Una mirada desde los territorios de la despoblación: ColoRural* 2020, III Coloquio Internacional de Geografía Rural, 2020, págs. 75-150. Madrid: Universidad de Valladolid.

EUROSTAT. *Population and housing census 2021: first EU results.* Oficina Europea de Estadística, 2023.

FEDERACIÓN ESPAÑOLA DE MUNICIPIOS Y PROVINCIAS (FEMPa). *Población y despoblación en España* 2016, 2017.

FEDERACIÓN ESPAÑOLA DE MUNICIPIOS Y PROVINCIAS (FEMPb). *Listado de medidas para luchar contra la despoblación en España.* Documento de acción. Comisión de despoblación.

GOBIERNO DE ESPAÑA. *Reto demográfico. ¿Sabías que...? Despoblación*, 2022.

HERMOSILLA PLA, J. *Resiliencia territorial, despoblamiento y economía social en Despoblamiento y desarrollo rural, propuestas desde la economía social* (coords. Gemma Fajardo García y Jaime Escribano Pizarro), 2020, págs. 15-20.

KRÖHNERT, S., KUHN, E., KARSCH, M. & KLINGHOLZ, R. «Die Zukunft der Dörfer» – *Zwischen Stabilität und demgraphischen Niedergang*, 2011. Berlin: Berlin-Institut für Bevölkerung und Entwicklung.

KUMPULAINEN, K., HUSU, H. M. Y NOUSIAINEN, M. «Political community resilience in declining rural areas in Finland». *Community Development Journal*, 57(3), 2022, págs. 449–468. https://doi.org/10.1093/cdj/bsab012

LABORDA SORIANO, A. A., CAMBRA ALIAGA, A., & VIDAL-SANCHEZ, M. I. «Depopulation in Spain and violation of occupational rights». *Journal of Occupational Science*, 28, 2021, págs. 71-80. https://doi.org/10.1080/14427591.2021.189633

LÓPEZ-CARLASSARE, A. L., Y PALMA-GARCÍA, M. DL «O. Community resilience in Spanish depopulated rural areas: A systematic review». *Journal of Infrastructure, Policy and Development*, 8(4), 2024, pág. 3533. https://doi.org/10.24294/jipd.v8i4.35 33

MARTÍNEZ-ABRAIN, A., JIMÉNEZ, J., JIMÉNEZ, I., FERRER, X., LLANEZA, L., FERRER, M., PALOMERO, G., BALLESTEROS, F., GALÁN, P., & ORO, D. «Ecological consequences of human depopulation of rural areas on wildlife: A unifying perspective». *Biological Conservation*, 252, 108260, 2020. https://doi.org/10.1016/j.biocon.2020.108860

MELILLO, A. Y SUÁREZ, E. *Resiliencia descubriendo las propias fortalezas.* Elbio Néstor Suárez Ojeda (comp.), 2001. Argentina: Paidós.

NADAL, J. *La población española* (siglos XVI a XX), 1966. Barcelona: Ariel.

NAVARRO-VALVERDE, F., CEJUDO-GARCÍA, E. & CAÑETE PÉREZ, J. «A. The lack of attention given by neo-endogenous rural development practice to areas highly affected by depopulation». *The case of Andalousia* (Spain) in 2015-2020 period. European Countryside, 13, 2021, págs. 353–367. https://doi.org/10.2478/euco-2021-0022

PINILLA, V. «El reto demográfico: políticas frente a la despoblación rural en España». *Papeles de economía española*, 176, 2023, págs. 146-161.

PINILLA, V. Y SÁEZ, L. A. «La despoblación rural en España: Génesis de un problema y políticas innovadoras». *Informes CEDDAR* 2017-2, págs. 1-24.

RECAÑO, J. «La sostenibilidad demográfica de la España vacía». *Perspectives Demogràfiques,* 7, 2017, págs. 1-4.

SAIZ-ECHEZARRETA, V., GALLETERO-CAMPOS, B., CASTELLET, A. Y MARTÍNEZ-RODRIGO, A. «The public problem of depopulation in Spain: longitudinal analysis of the media agenda». *Profesional de la información*, 31(5), 2022.

URIARTE ARCINIEGA, J. D. «La resiliencia». *Una nueva perspectiva en psicopatología del desarrollo. Revista de Psicodidáctica*, 10(2), 2005, págs. 61-79.

URIARTE ARCINIEGA, J. D. «La perspectiva comunitaria de la resiliencia». *Psicología política*, 47, 2013, págs. 7-18.

WILSON, G. A. *Community resilience, globalization, and transitional pathways of decision-making.* Geoforum 43(6), 2012, págs. 1218-1231. https://doi.org/10.1016/j.geoforum.2012.03.008

YU, Z., ZHANG, H., SUN, P., y GUO, Y. «The Pattern and Local Push Factors of Rural Depopulation in Less-Developed Areas: A Case Study in the Mountains of North Hebei Province, China». *International Journal of Environmental Research and Public Health*, 19(10), 2022, pág, 5909. doi: 10.3390/ijerph19105909.

CAPÍTULO 4

CRITERIOS PARA FUNDAMENTAR EL ANÁLISIS DEL CONTEXTO DE UNA COMUNIDAD CON VULNERABILIDADES CON VISTA A LA EVALUACIÓN ULTERIOR DE LA RESILIENCIA

Dámaso R. Ponvert Delisles Batista
Facultad de Geografía
Universidad de La Habana

Jorge Luis Martín Chiroldes
Instituto Superior de Diseño (ISDi)
Universidad de La Habana

Obdulio N. Coca Rodríguez
Facultad de Arquitectura
Universidad Tecnológica de La Habana

Resumen: El análisis del contexto de una comunidad es un proceso que tiene como fin caracterizar integralmente el escenario donde se ubica una comunidad como variables demográficas, grupos vulnerables, gobernanza, escenario de riesgos y otras características. Estos criterios son fundamentales de cara a la evaluación ulterior de los riesgos y la resiliencia. Existen algunas metodologías que incluyen este tipo de análisis, pero sin dudas, una de las más pertinentes es la conocida como la Parte A de la metodología para el análisis de la resiliencia de las comunidades ante desastres (ARC-D) de Mc Caul y Mitsidou, la cual desarrolla un riguroso estudio de ocho componentes que ofrecen una descripción sobre la ubicación, características de la población y los grupos poblacionales, tipos de documentos para la gobernanza del riesgo, los grupos vulnerables, las amenazas, vulnerabilidades y riesgos, los estresores y el escenario medioambiental. Sin embargo, en esta y en otras metodologías, no se describen los criterios que deben considerarse para sistematizar y aplicar de manera orgánica el análisis de los ocho componentes mencionados. De ahí que el objetivo de esta investigación sea identificar y describir los criterios que deben tenerse en cuenta para caracterizar con la mayor pertinencia dichos componentes.

Palabras clave: contexto, análisis, resiliencia comunitaria, metodología, criterios

1. Introducción

La evaluación de la resiliencia de una comunidad es un proceso que tiene como fin medir las capacidades de estas que les permitan enfrentar, absorber y recuperarse de los impactos de los eventos de orígenes naturales y causados por seres humanos. Existen varios trabajos que describen metodologías para llevar a cabo este proceso, entre los cuales destacan las «Características de una comunidad resiliente frete a desastres» (Twigg, 2007 y 2009), la «Hoja de ruta hacia la resiliencia comunitaria» (FICR, 2017), «Hacia la resiliencia: una guía para la reducción del riesgo de desastres y la adaptación al cambio climático» (Turnbull, Sterrett y Hilleboe, 2013); «Evaluación preliminar de la resiliencia a nivel local» (UNDRR, 2017) y el «Análisis de la resiliencia de las comunidades ante desastres. Caja de herramientas ARC-D» (Mccaul y Mitsidou, 2016).

En este trabajo se describe el resultado de una investigación realizada por un equipo integrado por investigadores de distintas universidades y centros de investigación de Cuba, que pertenecen a la Red Iberoamericana para la Formación de Comunidades Resilientes ante Riesgos y Desastres por Eventos Naturales Extremos (RIFOREDEx), con el propósito de caracterizar integralmente el escenario de la comunidad meta seleccionada (Consejo Popular Guanabo, Habana del Este, Cuba), y así, obtener criterios y elementos que sirvan como insumos para la evaluación ulterior de sus fuentes de resiliencia.

De manera similar, otros seis grupos de instituciones académicas y organizaciones no gubernamentales cinco países (El Salvador, España, Honduras, México y Nicaragua) pertenecientes a dicha red, han realizado evaluaciones para caracterizar sus respectivas comunidades metas. Como red al fin, que aboga por una estrategia común para el abordaje del proceso, se ha considerado utilizar una misma metodología para tal propósito y lograr resultados homogéneos comparables. Es así como se llegó al consenso de utilizar el procedimiento diseñado, probado e implementado con éxito por GOAL (organización internacional no gubernamental de desarrollo, fundada en Irlanda en 1977, en numerosos países de América Latina y el Caribe y África.

Este procedimiento general se denomina «Caja de herramientas ARC-D» (Caja de Herramientas para el Análisis de la Resiliencia Comunitaria frente a Desastres), el cual se compone de tres secciones: un cuestionario Parte A, un cuestionario Parte B y una plataforma digital de recolección de datos (*CommCare*).

En las seis comunidades metas, los grupos de la red a cargo de la investigación se circunscribieron únicamente a la aplicación del Cuestionario Parte A o Evaluación del contexto de la Comunidad. Según sus autores Mc Caul y Mitsidou (2016), dicho cuestionario se utiliza a modo de un análisis preliminar del contexto general de la comunidad. Para los autores de este trabajo, además, dicho análisis permitirá adoptar las estrategias más adecuadas dirigidas a los miembros de la comunidad, de manera que les permitan aplicar medidas de reducción de riesgo de desastres, adaptación al cambio climático y el manejo y restauración de los ecosistemas afectados, que contribuirán al fortalecimiento de su resiliencia. Y algo muy importante, los autores consideran que los resultados permiten apreciar el conjunto de factores y condiciones de cara a la aplicación ulterior de la encuesta Parte B enfocada en la medición de las fuentes de resiliencia de la comunidad.

Para desarrollar el análisis del contexto se realizó un grupo de encuestas a informantes clave de la comunidad por un grupo de facilitadores previamente seleccionados y preparados para implementarlas. Se aplicaron a un grupo selecto de directivos y/o funcionarios de entidades gubernamentales y no gubernamentales y líderes comunitarios. En este momento, no fue necesario acudir a técnicas participativas con un grupo focal más amplio de la comunidad, y se preservó esta para procesos ulteriores donde se realizarán talleres de capacitación comunitarios en los cuáles, sí es imprescindible la interacción con grupos más amplios de miembros de la comunidad.

Los temas que fueron abordados en esta encuesta incluyeron los ocho temas considerados en la metodología ARC-D. Estos son los siguientes: 1. Ubicación, 2. Población, 3. Características de la población, 4. Organizaciones y estructuras de gobernanza a nivel comunitario (internas y externas), 5. Planes y documentos disponibles a nivel comunitario, 6. Descripción ambiental, 7. Grupos más vulnerables y 8. Escenarios de riesgos identificados.

El objetivo de este trabajo consiste en identificar y describir los criterios utilizados por los autores para fundamentar cada uno de los ocho componentes definidos en la metodología ARC-D para realizar el análisis del contexto de una comunidad que va a ser sometida a una evaluación ulterior de la resiliencia ante desastres. De ahí que, en el mismo, se describen los factores considerados adecuados en cada uno de los aspectos (componentes), de modo que puedan ser tomados como referentes por los equipos de investigación que trabajan con comunidades para fortalecer sus fuentes naturales de resiliencia.

Sin embargo, lo más trascendental y novedoso en el análisis de los ocho componentes, es haber extraído, el conjunto de factores y condiciones que caracterizan a cada uno de ellos, los cuales pueden ser generalizados, adaptados y/o adoptados en el análisis del contexto de comunidades en cualquier escenario en que se encuentren ubicadas.

2. Metodología

La investigación se ha llevado a cabo siguiendo las pautas del paradigma cualitativo, mediante el cual se han recopilado y analizado informaciones y datos no numéricos para comprender conceptos, opiniones o experiencias relacionadas con los componentes del análisis del contexto de las comunidades de cara a la evaluación de sus capacidades resilientes. En este caso, se han utilizado las técnicas de la observación y la entrevista con actores clave previamente identificados y seleccionados con conocimiento de causa sobre las características del contexto de las comunidades.

Por tratarse de aspectos que son tratados por cada uno de los grupos que realizan las intervenciones en sus respectivas comunidades, consideramos prudente referirnos en este trabajo a los actores (informantes) clave de manera genérica, como aquellas personas residentes en la comunidad que tienen un conocimiento profundo de sus características físico-geográficas, demográficas y ambientales, así como de las amenazas y riesgos más comunes que se manifiestan en ella, que además, tienen un sentido de pertenencia hacia ella, tal, que les permite ser portadora de los atributos y valores de las mismas. Por consiguiente, aquellas personas que cumplan con esas condiciones, suelen ser seleccionadas para formar parte de los grupos focales comunitarios participantes en los talleres, y que a menudo son entrevistadas para obtener los insumos que se requieren analizar.

Con estos elementos, se procedió al estudio exhaustivo de cada uno de los ocho aspectos antes expuestos para la descripción del contexto según la metodología ARC-D (Mccaul y Mitsidou, 2016).

Para llevar a cabo el estudio, se analizaron una amplia variedad de fuentes bibliográficas obtenidas mediante búsquedas en la Internet, así como mediante la consulta de numerosas fuentes de información a nivel local tanto documentos e informes elaborados como mediante entrevistas a informantes clave de instituciones y organizaciones gubernamentales y no gubernamentales.

Lo anterior permitió mediante el análisis y síntesis, identificar los criterios teóricos y prácticos que los autores proponen tener en cuenta para fundamentar cada uno de los ocho aspectos de la metodología ARC-D, los cuales se describen a continuación como parte de esta metodología.

2.1. Criterios para el análisis de la ubicación de una comunidad

La ubicación de la comunidad para estudiar su resiliencia es importante por cuanto muchos de los criterios que se analizan deben ser caracterizados. No es lo mismo realizar el análisis del contexto de una comunidad netamente urbana, que una netamente rural. En cada caso varían los factores que caracterizan el escenario donde se ubican (físicos, ambientales, riesgos). Es por ello que la ubicación territorial para la cual se diseña la estrategia de resiliencia comunitaria frente a desastres de la comunidad, debe ser caracterizada. Los criterios a utilizar son los siguientes (Williner y Tognoli, 2023):

- Escala: si se ubica a escala nacional o a nivel de región, provincia, estado, área metropolitana, ciudad, localidad, otro).
- Territorio: si se ubica en un territorio urbano, periurbano, rural o mixto.
- Ubicación: definir las coordenadas geográficas de la comunidad
- Información administrativa: datos político-administrativos y forma/ estructura de gobierno.

Estos criterios deben ser documentados utilizando la información disponible en los estudios oficiales (disponibles en los sitios web de los gobiernos) y también en fuentes propias y reportes de otras organizaciones.

2.2. Criterios para el análisis de la población de la comunidad

La población que habita en las comunidades es el recurso más importante que estas tienen. En esta categoría se incluyen los trabajadores que aportan los bienes de consumos, la riqueza de que se nutren las poblaciones, están los maestros que dan educación a nuestros hijos, los médicos que hacen posible que la ciudadanía goce de salud, las familias con toda su variedad de estructuras; en fin, todos los seres humanos y grupos que componen la comunidad. Si la población de una comunidad es saludable, tiene empleo, utiliza las redes de comunicaciones, está cohesionada, se moviliza para actuar ante las crisis y está educada, se puede decir que es una comunidad con capacidades suficientes para enfrentar los riesgos que se ciernan sobre ellas. Por estas razones, y otras no mencionadas, el estudio de este componente de las comunidades es sumamente importante para conocer sus «fuentes naturales de resiliencia».

De acuerdo con Rodríguez, Álvarez y Castañeda (2007) la población puede estudiarse sobre la base de la presencia o ausencia de uno o más atributos o características, como son: sexo, edad, estado conyugal, lugar de nacimiento, nivel de escolaridad, situación ocupacional, entre otras. Dentro de ellas, la edad y el sexo son los atributos más importantes para el estudio de diferentes aspectos de una población, pues resulta difícil realizar cualquier análisis en el que la información utilizada no esté clasificada por sexo y edad o al menos por una de ellas. Generalmente, cuando estas variables no están presentes, es porque se carece de la información, porque se desconoce la importancia de su uso, y en la minoría de los casos, porque no se requiere. Esto tiene gran importancia, ya que no hay que olvidar que la población tiene un carácter sistémico complejo, dado porque el aumento de su tamaño está acompañado constantemente por cambios en su estructura por sexo y edades y por los niveles de sus variables demográficas, entre otros aspectos (Rodríguez, Álvarez y Castañeda, 2007).

Aspectos tan importantes como la reproducción, mortalidad, morbilidad, migración y actividad económica, difieren de un sexo a otro. Con la edad sucede algo similar, pues es un atributo que limita e influye en la evolución de la población en hechos específicos del desarrollo de la sociedad a la que sirven, razón por la cual la población se analiza, generalmente, considerando en conjunto ambas características: sexo y edad.

Al estudiar la población de acuerdo a la edad se obtiene los componentes del total de esa población que impone características específicas a esa sociedad (comunidad) según su edad. En cada estudio hay dos aspectos fundamentales a considerar: sus propósitos y la información disponible. Un estudio puede interesar por edades simples, quinquenales, decenales o por grupos de población específicos: niños, adultos y ancianos, población en edad laboral y fuera de ésta, entre otros. La estructura por edades de la población permite explicar diversos fenómenos demográficos y socioeconómicos sobre ella, como son las epidemias, guerras, alta o baja fecundidad, elevada mortalidad y los movimientos migratorios (inmigración o emigración).

Estos criterios enfocados adecuadamente permitirán realizar un análisis correcto de esta variable y llegar a conclusiones sobre las estrategias y medidas a adoptar de cara al fortalecimiento de sus capacidades resilientes. Ellos representan una mirada de alerta a los organismos e instituciones del gobierno local que atienden el sector poblacional de cara a la evaluación de sus vulnerabilidades, capacidades y necesidades, que es necesario identificar y atender mediante estrategias de gobernanza local.

2.3. Criterios para analizar las características de la población de la comunidad

Si bien en el estudio de las poblaciones cobra importancia la estructura por sexo y edad, también es importante estudiar sus categorías relevantes, es decir la estructura de grupos que la integran por las implicaciones sociales, económicas y culturales que ello pueda tener en el desarrollo de la comunidad y en la sociedad. En otras palabras, el estudio de las categorías relevantes de la población permite entender la manera en que grupos específicos —grupos étnicos, religiosos, estudiantiles y grupos de alto riesgo— tienden a experimentar el riesgo ante el cambio climático y desastres, y cómo pueden contribuir a aumentar la resiliencia de ellos y de la comunidad (Turnbull, Sterrett y Hilleboe, 2013).

Si el riesgo de desastres es alto para la población en general, es probable que sea más alto para los niños (EIRD, 2001). En eventos de rápida evolución, tales como terremotos y deslizamientos, los niños que asisten a escuelas cuya construcción no es resistente a esas amenazas son particularmente vulnerables. En el caso de desastres de cursos más lentos como inundaciones y sequías periódicas, es probable que el bienestar futuro de los niños también se vea comprometido por la interrupción de la educación y la pérdida o enfermedad de los familiares de los que dependen (SEBALLOS y otros, 2001). En los hogares que tienen grandes dificultades económicas, las adolescentes pueden verse obligadas a prostituirse y los adolescentes pueden caer en la delincuencia. Los niños tienen derecho a ser protegidos y a participar en las decisiones que afectan sus vidas (BARTLETT, 2008) y se les debe alentar a participar en intervenciones dirigidas a la construcción de resiliencia en sus escuelas y comunidades.

Los riesgos climáticos y de desastres no hacen diferencias en lo que a género se refiere. Aunque por la naturaleza y el grado de su exposición y vulnerabilidad su impacto es diferente en las mujeres, los hombres, las niñas y los niños ya que sus roles, sus responsabilidades y su acceso a recursos, leyes y tradiciones nacionales, aspectos jurídicos y culturales y oportunidades, son distintos. Las capacidades de las mujeres y los hombres para aumentar la resiliencia ante los desastres y el cambio climático, están modeladas por sus roles sociales, culturales, económicos y de gestión de los recursos naturales (TURNBULL, STERRETT Y HILLEBOE, 2013).

Es probable que ciertos factores físicos, sociales y culturales hagan que algunos grupos de personas estén más expuestos y sean más vulnerables a las amenazas y los efectos del cambio climático. Tal es el caso de las personas con discapacidad, personas con enfermedades crónicas, adultos mayores y la población indígena.

Las discapacidades son impedimentos físicos y mentales que limitan la capacidad cognitiva, movilidad, habilidad y la actividad de una persona. Los hombres, mujeres y niños con discapacidad son muy vulnerables ante los eventos del cambio climático y desastres, bien sea porque no pueden desplazarse por su condición física para protegerse, porque no pueden ayudar a otra persona, o porque no puede reaccionar ante una alarma o alerta ante un fenómeno dado por sus limitaciones intelectuales o físicas o ambas.

En general, la edad avanzada puede traer consigo una disminución de la movilidad y fuerza muscular, limitaciones físicas que impiden a las personas adultos mayores prepararse para enfrentar determinadas amenazas. También les impiden adoptar las medidas de reducción de riesgos y de adaptación que exigen trabajo físico. Los hombres y mujeres adultos mayores con mala salud también son más propensos a contraer enfermedades, algunas de las cuales (como la influenza y el asma) tienden a propagarse como resultado del cambio climático y a sufrir complicaciones de salud (e incluso morir) cuando se presentan temperaturas extremas o bala calidad del aire.

Sin embargo, los conocimientos que los adultos mayores tienen sobre la historia de la comunidad y la distribución y los datos demográficos de la comunidad, pueden ser una ventaja para cualquier comunidad/barrio y ellas pueden ocupar una posición idónea para identificar a otras personas vulnerables. Algunos de ellos, pueden tener un mayor conocimiento de las medidas de afrontamiento y prácticas de reducción de riesgos tradicionales.

Por todas estas razones, es necesario identificar correctamente a estos grupos de la población, son el propósito de adoptar las estrategias de gestión más adecuadas para su protección y capacitación con los conocimientos necesarios sobre reducción del riesgo de desastres y adaptación al cambio climático, con vistas a fortalecer sus capacidades naturales de resiliencia.

2.4. Criterios para analizar las organizaciones y estructuras de gobernanza a nivel comunitario

Los desastres de todo tipo y los fenómenos del cambio climático, tienen una influencia adversa en el desarrollo de una comunidad, territorio o sociedad, al retrasar o perjudicar el desarrollo normal de sus planes administrativos y de desarrollo. Lo anterior, tiene mucho que ver con la falta de estrategias de planificación ante un evento de origen natural, humano o biológico, lo que podría significar el inevitable retroceso en los esfuerzos de desarrollo y crecimiento de una sociedad (comunidad). Por ello, es necesario que los gobiernos a todos los niveles —y con mayor incidencia en el nivel local—, revisen los modelos de desarrollo y centren la atención en los factores sociales y económicos que aumentan la vulnerabilidad y grado de exposición. Se requiere, sobre todo, la implementación de una buena gobernanza, que proteja y garantice la resiliencia de personas y ecosistemas, y permita gestionar los riesgos de desastres de manera eficaz (Jeréz-Ramírez y Ramos-Torres, 2022).

La gobernanza es entendida como un proceso de interacción y de negociación de intereses que determinan la manera y las modalidades de tomar decisiones y ejercer poder, con el fin de alcanzar la aceptación generalizada de la ciudadanía, en las decisiones tomadas y en las medidas para imponerlas, y el apoyo proactivo de los actores involucrados (Conejero, 2005; Herrera, 2007). Es un factor clave para lograr el desarrollo armonioso de las estrategias de desarrollo de las comunidades, territorios y sociedades.

Es además, uno de los pilares del Marco de Sendai para la Reducción del Riesgo de Desastres 2015-2030 (ONU, 2015), en el cual, la hoja de ruta global para la reducción de riesgos, establece que la gobernanza tiene una gran importancia para una gestión eficaz y eficiente del riesgo de desastres a todos los niveles, además de que fomenta la colaboración y las alianzas entre mecanismos e instituciones en la aplicación de los instrumentos pertinentes para la reducción del riesgo de desastres y el desarrollo sostenible.

En el plano local, la gobernanza adquiere una significación clave, por cuanto a ese nivel es donde los fenómenos de origen natural y climáticos y los desastres originados por ellos, impactan más directamente a las comunidades, sus familias y medios de vida provocando efectos y daños que en muchos casos se tornan irreversibles o en todo caso, cuesta mucho minimizarlos o volverlos al estado inicial. En otras palabras, la gobernanza local permite potenciar el capital territorial a nivel comunitario, de manera eficiente, asegurando que los actores involucrados tengan relaciones de colaboración mutua y haya coherencia entre las políticas económicas, sectoriales y de desarrollo (CONEJERO, 2005; JORQUERA BEAS, 2011).

La clave para una gobernanza efectiva es la gestión eficaz de las estructuras formales e informales que involucran a representantes de organizaciones gubernamentales y no gubernamentales, que trabajan de manera interdependiente y en conjunto formulan e implementan políticas y programas, con la finalidad de racionalizar el uso de los recursos de los diferentes actores y hacer más horizontales los vínculos entre los actores y las propias organizaciones (AGRANOFF, 2007).

HERRERA (2016) ha señalado que la gobernanza participativa es una forma de fortalecer el desarrollo local, dado que involucra la participación de la ciudadanía en una decisión o política pública; lo cual representa una oportunidad para la innovación y el aprendizaje social, y eso es precisamente la estrategia que está desarrollando en la actualidad el gobierno central en nuestro país y que debe ser asumida en todos los niveles de la administración del estado por los resultados que se están logrando a nivel comunitario.

En consecuencia, los gobiernos locales que planifican y elaboran políticas y marcos legislativos, y que integran la reducción del riesgo de desastres, de hecho, permiten una mayor capacidad de gestión en su gobernanza, lo cual no siempre ocurre de esa manera. Existen experiencias, en las cuales, por una ineficaz gobernanza de los actores locales, se ha ralentizado la aplicación de estrategias participativas encaminadas a fortalecer las capacidades de sus miembros para su enfrentamiento al cambio climático y fenómenos de origen natural que actúan en el territorio y de esta manera contribuir al fortalecimiento de sus fuentes naturales de resiliencia.

2.5. Criterios para el análisis de los planes y documentos disponibles en la comunidad

Planificar es una de las actividades características en el mundo contemporáneo, y cada vez resulta más necesaria ante la creciente interdependencia y rapidez que se observa en el acontecer de los fenómenos económicos, políticos, sociales y tecnológicos (MÉNDEZ Y LLORET, 2009). Estos autores consideran que la planificación es un ejercicio de sentido común, a través del cual se pretende entender, en primer término, los aspectos cruciales de una realidad, para después proyectarla, diseñando escenarios en los que se busca finalmente obtener el mayor provecho posible de los recursos. Ellos señalan que el enigma de la planificación es precisamente conocer hacia dónde vamos, y saber dónde estamos. De aquí el carácter táctico de la planeación: no se trata sólo de prever un camino sobre el que transitará, sino que se busca anticipar el rumbo, y tal como se espera comúnmente cambiar el destino a través de ella.

La planificación territorial es un subsistema del sistema de planificación de la economía, lo que ha posibilitado activar el desarrollo económico y social a todo lo largo y ancho del país. En este contexto, el papel de los territorios es de vital importancia, ya que se necesita, por una parte, garantizar de forma eficiente el uso de los recursos locales para cumplimentar los objetivos de la economía nacional y por otra, lograr el desarrollo económico y social de cada territorio en cuestión y eliminar las desproporciones existentes entre las diferentes provincias y dentro de cada una de ellas.

Desde esta concepción de la territorialidad, el ideal de desarrollo local responde a la naturaleza social y a aspectos medulares del pensamiento estratégico revolucionario cubano, los cuales se sustentan en las conquistas prácticas, materiales y espirituales que ha logrado la construcción del socialismo en Cuba, donde se sustenta una noción del desarrollo social profundamente diferente a la promovida por la modernidad capitalista, tanto en lo que se refiere a las relaciones entre las personas y colectividades de diferentes órdenes, como de la sociedad con el medioambiente, con la comunidad internacional, con el Estado, etcétera (Limia, 2006).

Según el autor, en la perspectiva cubana revolucionaria, se propone una concepción del desarrollo centrada en la persona como totalidad cultural concreta, así como en sus vínculos solidarios con los demás y una relación armónica y sostenible con el ambiente. Es, por tanto, ante todo, desarrollo humano integral, cada vez más equitativo y resultado de la participación y la energía creadora de cada uno y una. Y plantea que el desarrollo local delineado conduce no sólo a mayores niveles de sustentabilidad, sino también a mayor equidad, despliegue y enriquecimiento de la individualidad y la vida colectiva. En otro momento, Limia (2006) señaló: «Este proceso se refiere y tiene como protagonista a la comunidad local, por lo que, en rigor, es una labor encaminada al desarrollo comunitario. El trabajo de desarrollo local y comunitario posee como objetivo esencial potenciar la competencia municipal para componer sus diagnósticos y estrategias de desarrollo a partir de la capacitación que proporcionan las ciencias sociales y humanísticas, así como la generación de un ambiente de innovación social y tecnológica que propicie enfrentar con éxito los complejos retos del desarrollo sostenible y equitativo en los momentos actuales».

Estos principios planteados por Limia sobre la planificación a nivel local y comunitario fueron asumidos por el proyecto que sustenta este trabajo asumiendo y desarrollando la concepción de que en nuestra sociedad, la planificación local debe basarse en la descentralización administrativa de los gobiernos a ese nivel, como vía para potenciar la capacidad de definir las políticas locales con la participación de los miembros de la comunidad, pues son estos, en última instancia, quienes conocen de primera mano sus propias necesidades.

En consecuencia, los gobiernos locales (dígase los Consejos Populares) con la participación ciudadana deben promover y aplicar los principios de la planificación local-comunitaria como una herramienta imprescindible para el correcto desempeño de los procesos de desarrollo económico, social y ambiental en sus territorios, por varias razones. En primer lugar, porque les permite promover, facilitar y apoyar la organización y participación efectiva de la comunidad y sus organizaciones, en la priorización de necesidades, problemas y sus soluciones, para el desarrollo integral de la comunidad. En segundo lugar, porque les permite dar seguimiento a la ejecución de las políticas, planes, programas y proyectos de desarrollo comunitarios priorizados por la comunidad y verificar su cumplimiento, y, por último, porque facilita velar por el buen uso de los recursos técnicos, financieros y de otra índole, que obtenga por cuenta propia o que le asignen de los niveles superiores para la ejecución de los programas y proyectos de desarrollo de la comunidad.

El proceso de planificación participativa constituye una herramienta clave que este proyecto promueve mediante los talleres de capacitación comunitarios con el fin de lograr una amplia apropiación y compromiso de las comunidades con las prioridades identificadas para la adaptación al cambio climático y la reducción del riesgo de desastres. Mediante la priorización de esta estrategia de fortalecimiento de la planificación participativa, se desarrollan líderes y se sensibilizan los diferentes actores dentro de la comunidad. De esta manera ella misma se empodera para planificar, identificar y movilizar recursos de manera sostenible y llevar a cabo sus planes de desarrollo comunitario. Esta estrategia permitirá a la comunidad del Consejo Popular Guanabo planificar, gestionar y aplicar sus propios planes de adaptación al cambio climático y reducción del riesgo de desastres con el acompañamiento del proyecto.

2.6. Criterios para el análisis de la descripción ambiental de la comunidad

Por lo general, la descripción ambiental de una entidad geográfico-administrativa se realiza, atendiendo al alcance de la propia definición del término «medioambiente», la cual abarca dos dimensiones: lo natural y lo humano. En consecuencia, en una primera parte, se describen los sistemas naturales que coexisten en el territorio del Consejo Popular Guanabo y en una segunda parte los componentes del sistema humano.

Esta estructura es asumida en el documento del Quinto Informe de Evaluación del IPCC (Guía Resumida), que incluye el Sistema Natural a los recursos hídricos, los sistemas costeros y los ecosistemas terrestres y marinos; y en el Sistema Humano a la agricultura, pesca y medio rural; zonas urbanas y salud humana (MAAMA, 2016).

A pesar de lo anterior, lo más importante que se deriva de un estudio de este tipo, radica en los criterios que se revelan desde el punto de vista de las vulnerabilidades de estos sistemas, cuyo conocimiento permite diseñar estrategias para reducirlas o eliminarlas si fuera posible. Pero, además, el conocimiento de estas vulnerabilidades y de otras características de los componentes de estos sistemas constituye «insumos» importantes para alimentar la segunda parte de la evaluación consistente en la medición de la resiliencia de la comunidad.

En definitiva, la resiliencia depende no solo de las capacidades de los seres humanos que habitan la comunidad, sino también de la relación de estos con su entorno. Y si ese entorno presenta sistemas naturales bien conservados y protegidos, la relación con sus pobladores será más armónica, pues ellos brindarán servicios ecosistémicos de calidad de los cuales el hombre se vale para mejorar sus condiciones de vida. Por lo tanto, estamos hablando de factores que fortalecen la resiliencia integralmente vista de esa comunidad.

2.7. Criterios para el análisis de los grupos más vulnerables de la comunidad

Dentro de las comunidades existen grupos de personas que por su condición de económica y social resultan más susceptibles a sufrir daños producto de la actuación de eventos climáticos y de origen natural en los territorios que habitan. A estos grupos se les llama «grupos vulnerables» y su identificación, atención y seguimiento por parte de los gobiernos locales tiene gran importancia de cara a conocer sus necesidades y capacidades para ofrecerles el apoyo que necesitan.

Por esta razón, la investigación se enfocó en entender la manera en que grupos específicos de la población –niños, hombres, mujeres y grupos de alto riesgo– tienden a experimentar el riesgo del cambio climático y de desastres y cómo pueden contribuir a aumentar la resiliencia. Este enfoque, permitió esclarecer las claves de las susceptibilidades y condiciones que determinan las vulnerabilidades de cada grupo.

Si el riesgo de desastres es alto para la población en general, es probable que sea más alto para los niños (EIRD, 2001). Así, por ejemplo, en eventos de rápida evolución, tales como terremotos y deslizamientos de tierra, los niños que asisten a escuelas cuya construcción no es resistente a esas amenazas son particularmente vulnerables. Después de todo, los tipos de desastres, incluidos los de perfil bajo y de impacto bajo, como inundaciones y sequías periódicas, es probable que la calidad de vida de los niños también se vea comprometido por la reducción de los ingresos familiares, la interrupción de la educación y la pérdida o enfermedad de los familiares de los que dependen (SEBALLOS y otros, 2011). Por otro lado, la creciente intensidad y frecuencia de los riesgos relacionados con la variabilidad del clima y el cambio climático a largo plazo, así como el impacto del bloqueo económico, comercial y financiero del gobierno de los Estados Unidos de América sobre Cuba, en su conjunto han ocasionado efectos en la seguridad alimentaria y nutrición, la salud y los servicios básicos, que sin duda tienen mayor incidencia entre los niños ya que la desnutrición y los problemas de salud durante la infancia impiden el desarrollo físico y el aprendizaje en el futuro.

Es probable que ciertos factores físicos, sociales y culturales hagan que algunos grupos de personas estén más expuestos y sean más vulnerables a las amenazas y los efectos del cambio climático y desastres por eventos de origen natural (Turnbull, Sterrett y Hilleboe, 2013). Entre ellos están los grupos de personas con discapacidad. Las personas con capacidad cognitiva limitada son particularmente vulnerables a los desastres de evolución rápida. Por ejemplo, ellas pueden tener una comprensión limitada de lo que significa una alerta temprana ante un sismo y tal vez no reaccionan a tiempo para ser evacuados de forma segura. De manera similar, las personas con movilidad limitada, también lo son, ya que es posible que no lleguen hasta puntos de evacuación seguros más distantes.

Por su parte, las personas de edad avanzada pueden presentar una disminución de la movilidad y fuerza muscular. Las limitaciones físicas les impiden adoptar medidas de reducción de riesgos y de adaptación que exigen trabajo físico, como, por ejemplo, la realización de determinadas tareas en sus hogares para reducir la probabilidad y magnitud del impacto de un huracán. También cuando ocurren situaciones de emergencia, como pudiera ser la probabilidad inminente de un derrumbe, pueden presentar dificultades para escapar ante el peligro.

Las personas con enfermedades crónicas como el SIDA, la tuberculosis, las que reciben tratamiento de hemodiálisis y las que se encuentran encamados en sus domicilios, resultan mucho más susceptibles a ser afectados por eventos y desastres de origen natural y climático que el resto de los grupos comunitarios. Estas afectaciones pueden ser por las dificultades para obtener los medicamentos, por las dificultades para movilizarse ante una alerta y otras circunstancias.

Conociendo estos antecedentes, se pueden identificar los grupos más vulnerables identificados en la comunidad objeto de estudio.

2.8. Criterios para el análisis de los escenarios de riesgos identificados en el territorio de la comunidad

Un escenario de riesgo es la combinación entre una amenaza de cualquier origen y una población vulnerable, que ocurre en un momento y un lugar determinados. En otras palabras, es la representación espacial del riesgo en el territorio. La información que brinda se utiliza en los análisis del riesgo, entendido como la obtención del conocimiento suficiente y necesario para definir y caracterizar a la amenaza, a la población vulnerable, su zona de impacto o el marco geográfico de la interacción entre ambos, ponderando la influencia del momento en que se produce dicha interacción a través de escenarios de riesgo (RENDA y otros, 2017).

De acuerdo con la metodología que se empleó en esta investigación (Parte A «Evaluación del Contexto ARC-D» de GOAL), el análisis del escenario de riesgo de una comunidad consta de tres elementos: 1. Identificación y análisis de las amenazas actuantes en el territorio de análisis. 2. Identificación y caracterización de los «estresores» que magnifican dichas amenazas y las vulnerabilidades presentes, y 3. Definición y caracterización del escenario de riego (MCCAUL Y MITSIDOU, 2016).

El análisis de la amenaza, implica su identificación, estudio y evaluación con el fin de determinar su potencialidad, origen, características, comportamiento y posibilidad de que se transforme en un evento destructor y la ulterior planificación de medidas y acciones destinadas a mitigar sus posibles efectos negativos para las actividades humanas, económicas o ambientales. De acuerdo con el procedimiento ARC-D de GOAL, se entiende una amenaza como los «eventos repentinos que impactan en la vulnerabilidad de un sistema y sus componentes» y su análisis comprende una serie de criterios mínimos: a. Frecuencia (ej. 1 terremoto en 25 años o 5 deslizamientos de tierra por temporada de lluvia, etc.). b. Tiempo de pervivencia del fenómeno (en horas o días o meses dependiendo de tipo de evento) y c. comentarios (alusivos a las características generales, su manifestación en el área de estudio, sus impactos y otros que se considere).

Para la identificación, el procedimiento considera la siguiente tipología de amenazas: 1. Geológicas (terremotos, tsunamis, erupción volcánica, deslizamientos de tierra y otros que se identifiquen). 2. Hidrometeorológicas (inundaciones, ciclón/huracán/tifón, tornado/torbellino, marejada ciclónica, clima de invierno severo, sequía, olas de calor y otros (frentes fríos y bajos extratropicales). 3. Biológicas (Epidemia/Enfermedad humana: enfermedad diarreica aguda, dengue, Covid-19, etc.; Epidemia/Enfermedad animal, y Epidemia/Enfermedad en cultivos; Otras). 4. Provocadas por seres humanos (Crisis económica / de mercado (fluctuación de precios severa, interrupción severa del mercado), Conflicto/brote de violencia (ej. Conflictos humanitarios por hurto de ganado, pandillas, disputa sobre recursos naturales y territorios, etc.), Conflictos de estado, Accidente nuclear/radiactivo, Accidente químico, Propagación de incendios, otros.

El procedimiento considera a los estresores como «tendencias a largo plazo que socavan el potencial de un sistema y aumentan la vulnerabilidad de los actores dentro de él» y los clasifica en: 1. Biológicos/Ambientales (Degradación ambiental (ej. erosión, desertificación, infertilidad del suelo, contaminación de agua y aire, etc.), Efectos negativos de la variabilidad climática y cambio climático, Preocupaciones de salud pública (ej. VIH, malaria, desnutrición, etc.), y otros. 2. Económicos (Inestabilidad económica (ej. fluctuación en el precio de alimentos y combustibles), Desempleo, y Otros. 3. Sociales (Urbanización no planificada, Rápido crecimiento demográfico, Inseguridad alimentaria y de ingresos, Violencia de género, Desigualdad de género, Discriminación, Abuso de sustancias, Inseguridad, y Otros. 4. Sociales (Conflictos prolongados, Inestabilidad política/tensión, Disputa de territorios, etc.).

Finalmente, el procedimiento concluye con la selección del o los escenarios de riesgo. Este proceso se basa en el análisis de varios elementos: 1. El análisis de la información anterior sobre las amenazas; 2. El análisis de los estresores y sus efectos, 3. El análisis de los impactos, 4. El análisis de las estrategias de afrontamiento que se adoptarán como parte de la gestión del riesgo en el escenario, y 5. Finalmente con el conjunto de la información obtenida, identificar, seleccionar y describir los escenarios de riesgo que afectan a la comunidad en estudio.

Lo anterior se aborda de la manera siguiente: Primero, se bebe llegar a conclusiones de cuál amenaza es la más devastadora y, si aplica, cómo conduce a otras amenazas inducidas (ej. Un huracán conduce a deslizamiento de tierra). Continúa con las conclusiones sobre las maneras en que los estresores identificados contribuyen a exacerbar la o las amenaza (s) y a magnificar las vulnerabilidades presentes. Por ejemplo, el impacto del huracán conduce a deslizamiento de tierra, exacerbado por la degradación ambiental, es decir por la degradación del suelo, la urbanización no planificada o mala ubicación y/o calidad de infraestructura). Seguidamente, se analizan los impactos de la combinación manaza/estresores sobre el territorio en estudio, con el fin de definir cuál es su alcance (daños, pérdidas, etc.) por este escenario de riesgo. Continua con el análisis de los mecanismos de afrontamiento entendidos como aquellos mecanismos (positivos o negativos) que utiliza la comunidad para hacer frente a este escenario de riesgo. Finalmente, sobre la base del análisis integrado de los factores anteriores, identificar, determinar y describir el escenario de riesgo para ese conjunto de amenaza/estresores. En este proceso, debe tenerse en cuenta que pueden presentarse uno o más escenarios de riesgo determinados por la presencia de una o más amenazas por lo que entonces habrá que definir cuál de ellos resulta el más crítico para la comunidad en estudio, basándose en los impactos causados como indicador más influyente, así como la frecuencia y pervivencia de los eventos.

Con estos criterios definidos, se puede proceder a identificar y caracterizar cada una de las amenazas y estresores presentes en la comunidad objeto de estudio, así como el análisis de los impactos, daños y pérdidas y proceder a la elaboración de las propuestas de mecanismos de afrontamiento.

3. Resultados

Los resultados que ese exponen en este trabajo fueron obtenidos como resultado de la aplicación de la metodología conocida como la PARTE A del cuestionario ARC-D: El contexto general de la comunidad como el primer paso en la evaluación de la resiliencia de la comunidad del Consejo Popular

Guanabo, Habana del Este, Cuba realizado mediante la metodología para el Análisis de la Resiliencia de las Comunidades ante Desastres. Caja de herramientas ARC-D. Guía al Usuario de la organización GOAL (MCCAUL Y MITSIDOU, 2016).

El resultado principal obtenido, es sin dudas un conjunto de criterios que se proponen aplicar en el análisis de cada uno de los 8 componentes que incluye la metodología para el análisis del contexto o Parte A del cuestionario ARC-D.

4. Conclusiones

Los resultados han sido validados en el caso de estudio de la evaluación de la resiliencia frente a desastres en la comunidad del Consejo Popular Guanabo, Habana del Este, Cuba.

Los criterios expuestos como parte de los resultados, constituyen una propuesta útil y viable a tener en cuenta por lo equipos de investigadores y facilitadores que trabajan en el mejoramiento de las capacidades resilientes de las comunidades con vulnerabilidades.

La propuesta es un resultado que le aporta rigurosidad y pertinencia científica a los análisis del contexto de las comunidades que serán sometidas ulteriormente a una evaluación de la resiliencia.

5. Referencias bibliográficas

AGRANOFF, R. MANAGING *Within Networks: Adding Value to Public Organizations*, 2007, Washington, DC: Georgetown University Press.

BARTLETT, S., «Climate Change and Urban Children» – *Impacts and Implications for adaptation in low- and middle-income countries*, 2008, S.L, Human Settlements Discussion Paper,

CONEJERO PAZ, E. *Globalización, gobernanza local y democracia participativa*, 2005. Cuadernos constitucionales de la Cátedra Fadrique Furió Ceriol, págs. 13-31.

EIRD, UNISDR *says the young are the largest group affected by disasters*, 2001, S,L, http://www.unisdr.org/archive/22742

FICR, *Hoja de Ruta hacia la Resiliencia Comunitaria Implementación del Marco sobre Resiliencia Comunitaria*, Ginebra, Suiza, 2017, s.l, https://media.ifrc.org/ifrc/wp-content/uploads/2018/03/1310403-Road-Map-to-Community-Resilience-SP.pdf

GUZÓN CAMPORREDONDO, A. *Desarrollo Local en Cuba: Retos y Perspectivas*, 2006, S.L.

HERRERA FRANCO, G. *La Importancia de la Gobernanza Participativa y su Incidencia en el Desarrollo Local*, 2016, Administración. Vol. (19), http://www.revistas.espol.edu.ec/index.php/fenopina/article/view/159

HERRERA FRANCO, G. *Gobernanza y participación en la gestión local*, 2007. Administración, Vol.89, págs. 2-5. http://biblioteca.clacso.edu.ar/clacso/se/20191016014215/Desarrollo_local_en_Cuba.pdf

JERÉZ RAMÍREZ, D. O., Y RAMOS TORRES, R. J. *La gobernanza del riesgo en América Latina y la dimensión política de los desastres.* Estudios de la Gestión, 2022, n.º 11, págs. 211-230.

JORQUERA BEAS, D. *Gobernanza para el desarrollo local.* 2011, S.L, Recuperado de: https://dhls.hegoa.ehu.eus/documents/4581

MAAMA, Cambio Climático: Informe de síntesis. Guía resumida del quinto informe de evaluación del IPCC. Basado en materiales contenidos en el Quinto Informe de Evaluación del IPCC, 2016, S.L, https://fundacion-biodiversidad.es/sites/default/files/informacion-institucional/guia-sintesis-definitiva.pdf

MC CAUL, B. Y MITSOUDI, A. «Análisis de la resiliencia de las comunidades ante desastres». *Caja de herramientas ARC-D.* Manual de guía de usuarios. G, 2016, s.l, https://resiliencenexus.org/wp-content/uploads/2020/05/ARC-DToolkitUserManualB01_SPANISH_Version_A03.pdf

MÉNDEZ, E., Y LLORET, M DEL C. «Planificación del Desarrollo Territorial y Local en Cuba; Aspectos conceptuales, metodológicos y estratégicos», 2009, Aportes, *Revista de la Facultad de Economía*, BUAP, Año XIV, Número 41, págs. 99-125.

ONU-UNISDR, *Marco de Sendai para la Reducción del Riesgo de Desastres 2015-2030*, 2015, S.L, https://www.unisdr.org/files/43291_spanishsendaiframeworkfordisasterri.pdf

RODRÍGUEZ, A., ÁLVAREZ, L., Y CASTAÑEDA, I. «La pirámide de población. Precisiones para su utilización», 2007, *Revista Cubana de Salud Pública*, Vol. 33, n.º 4.

SEBALLOS, F.; TANNER, T.; TARAZONA, M.; Y GALLEGOS, J. *Children and Disasters: Understanding Impact and Enabling Agency*, 2011, S.L, Brighton, UK, IDS, https://downloads.unicef.org.uk/wp-content/uploads/2011/05/children-and-disasters.pdf

TURNBULL, M., STERRETT CH., Y HILLEBOE, A. «Hacia la Resiliencia». *Una Guía para la Reducción del Riesgo de Desastres y Adaptación al Cambio Climático*, 2013, S.L, Catholic Relief Services – United States Conference of Catholic Bishops, https://www.crs.org/sites/default/files/tools-research/hacia-la-resiliencia-una-guia-para-la-reduccion-del-riesgo-de-desastres-y-adaptacion-al-cambio-climatico.pdf

TWIGG, J. *Características de una comunidad resiliente ante los desastres.* Nota guía. Primera versión (a probar en campo), 2007. https://www.eird.org/newsroom/Spanish_Characteristics_disaster_high_res.pdf

TWIGG, J. «Characteristic of a Community Resilient to Disasters» , 2009, S.L, *Disaster Risk Reduction Interagency Coordination Group* del Departamento para el Desarrollo Internacional del Gobierno del Reino Unido, 42 p. http://www.benfieldhrc.org/disaster_studies/projects/communitydrrindicators/community_drr_indicators_index.htm

UNISDR, *Herramienta de Autoevaluación para la Resiliencia frente a Desastres a Nivel local.* Evaluación Preliminar, 2017, S.I, https://eird.org/camp-10-15/docs/herramienta-evaluacion.pdf

WILLINER, A., Y TOGNOLI, J. *Guía para el diseño de estrategias de resiliencia territorial frente a desastres socio naturales*, 2023, S.I, https://observatorioplanificacion.cepal.org/sites/default/files/2023-11/S2300593_es.pdf

CAPÍTULO 5

PERCEPCIÓN SOCIAL Y RESILIENCIA URBANA ANTE INUNDACIONES EN BACALAR, CHETUMAL, QUINTANA ROO, MÉXICO

PERCEPCIÓN SOCIAL Y RESILIENCIA URBANA ANTE INUNDACIONES EN BACALAR, CHETUMAL, QUINTANA ROO, MÉXICO

Juan C. Alcérreca-Huerta
Consejo Nacional de Humanidades, Ciencias y Tecnologías
El Colegio de la Frontera Sur (CONAHCYT-ECOSUR)

David G. Rejón-Parra
Instituto Tecnológico de Chetumal (ITCH)

Guadalupe F. Ramírez-Dzul
Instituto Tecnológico de Chetumal (ITCH)

Resumen: Los eventos hidrometeorológicos extremos, como huracanes y tormentas tropicales, junto con la alta humedad, propician precipitaciones intensas que, sumadas a una topografía sensiblemente plana, incrementan la vulnerabilidad hidrológica y ambiental en la porción sur de Quintana Roo. La urbanización, el auge turístico y la agricultura, especialmente en la zona urbana de Bacalar, han transformado suelos altamente permeables. A fin de identificar el efecto de la impermeabilización de suelos se desarrolló un análisis hidrográfico urbano del área a través del software IBER con la implementación de modelos lluvia-escurrimiento y de infiltración considerando aspectos físicos e hidrológicos del terreno ante distintos escenarios de lluvia. Asimismo, se realizaron encuestas a la población de Bacalar para conocer su percepción sobre las inundaciones y los daños asociados. El estudio identificó cerca de 165 ha de espacios impermeables en Bacalar, donde el porcentaje ocupado por vialidades supera al de edificaciones o vivienda en un 30 %. La red de flujo actual afecta el acceso a refugios y dificulta el uso de vías de comunicación terrestres. La comunidad reconoce, en algunos casos, la magnitud de las inundaciones históricas, y señala que los daños a las viviendas y las enfermedades son los riesgos más preocupantes.

1. Introducción

La urbanización es uno de los procesos que modifica altera los hábitats naturales como resultado de la impermeabilización y compactación del suelo, lo que altera las redes naturales de escorrentía y motivando afectaciones a su vez al ser humano con la presencia de zonas de encharcamientos e inundaciones (Gormaz Bustamante, 2012). El problema de la urbanización en la región sureste de México y del Caribe Mexicano es que ha tenido que responder a una fuerte demanda de servicios turísticos. Lo anterior incide directamente en alteraciones del ambiente y la transformación del aspecto urbano a satisfacción de los visitantes, pero ignorando las propiedades naturales de los elementos del entorno. Así se ha conformado ciudades que han disminuido su capacidad para infiltrar escurrimientos producto de la precipitación y que en su lugar propician la ocurrencia de inundaciones de forma recurrente.

Bacalar es una ciudad del sur del estado mexicano de Quintana Roo. En los últimos 20 años esta ciudad ha registrado un importante desarrollo propiciado por su entrada al programa de «Pueblos Mágicos» del fomento al turismo en 2007; por su elección como cabecera del municipio de Bacalar, creado en 2011; por el descubrimiento y apertura de zonas arqueológicas de la civilización maya en sus cercanías como Chacchoben o Ichkabal; y por ser una mejor alternativa para el turismo de «sol y playa» que prefería su laguna de agua dulce, en vez de los destinos que afrontan la problemática del arribo masivo del sargazo (Municipio de Bacalar, 2011). Bacalar es parte de un sistema interconectado de fallamientos, cenotes y manantiales que junto con la desembocadura del río Hondo forman un sistema lagunar único en el Caribe Mexicano. De dicho sistema, el cuerpo de agua más importante en tamaño es la laguna de Bacalar que se conecta a otras como las lagunas Mariscal, Chile Verde, Agua Salada y Guerrero (Municipio de Bacalar, 2011).

Las escorrentías y los eventos de encharcamiento-inundación se hacen más crítico en la región debido a situaciones de eventos meteorológicos extremos, cuando las precipitaciones pueden superar los 100 mm de lluvia acumulada en 24 horas. Usualmente el 50 % de ese acumulado precipita en menos de una hora y los suelos urbanizados son incapaces de infiltrar el agua. Entonces las ciudades padecen de un colapso en muchas de sus vialidades principales por el agua de lluvia encharcada que ralentiza o incluso paraliza el tráfico, que a su vez inunda el interior de viviendas, comercios y edificios; genera accidentes y algunas zonas el rebosamiento de aguas cloacales, confiriendo riesgos en la salud de los habitantes.

Modelar este fenómeno implica diversos retos iniciales, el primero es obtener datos climáticos ya que desde los años 90's en México han dejado de operar casi la mitad de las estaciones climáticas. De acuerdo con la red de estaciones meteorológicas del Servicio Meteorológico Nacional (2023), en el municipio de Bacalar se encuentran nueve estaciones, de las cuales únicamente seis se encuentran en operación y tres están suspendidas, entre las que se cuentan las más cercanas a la ciudad de Bacalar. Por otra parte, en una región como Quintana Roo debido a la industria del turismo y a la gran cantidad de población «flotante» y «migrante», los espacios urbanos presentan cambios en su morfología. No obstante, de forma reciente, la utilización y actualización de datos de imágenes satelitales procesadas por instituciones gubernamentales ha permitido la disposición de cartas digitales que sirven para subsanar este reto (STEHLI *et al.*, 2014). Por último, la percepción social de los fenómenos lluvia-escurrimiento que provocan inundaciones dejan huella en la memoria social colectiva que, al rescatarse y documentarse, pueden fortalecer y soportar los resultados de los modelos numéricos computacionales, además de que permite vislumbrar las acciones que la población realiza para superar las contingencias y su resiliencia.

De este modo, el presente trabajo pretende mostrar el análisis de los fenómenos lluvia-escurrimiento en la ciudad de Bacalar ante eventos hidrometeorológicos extremos, identificar los elementos fundamentales de la percepción social a dichos eventos, así como identificar las implicaciones en un área de crecimiento urbano y su resiliencia ante dichos eventos extremos.

2. Materiales y métodos

2.1. Área de estudio

La ciudad de Bacalar data de varias fechas de fundación debido a que la zona nunca fue pacificada por los españoles al intentan conquistar a las comunidades mayas. De 1727 data su casco urbano con ejemplos de la arquitectura colonial española defensiva como lo es su iglesia y su fuerte debido a que, en esa época, Bacalar era también saqueada por piratas ingleses, franceses, holandeses, africanos, blancos y orientales (CONACULTA, 2022). En los alrededores de este espacio central fue desarrollando el trazo urbano de la localidad, siendo el único elemento irruptor el trazo de la carretera federal 307 que atraviesa la zona urbana de norte a sur, curvando hacia el poniente.

Los suelos del municipio de Bacalar corresponden a calizas margosas y cretas blancas o amarillentas, cubiertas de coquina y calizas macizas. En algunas ocasiones se detectan delgados niveles de yeso o de calizas más duras y amarillentas. Se endurecen en la superficie por intemperización formando caliche laminar, cuya superficie es generalmente de color gris o negro (VELÁZQUEZ-TORRES Y CEBALLOS-MARTÍNEZ, 2010). Estas calizas del mioceno integran el lecho rocoso que sustenta el entorno ecosistémico de selva baja subcaducifolia con un relieve sensiblemente plano sin montañas, volcanes o grandes cerros (Herrera-Chan, 2017); con clima tropical costero cálido subhúmedo Aw1(x'), de acuerdo con la clasificación de W. Köppen empleada por el Instituto Nacional de Estadística y Geografía (INEGI), para la elaboración de la Carta de Climas escala 1:1 000 00 Serie I. Por otra parte, acorde a sus registros en el municipio las temperaturas medias anuales oscilan entre los 25°C y 27°C, y las precipitaciones medias anuales acumulan entre los 950 mm hasta los 1 450 mm (Santos-Castilla, 2021).

El periodo de lluvias inicia en abril y termina en noviembre y se caracteriza por el paso de ondas tropicales desde el cinturón intertropical de convergencia; mientras que de diciembre a febrero disminuyen las precipitaciones y son ocasionadas por el paso de frentes fríos. Durante marzo o abril se presenta una estación seca (Sedetus, 2018). La incidencia además de eventos hidrometeorológicos extremos como tormentas o huracanes es frecuente en la región lo que motiva una alta vulnerabilidad a inundaciones a pesar de la capacidad de infiltración de la roca y los suelos. Al respecto, el 10 % de la superficie del municipio de Bacalar está cubierto por zonas susceptibles a inundarse; la mayor parte de ellas se encuentran al este, donde conforman una serie de fallas geológicas, alineadas en sentido nornoreste – sursuroeste, paralelas a la línea de costa, que es alimentada por afloramientos del acuífero maya desde el interior de la península de Yucatán (Santos-Castilla, 2021).

2.2. Adquisición de datos de la percepción social de inundaciones

Para conocer la percepción social de la comunidad de Bacalar se desarrollaron encuestas en relación con los efectos causados por distintos eventos de precipitación y a la infraestructura para su mitigación. Las encuestas semiestructuradas se diseñaron en una plataforma digital en la que es posible, además de la resolución del formulario, recolectar evidencias fotográficas de los eventos de inundación, en caso de que se compartiese dicha información por el público encuestado. Dicha modalidad mantiene el anonimato de las personas encuestadas, y su bondad de aplicación permite su respuesta con la interacción directa de un encuestador o a través de un código QR para el acceso al formulario de forma independiente.

El tamaño de la muestra consideró la ecuación de García-García «y otros» (2023) (eq. 1), a fin de considerar el tamaño de la población de la ciudad de Bacalar, el sesgo, el potencial de respuesta de la encuesta, el error muestra y el nivel de significancia:

$$n= ((Z^\wedge 2\ (q\cdot p)\ N))\ /\ (\alpha^\wedge 2\ (N\text{-}1)\ +Z^\wedge 2\ (q\cdot p)) \quad (1)$$

Donde n es el tamaño de la muestra, N el tamaño de la población (i.e., 12 527 habitantes en Bacalar), p es la probabilidad de éxito o proporción esperada que responda la encuesta cuando se le presenta (p=70 %), q la probabilidad de fracaso (q=1-p), Z el valor de la distribución para un nivel de confianza del 95 % (i.e., Z=1.96), y α el valor de la significancia (α=5 %). El tamaño de muestra resultante y al que se realizó la encuesta fue de n=315.

2.3. Métodos de delimitación de cuenca, características físicas y modelación numérica

Para el análisis de inundaciones se consideró el desarrollo de modelaciones numéricas por medio del software IBER. Para ello, los escenarios simulados buscaron representar el efecto de las precipitaciones del 14-23 de octubre de 2015 y de 18 de septiembre de 2022 registradas por las estaciones meteorológicas más próximas de ECOSUR y de CONAGUA, respectivamente, en la ciudad de Chetumal. Dichas precipitaciones son reconocidas por el impacto ocasionado en el área de estudio, bajo precipitaciones puntales intensas en 2015 (471 mm en 10 días) y 2022 (116 mm en 12 horas).

El continuo de elevaciones mexicano (CEM) para el estado de Quintana Roo (INEGI, 2023), con resolución espacial de 15 m, fue empleado para la modelación numérica y como insumo del modelo lluvia-escurrimiento dentro del software IBER. El CEM fue modificado a través del software QGIS para incrementar su resolución (i.e. 2 m) para añadir una sobrelevación en los espacios ocupados por manzanas y lotificaciones en Bacalar, y considerar así las modificaciones antrópicas que modifican la red de drenaje por la presencia de la infraestructura urbana y vial en Bacalar. Asimismo, el CEM fue empleado para la delimitación de la cuenca urbana de Bacalar, definida como aquella que posee una red de drenaje cuyos flujos circulan sobre el área ocupada por la ciudad. Por otro lado, se consideró la resistencia al flujo por medio de la asignación del coeficiente de rugosidad de Manning en el área ocupada por la cuenca de acuerdo con las características de la zona y a valores existentes en la literatura (E.G. Chow y otros, 1994) (Tabla 1).

Tabla 1. Coeficientes de rugosidad de Manning asignados en la cuenca urbana de Bacalar, basado en (Chow y otros, 1994) y la definición del uso de suelo de INEGI (2013)

Uso de suelo	Elementos del paisaje	Coeficiente de rugosidad (n), [-]
Selva baja	Área permeable no urbanizada	0.070
Cobertura de pastos dispersos	Área permeable urbanizada	0.300
Agricultura	Agricultura	0.035
Pavimento	Calles pavimentadas	0.025
Concreto	Edificios y cubiertas	0.250

Se determinaron cinco usos de suelo considerando datos de INEGI (2013) para la generación del ráster de rugosidades. Las calles pavimentadas o terracerías, las edificaciones y las manzanas, estas últimas consideradas como zonas permeables con poca vegetación (lotes baldíos, parques, etc.) fueron reconocidos a partir de digitalizaciones georreferenciadas del espacio público y privado (Ramírez-Dzul, 2023).

Asimismo, se consideró el método SCS-CN para el modelado lluvia-escurrimiento-infiltración en la cuenca de estudio. Dicho método estima el escurrimiento medio (Q) mediante cantidad de precipitación y retención máxima potencial (S), utilizando valores de curvas numéricas (curvas CN). Para la estimación de la curva CN para la cuenca de Bacalar, se definió ésta dentro del grupo hidrológico tipo B que refiere a suelos con cantidades moderadas de texturas finas a gruesas, en relación con los suelos de Bacalar que corresponden a calizas altamente permeables.

A partir del uso de suelo, el porcentaje de cobertura, suponiendo una condición de suelo semisaturado, y considerando las tablas de valores CN (Bradbury y otros, 2000), se obtuvo un promedio ponderado de CN (Tabla 2) para su implementación en la modelación de la totalidad de la cuenca considerando el grado de saturación del suelo en función de la precipitación y escorrentía generada.

Tabla 2. Número de curva de escurrimiento, área de cobertura, grupo hidrológico, y promedio pesado para la obtención del valor de la curva CN (II) implementada en los modelos de simulación

Uso de Suelo	Área (Ha)	Porcentaje de cobertura	Grupo	CN
Selva baja	7358.3	77.17 %	B	55
Cobertura de pasto disperso	136.6	1.43 %	B	69
Agricultura	1518.3	15.92 %	B	81
Pavimentos	87.4	0.92 %	B	84
Concreto	434.8	4.56 %	B	98
Área total de la cuenca	9535.4	$CN_{ponderado}$		61.6

3. Resultados

3.1. Modelación de escenarios de inundación

La red hidrográfica en la cuenca urbana de Bacalar se extiende con sentido suroeste a noreste (SW-NE) de forma paralela a la orientación reportada para la zona de fallas del río Hondo sobre la cual se desarrolla la longitud principal del cuerpo lagunar de Bacalar (Reitner y otros, 2011). La extensión de la red de flujo se extiende sobre una cuenca de ~95.35 km^2 (9 535 ha), que nace en el área agrícola de Salamanca y zonas de selva, para después atravesar el área urbana por distintos cauces hasta desembocar en el cuerpo de la laguna de Bacalar (Figura 1).

Figura 1. Cuenca urbana de Bacalar, y red hidrográfica calculadas. Las elevaciones (INEGI, 2023) de mayor altitud se muestran en tonos amarillos, y disminuyen hacia las tonalidades azules oscuras. Fuente. Elaboración propia a partir de datos geográficos obtenidos del INEGI (2023)

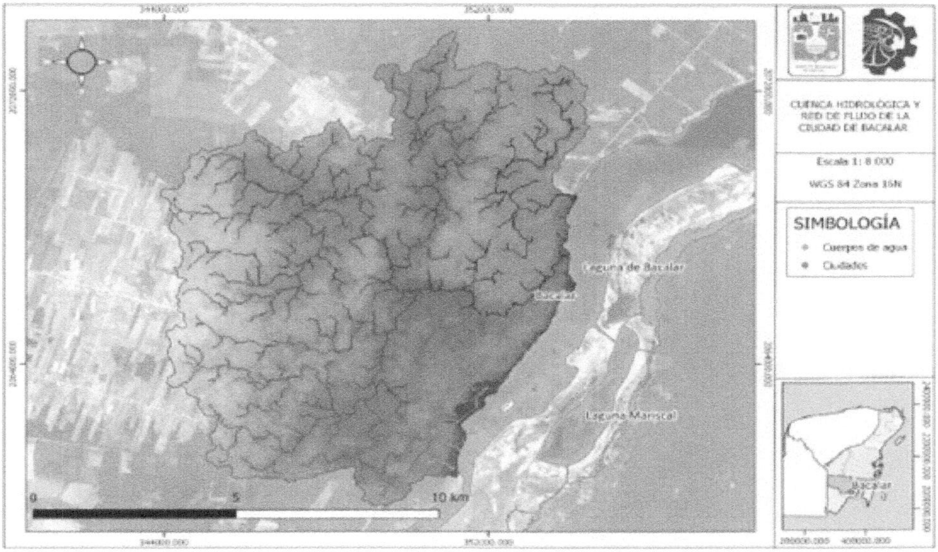

La red de drenaje de la cuenca se observa con flujos escasamente perturbados por la acción antrópica debido a que el tamaño total de la cuenca supera al área urbanizada. La red principal de abarca una mayor extensión particularmente hacia la zona agrícola de Salamanca con conexión hacia la laguna de Bacalar en la porción norte del área urbana. Asimismo, se presentan redes de drenaje de menor tamaño que son independientes de la red principal de drenaje y que desembocan en distintos puntos de la laguna de Bacalar pasando previamente por distintos puntos del área urbanizada.

3.1.1. Escenario I de inundación (14-23 de octubre de 2015)

El escenario I de inundación está asociado a las precipitaciones que dieron inicio con fecha del 14 de octubre y donde el efecto de la traza urbana es considerado. De acuerdo con la modelación es hasta 30 horas posteriores que se observan los primeros registros de acumulación de agua (i.e. >0.1 m de elevación sobre el nivel de calle) (Figura 2a). Durante la hora 30, el área inundada resultó en 2 011 ha, incrementándose hasta llegar a cubrir 3 801 ha hacia el final del período modelado (i.e. hora 218) (Figura 2b).

Figura 2. Área de inundación en la cuenca de la ciudad de Bacalar, calados de inundación y red de drenaje a 30 (a) y 218 horas (b) del inicio de la precipitación en el período del 14-23 de octubre de 2015. Fuente. Elaboración propia a partir de datos geoespaciales obtenidos de repositorios de Internet y procesados por los autores en 2023

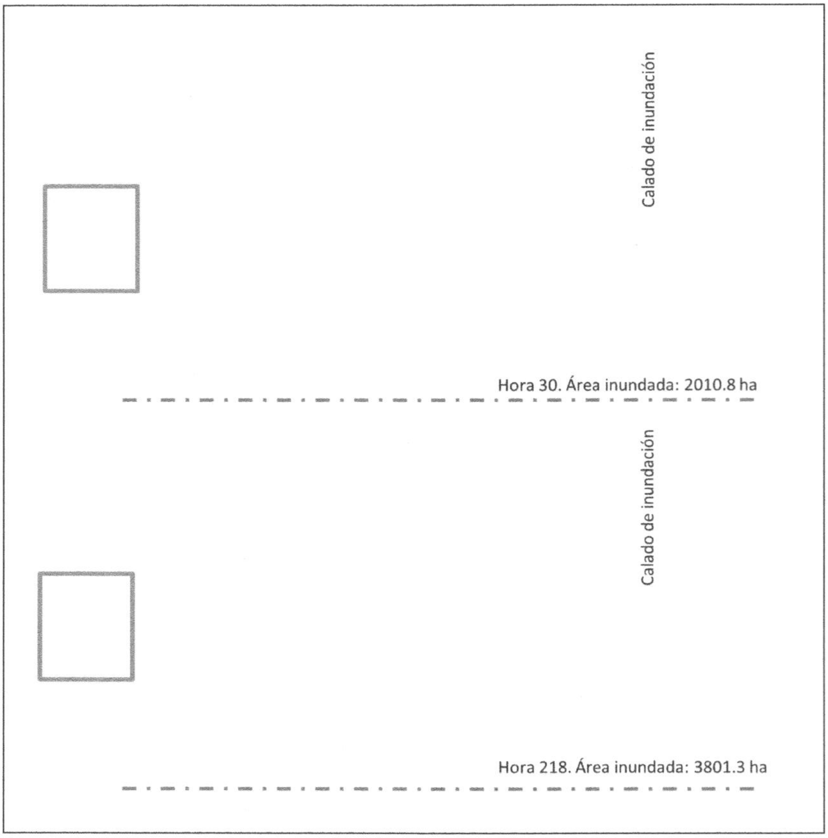

Pequeños encharcamientos son notables sobre el área de la cuenca durante todo el registro de la precipitación. Los tirantes máximos se presentan al noroeste de la cuenca hacia los límites de las áreas de agricultura, con calados >2.0-3.0 m. Asimismo, calados >1.0 m se observan en la porción suroriental de la ciudad de Bacalar y próximos a la carretera federal Chetumal-Cancún, que comunica a las principales ciudades del estado de Quintana Roo, México. Los mayores calados en el área de inundación de la zona urbana ocurren sobre la corriente principal de drenaje. No obstante, con menor calado de agua se ven afectadas porciones de la ciudad de Bacalar, como es la zona centro y norte, así como calles que corren en sentido SW-NE.

3.1.2. Escenario II de inundación (18 de agosto de 2022)

Para el escenario II de modelación, los calados resultaron menores en comparación a los registrados para el escenario I. Los encharcamientos resultan >1.0 m distribuidos de manera aleatoria al interior de la cuenca y a partir de las primeras 4.2 horas, donde el área inundada sobrepasa los 1 345 ha (Figura 3).

Figura 3. Área de inundación en la cuenca de la ciudad de Bacalar, calados de inundación y red de drenaje a 4.2 (a) y 11.7 horas (b) del inicio de la precipitación en el período del 18 de agosto de 2022. Fuente. Elaboración propia a partir de datos geoespaciales obtenidos de repositorios de Internet y procesados por los autores en 2023

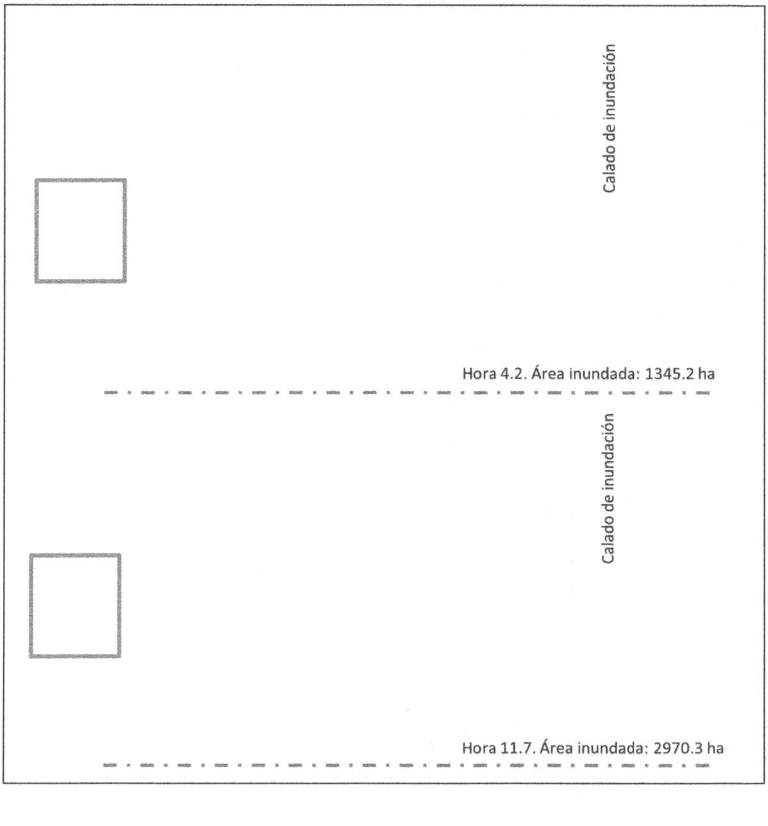

Para la hora 11.7 posterior al inicio de la precipitación, se obtuvo un área inundada de 2 970.3 ha. Dicha área inundada es superior a lo registrado durante el escenario I de 2015 para un tiempo similar de desarrollo de las precipitaciones; sin embargo, las afectaciones esperadas no resultan similares debido a la reducida duración de las precipitaciones del escenario I con respecto al escenario II.

Los sitios dentro del área urbana que recibieron un incremento acelerado del calado de inundación fueron las zonas centro y norte de la ciudad de Bacalar, asociadas al cauce principal de la red de drenaje. En estos puntos los calados alcanzaron valores de 0.20-0.30 m, los cuales superan a los calados registrados en el resto de la zona urbana de 0.10-0.15 m. En el punto máximo de la precipitación y antes de su finalización, calados máximos de agua de 1.5-1.8 m son registrados en la porción sur de la ciudad de Bacalar próximos al entronque de la carretera federal, y afectando especialmente las vías de comunicación de acceso y tránsito de la ciudad.

3.1.3. Volumen de agua pluvial captado en áreas inundadas

Los registros de acumulación del volumen de agua precipitada resultado de las modelaciones numéricas para cada uno de los escenarios de inundación se muestran en la Figura 4. La acumulación de agua en el escenario I de 2015 se presenta a partir de la hora 30 con un volumen de 810,495 m^3, coincidente con el máximo pico de precipitación >150 mm. Posteriormente, se presenta un incremento paulatino y escalonado del volumen de agua captado hasta la hora 72, en donde la presencia de precipitaciones de menor intensidad al primer pico producido, pero con mayor duración, inducen un aumento de hasta 6 101 377 m^3.

A partir de dicho momento, el aumento de eventos de precipitación >7.5 mm, y particularmente de mayor duración (4 horas), inducen una respuesta inmediata en el volumen de agua posiblemente asociado con la saturación del suelo. Al respecto, entre las 72 y 88 horas se produce un aumento de 3.6 veces el volumen de agua alcanzando los 21 679 496 m^3 (Figura 4b). Dicho volumen de agua se mantiene hasta la hora 102 pasando de 22 563 450 m^3 a 31 606 033 m^3 en la hora 120, para posteriormente alcanzar los 37 834 784 m^3 tras eventos de aumento de la precipitación (Figura 4b). En horas posteriores se mantienen los volúmenes relativamente en el mismo rango hasta llegar el volumen máximo registrado para ambos escenarios siendo este 42 216 732 m^3.

Las zonas de mayor afectación dentro del espacio urbano de Bacalar se presentan hacia la porción norte, próximos a la carretera federal Chetumal-Cancún. Lo anterior contrasta con el efecto de que a pesar de poseer una mayor altitud se ven mayormente afectadas, posiblemente por su cercanía con el paso de la corriente principal de la red de drenaje. Por el contrario, colonias ubicadas en la porción sur de la ciudad de Bacalar se encuentran menormente afectadas. El impacto entre las zonas con menor y mayor área inundada se encuentran en un rango muy amplio de variación, pasando de 38 870 m^3 para la colonia Magisterial al sur de la zona urbana, y alcanzando los 184 672 m^3 para la colonia Luis Donaldo Colosio en la porción norte (Figura 4a). A pesar de dichas diferencias, se observa que el 58 % de las colonias presentan zonas de inundación que captaron más de 100 000 m^3 de agua durante el escenario I de inundación de 2015.

Figura 4. (a) Mapa a nivel colonia de zonas inundadas en la ciudad de Bacalar y volúmenes de agua pluvial asociada a las áreas inundadas para el escenario de precipitación de octubre de 2015. Variación temporal de la precipitación y de los volúmenes de agua pluvial para los escenarios de precipitación de (b) octubre de 2015 y (c) agosto de 2022. Fuente. Elaboración propia a partir de datos geoespaciales obtenidos de repositorios de Internet y el catastro municipal y procesados por los autores en 2023

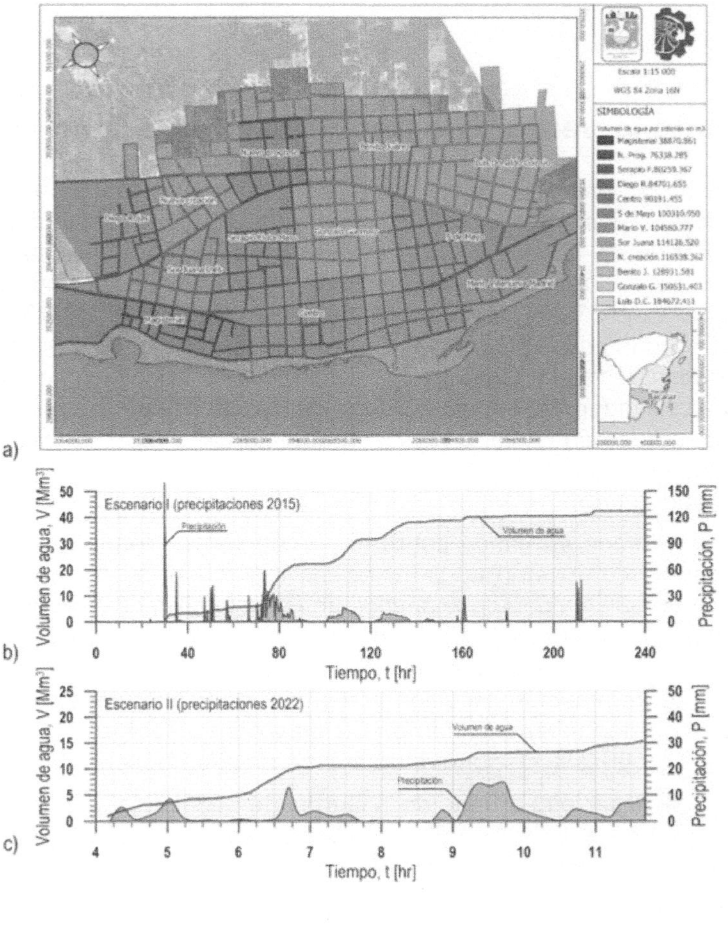

Para el escenario II de modelación del 18 de agosto del 2022, un comportamiento similar, pero de menor magnitud con respecto al escenario I y el volumen de agua acumulado en las áreas inundadas es observado (Figura 4c). Eventos que superan los 7.5 mm tras los primeros momentos de precipitación inducen cambios importantes en los volúmenes de agua. El registro de encharcamientos se observa a partir de la hora 4.2 con un volumen de 954 487 m^3 con un aumento importante de 4.0 veces en la hora 5.2 alcanzando 3 849 085 m^3.

El volumen se observa mantiene un leve aumento hasta la hora 6 donde se incrementa rápidamente hasta la hora 7 donde se obtiene un registro de 10 641 163 m^3. Dicho aumento es sincrónico al aumento de la precipitación (~17.5 mm). Posteriormente el volumen de agua captada se mantiene uniforme hasta la hora 9.2 donde vuelve a presentarse un incremento. El incremento en el volumen de agua es de menor magnitud a pesar de presentarse un aumento de la precipitación y su duración, pero alcanzando en la hora 9.5 los 13 120 316 m^3. El volumen máximo acumulado registrado se obtuvo hacia el final de la modelación en la hora con 11.7 con 15 331 524 m^3.

3.2. Percepción social de las inundaciones y efectos de la pérdida de permeabilidad del suelo

El perfil de las personas encuestadas es de una muestra de poco más de 300 personas, de las que el 51.2 % se encuentra en un rango de edad de 18-25 años, 35.0 % de 25-49 años y 13.8 % con más de 50 años. Del total, alrededor del 55.3 % señaló haber sido residente de la ciudad de Bacalar durante toda su vida. Asimismo, el 51.2 % se reconoció del género femenino, 48.0 % al masculino y 0.8 % prefirió no responder. Por otra parte, alrededor de un 44 % del total de los encuestados señaló un ingreso mensual <$10 000 MXN, aunque 37.4 % prefirió no responder. Respecto al grado máximo de estudios el perfil se inclina por personas que han cursado el nivel medio superior (46.3 %), mientras que el 26.8 % ha cursado el nivel básico, 25.2 % el nivel superior y el 1.6 % ha estudiado un posgrado.

De los resultados arrojados sobre la percepción sociocultural de la capacidad del suelo como amortiguador de las inundaciones por su permeabilidad, se obtuvo que las personas encuestadas calificaron de excelente (51.2 %) y muy buena (29.3 %) la idea de aprovechar o mantener la permeabilidad del suelo de la región para reducir inundaciones. Pese a lo anterior, también se obtuvo que la contaminación asociada con la permeabilidad del suelo por el vertido-infiltración de sustancias como aceites y combustibles es notable, pues alrededor de un 60.2 % respondió haber sido testigo de dichas acciones.

Respecto al desarrollo urbano de la ciudad de Bacalar, la población encuestada calificó entre el 87.1 % y 92.9 % de importancia la necesidad atención a las inundaciones, mantenimiento de vialidades, abastecimiento de agua y saneamiento de la ciudad. El 87 % del total aseguró que sí existen problemáticas relacionas con inundaciones en Bacalar, considerando que tanto el gobierno estatal y municipal (61 %) son los responsables de resolverlas. De forma particular, un 15.4 % considera que la responsabilidad de atención de las problemáticas asociadas a las inundaciones corresponde a la comisión de agua potable y alcantarillado (CAPA) de Quintana Roo y a la Comisión Nacional del Agua en México (CONAGUA).

Cabe destacar que el 23.6 % de las personas encuestadas opina que le corresponde a la sociedad civil, a las autoridades y otros actores lograr una adecuada atención a la problemática de inundaciones en la ciudad de Bacalar. Relacionado con lo anterior, un 94.3 % de los encuestados consideran que la basura es un factor importante en relación con las inundaciones. El 64.2 % discurre que las calles de la ciudad se encuentran con basura, considerándose al mayor responsable a los mismos residentes de la ciudad de Bacalar con un 39.2 %, a los turistas con 21.5 % y a los empresarios hoteleros 15.2 %. Por otra parte, en cuanto a la relación de la sociedad con las áreas verdes los resultados mostraron que un 89.4 % de la población considera que las áreas verdes de la ciudad podrían servir para disminuir inundaciones provocadas por lluvias. No obstante, únicamente un 57.7 % de los encuestados considera que en general se valoran, cuidan y respetan las áreas verdes públicas.

En referencia a las recientes obras de remodelación en la ciudad, el 60.2 % de las personas considera que se han sufrido inundaciones en donde antes no las había, como resultado de los cambios ocasionados. Los daños ocasionados por las inundaciones son mayormente reconocidos hacia las viviendas (86.2 %), comercios (75.6 %), enfermedades y accidentes (65.9 %), pérdida/daño de animales y mascotas (52.8 %), o daños a vehículos (66.7 %).

La percepción social de la problemática de inundaciones en el área urbana de Bacalar refleja especialmente una memoria histórica limitada o una baja afectación. Alrededor del 60.0 % de los encuestados no recuerda fechas de eventos hidrometeorológicos puntuales con lluvias intensas que les haya provocado algún daño. De las personas que mencionaron fechas relevantes, cerca de un 40.0 % recuerda en mayor medida las precipitaciones acaecidas el 18 de agosto de 2022; 30.0 % aquellas ocurridas el 10 de septiembre de 2022, y 26.7 % las del 2 de septiembre de 2022. Destaca el hecho de que el evento de precipitación de octubre de 2015 a pesar de los elevados volúmenes de agua pluvial y las áreas de inundación desarrolladas, no fueron destacadas como un evento extremo o que ocasionase daños excesivos en Bacalar. Del total de respuestas registradas por las personas que recordaban alguno de los eventos, un 71.7 % pudo recordar la altura del nivel de agua a la que llegó en algún cruce de calles durante un evento reciente de inundación en Bacalar. De dichas alturas la que se registró con mayor frecuencia fue una altura de 0.16-0.30 m. La mayor parte de sitios inundados se ubicaron en el espacio público (i.e. calles y cruzamientos principalmente) con un 62.8 %;

mientras que el porcentaje restante correspondió a inundaciones registradas al interior de predios particulares. Los principales cruzamientos y calles en donde se presentaron encharcamientos e inundaciones se muestran en la Figura 5.

En los casos identificados de algún evento de inundación, se pudo identificar el tiempo (~30 minutos) en el que el nivel de agua de inundación pudo descender y el área de inundación reducirse significativamente. En caso de una situación de emergencia como lo es un evento hidrometeorológico de inundación (i.e. tormentas o huracanes) es sumamente importante conocer cuáles son los refugios a los que la población puede acudir para resguardarse y mantener su integridad física. Los resultados señalan que el 70.7 % de las personas si ubican su refugio más cercano mientras que el resto de las personas encuestadas desconocen ese dato o no tiene la información suficiente respecto a este tema. De las personas que conocen la ubicación de los refugios, un 66.7 % de las personas consideran poder llegar a su correspondiente refugio en caso de emergencia, mientras que un 33.3 % considera no lograrlo. En la Figura 5b, se señala las calles y vialidades que las personas de la ciudad de Bacalar consideran deben estar libres de inundaciones para poder evacuar hacia sitios más seguros.

Figura 5. Principales calles y cruzamientos con (a) inundaciones y encharcamientos reportados, y (b) rutas de evacuación a refugios en caso de eventos extremos hidrometeorológicos (i.e. tormentas, huracanes). Fuente. Elaboración propia a partir de datos geoespaciales obtenidos de repositorios de Internet y del catastro municipal y procesados por los autores en 2023

a) b)

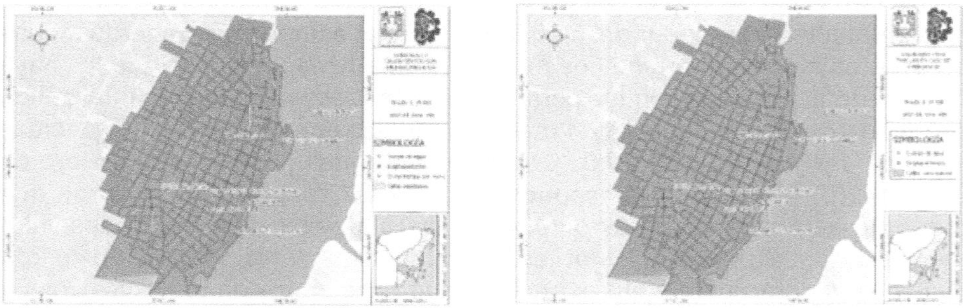

Por último, se preguntó a los encuestados su disposición a incrementar un porcentaje del pago al impuesto predial, con el fin de que sea destinado a obras de mitigación de inundaciones, a lo que un 56.9 % respondieron de forma negativa. Del porcentaje que respondió afirmativamente, un 49.1 %

aumentaría un monto <5 % del valor actual del impuesto, mientras que existe una disposición del 50.9 % a que el incremento sea mayor al 6 %. Más aún, alrededor del 9.4 % de las personas aceptaría un aumento de más del 20 % del pago del impuesto predial para el desarrollo de obras de mitigación ante inundaciones en la zona urbana.

4. Discusión y conclusiones

A partir de las modelaciones hidrológicas se identificaron sitios de afectación por encharcamientos e inundaciones tanto en el área urbana de Bacalar, como en sus alrededores. Los centros históricos de las ciudades suelen ser considerados como áreas prioritarias de conservación debido a su importancia por el desarrollo económico, social y cultural de la ciudad, normalmente basado en actividades de turismo, comercio y por la presencia de patrimonio cultural y edificado (Hanley, 2008). No obstante, el centro histórico de la ciudad de Bacalar no es de las zonas mayormente impactadas por eventos de inundación al solo contener 0.21-0.38 % del total de los volúmenes de agua captada durante las precipitaciones de 2015 y 2022. Lo anterior contrasta con otras áreas donde la afectación es significativa y donde las vías de comunicación y puntos estrechamente ligados con el paso del cauce principal de la red de drenaje poseen el mayor impacto.

Tras el análisis de la red de flujo y la notable salida de la escorrentía a través de las colonias Sor Juana Inés, Gonzalo Guerrero y Mario Villanueva hacia la laguna de Bacalar, se identificaron puntos focales de atención:

- Educación ambiental relacionada con el reconocimiento del paso del cauce principal de la red de drenaje y medidas de mitigación para su correcto encauzamiento o para preparación de la sociedad civil ante los riesgos potenciales de su desbordamiento.
- Implementación de medidas para captación de agua para consumo y tratamiento, considerando un uso parcial del agua de escorrentía.
- Procurar un ordenamiento urbano con áreas permeables, de inundación o de drenaje basadas en el cauce natural de esa red, así como de los volúmenes y extensión de la mancha inundación.
- Consideración de alternativas con conceptos de sostenibilidad con aprovechamiento de la alta permeabilidad de la zona, tales como «ciudad esponja», aplicación de jardines de lluvia, colectores en puntos estratégicos, plantas de tratamiento de aguas pluviales próximos a la descarga de agua pluvial a la laguna de Bacalar, entre otros.

Dada la escorrentía en la zona urbana de Bacalar, las alternativas para mitigar las inundaciones podrían ser de tipo mixto y en consideración metodologías descritas en «The SuDS Manual» (Woods-Ballard y otros, 2015) y de la Fuente-García y otros (2021). Algunas de estas soluciones pueden ser las mostradas en la Tabla 3, en consideración de gestionar la escorrentía producida en las superficies mediante técnicas que replican los procesos naturales (de la FUENTE-GARCÍA y otros, 2021). No obstante, dichas alternativas deben conjuntarse con alternativas de drenaje considerando los altos volúmenes de agua captados en la cuenca y la proximidad del cuerpo de agua de la laguna de Bacalar.

Tabla 3. Compatibilidad de los sistemas para gestión de la escorrentía en las colonias de la ciudad de Bacalar (adaptado de, de la Fuente-García y otros, 2021)

Colonia	Jardines de lluvia	Alcorques estructurales	Zanjas/ pozos de infiltración	Drenaje de bordillo y canales	Captación de escorrentía
Centro	✓ Óptimo	✓ Óptimo	✓ Posible	✓ Óptimo	✓ Óptimo
Magisterial	✓ Óptimo	✓ Óptimo	✓ Posible	✓ Óptimo	✓ Óptimo
Nuevo Progreso	✓ Óptimo	✓ Óptimo	✓ Óptimo	✓ Óptimo	✓ Posible
Serapio Flota Mass	✓ Óptimo	✓ Óptimo	✓ Óptimo	✓ Óptimo	✓ Óptimo
Diego Rojas	✓ Óptimo	✓ Óptimo	✓ Óptimo	✓ Óptimo	✓ Óptimo
5 de mayo	✓ Óptimo	✓ Óptimo	✓ Óptimo	✓ Óptimo	✓ Óptimo
Mario Villanueva	✓ Óptimo	✓ Óptimo	✓ Óptimo	✓ Óptimo	✓ Posible
Sor Juana Inés	✓ Óptimo	✓ Óptimo	✓ Óptimo	✓ Óptimo	✓ Posible
Nueva creación	✓ Óptimo	✓ Óptimo	✓ Óptimo	✓ Óptimo	✓ Posible
Benito Juárez	✓ Óptimo	✓ Óptimo	✓ Óptimo	✓ Óptimo	✓ Óptimo
Gonzalo Guerrero	✓ Óptimo	✓ Óptimo	✓ Óptimo	✓ Óptimo	✓ Óptimo
Luis Donaldo Colosio	✓ Óptimo	✓ Óptimo	✓ Óptimo	✓ Óptimo	✓ Óptimo

Desde la percepción social, los principales daños que afectan a la población en un evento de inundación por lluvias son aquellos ocasionados en viviendas, comercios y como resultado de enfermedades. Pese a lo anterior, destaca que existe un gran número de personas que menciona no recordar ninguna fecha de inundación por lluvia, lo que hace notar una rápida pérdida de memoria histórica respecto a esta problemática o no son considerados como una amenaza real. La memoria histórica sobre los territorios es un factor estratégico en la prevención de desastres, por lo que en Bacalar la pérdida de memoria histórica puede conducir a la mínima o nula búsqueda de alternativas de solución y ser un tema solo alentado bajo la ocurrencia de eventos extremos, desalentando la planeación y preparación para minimizar los riesgos (Hernández-Peña y Vargas-Cuervo, 2014). Lo anterior contrasta con la disposición de la sociedad civil a favorecer acciones de mitigación y a colaborar en ello a través del pago de impuestos dirigidos para tal fin.

Durante las últimas décadas, la cuidad de Bacalar ha comenzado una expansión continua y creciente, por lo que es muy importante el correcto ordenamiento y planificación urbana durante esta fase de desarrollo urbano. La implementación de planes para la gestión de aguas de lluvia, el manejo e interacción de la población con áreas inundables o de captación de grandes volúmenes de agua podría traer beneficios socioeconómicos, principalmente para fomentar un crecimiento urbano responsable y un turismo sustentable, donde el vínculo con el agua sea considerado no como una problemática sino como un elemento de identidad y de construcción del paisaje (Díaz, 2014).

5. Referencias bibliográficas

Bradbury, K. y otros, *Refinement of two methods for estimation of groundwater recharge rates*, University of Wisconsin, 2000, Wisconsin, USA, 84 pp.

Chow, V. T. y otros, *Hidrología Aplicada.* Editorial McGraw-Hill, 1994, Santa Fe de Bogotá, Colombia.

CONACULTA (2022). *Museo del Fuerte de San Felipe Bacalar.* Recuperado de: https://www.cultura.gob.mx/estados/turismo-cultural-detalle.php?id=52178#.Yx_-mXbMLIU

De La Fuente García, L. y otros, *Guía Básica para el Diseño de Sistemas Urbanos de Drenaje Sostenible en la Ciudad de València.* Cicle Integral de l'Aigua/Ajuntament de València, España, 2021, pp. 111.

Díaz, P. D., «La vertebración urbana a partir de las geografías del agua: El paisaje como un elemento de identidad,» *Revista Internacional de Ciencias Sociales y Humanidades*, SOCIOTAM, 24(1), 2014, pp. 51-70.

García-García, J. A. y otros, «Cálculo del tamaño de la muestra en investigación en educación médica», *Investigación en educación médica*, 2(8), 2013, pp. 217-224.

Gormaz Bustamante, C., «Parque urbano inundable como proyecto de infraestructura hidráulica»: *Propuesta de un parque urbano inundable en la Avenida Tres Poniente comuna de Maipú.* Tesis de Licenciatura, Universidad Andrés Bello, 2012, Chile.

Hanley, L. M., *Centros Históricos: espacios de rehabilitación y disputa.* Centro-h, (1), 2008, pp. 78-84.

Hernández Peña, Y. T., y Vargas Cuervo, G. (2014). «Análisis de respuestas locales ante fenómenos naturales amenazantes y dinámicas de construcción de escenarios de riesgo en Colombia». *Revista UDCA Actualidad & Divulgación Científica*, 17(2), 2014, pp. 529-539.

Herrera Chan, G. I., *Geografía y Fundación de Bacalar*. Tesis de Licenciatura, Universidad de Quintana Roo (UQROO), México, 2017, pp. 74. Recuperado de: http://risisbi.uqroo.mx/handle/20.500.12249/1621

INEGI (2013). *Conjunto de datos vectoriales de uso de suelo y vegetación* escala 1:250 000, serie V (capa unión). Escala: 1:250000, 2.ª edición. Instituto Nacional de Estadística y Geografía, México, 2013. Recuperado de: http://geoportal.conabio.gob.mx/metadatos/doc/html/usv250s5ugw.html

INEGI, *Continuo de elevaciones mexicano*, CEM. Instituto Nacional de Estadística y Geografía, 2023. Recuperado de: https://www.inegi.org.mx/app/geo2/elevacionesmex/

MUNICIPIO DE BACALAR (2011). Bacalar, Quintana Roo, México. Perfil municipal. Municipio de Bacalar, México, pp. 21.

Ramírez-Dzul, F. G., *Escenarios y alternativas para la gestión urbana de aguas pluviales en el centro histórico de la ciudad de Bacalar.* Tesis de Licenciatura, Instituto Tecnológico de Chetumal (TECNM-Chetumal), México, 2023 pp. 94.

Reitner, J. y otros, «Microbial mats and microbialites in the freshwater Laguna Bacalar, Yucatán península, México». *Advances in stromatolite geobiology*, 2011, pp. 187-205.

Santos Castilla, G. M., *Estrategias para mitigar la deforestación en el municipio de Bacalar: el caso de cinco ejidos.* Tesis de Licenciatura, Universidad de Quintana Roo (UQROO), México, 2021, Recuperado de: http://risisbi.uqroo.mx/handle/20.500.12249/2547

SEDETUS, *Programa de desarrollo urbano del centro de población de Bacalar.* Secretaría de Desarrollo Territorial Urbano Sustentable (SEDETUS), Quintana Roo, México, 2018.

SERVICIO METEOROLÓGICO NACIONAL, Estaciones Meteorológicas Automáticas (EMAS). Comisión Nacional del Agua-Servicio Meteorológico Nacional (CONAGUA-SMN), México. 2023. Recuperado de: https://smn.conagua.gob.mx.

STEHLI, P. T. y otros, «Revisión del estado del arte y estrategias en la modelación hidrológica distribuida en cuencas urbanas» en IFRH 2014. 2.º. *Encuentro de Investigadores en Formación en Recursos Hídricos.* Instituto Nacional del Agua, Buenos Aires, Argentina, 2014, pp. 15.

VELÁZQUEZ-TORRES, D. Y CEBALLOS-MARTÍNEZ, R. R., *Una aproximación a la geografía física del sur de Quintana Roo, Península de Yucatán,* Méjico, 2010, Proyección, 8, pp. 45-63.

WOODS BALLARD, B. y otros, The SuDS Manual, CIRIA/Department for environment, food & rural affairs/*Flood and coastal erosion risk management R&D*, London, UK, 2015, pp. 968.

CAPÍTULO 6

AUTOEVALUACIÓN DE LA RESILIENCIA ANTE DESASTRES EN LA COMUNIDAD COSTERA «CONSEJO POPULAR GUANABO», HABANA DEL ESTE, CUBA. METODOLOGÍA, HERRAMIENTAS Y RESULTADOS

Obdulio N. Coca Rodríguez
Facultad de Arquitectura
Universidad Tecnológica de La Habana

Jorge Luis Martín Chiroldes
Instituto Superior de Diseño (ISDi)
Universidad de La Habana

Dámaso R. Ponvert Delisles Batista
Facultad de Geografía
Universidad de La Habana

Resumen: Se expone la autoevaluación de la resiliencia frente a desastres de la comunidad costera de Guanabo (Cuba), a nivel preliminar como parte del trabajo de la Red Iberoamericana para la Formación de Comunidades Resilientes ante Riesgos y Desastres por Eventos Naturales Extremos (Programa Iberoamericano de Ciencia y Tecnología para el Desarrollo). Comunidad de importancia turística, costera, expuesta al impacto de la penetración del mar. La estrategia para conocer el estado de la resiliencia tuvo dos etapas: la primera la estimación de riesgo donde se caracteriza el escenario de riesgos y la segunda la aplicación de la Herramienta de Evaluación Preliminar de la Resiliencia frente a Desastres de la Oficina de las Naciones Unidas para la Reducción del Riesgo de Desastres. La metodología tuvo tres etapas: 1. Preparación para la evaluación, 2. Aplicación de la encuesta basada en los 10 aspectos esenciales para la campaña de las ciudades resilientes, y 3. Procesamiento de los datos y caracterización del estado de la resiliencia. Resultados finales: estado global de la resiliencia de la comunidad; identificación de las deficiencias para la confección del Plan de Medidas del fortalecimiento de la resiliencia como herramienta de monitoreo, supervisión y control de su comportamiento en períodos posteriores.

Palabras clave: Amenazas, riesgos, resiliencia, comunidad resiliente, evaluación.

1. Introducción

La comunidad «Consejo Popular Guanabo» surge a principios del siglo XIX y con la conformación de repartos con viviendas permanentes y de recreo va adquiriendo valor como urbanización en la segunda década del siglo XX (WIKIPEDIA, 2021) (ECURED, 2021). Está localizada en el litoral este de la Habana (Cuba) forma parte del polo turístico Playas del Este, que es una zona de extraordinarios valores paisajísticos.

El polo turístico lo constituye una serie de playas de unos 12,6 km de longitud total y un ancho de 30m como promedio asociadas a la ensenada de Sibarimar. Se considera un atractivo natural para la actividad turística, declarada desde 1999 zona de Alta Significación para el Turismo por el comité ejecutivo del Consejo de Ministros de la República de Cuba (ACEVEDO, RODRÍGUEZ, P., GARCÍA VERDECIA, A., Y FERNÁNDEZ NAVARRO, M., 2008).

La playa de la comunidad de Guanabo forma parte de un conjunto de playas principal recurso recreativo de los habitantes de la ciudad y sus alrededores, lugar preferido de recreación y esparcimiento en los meses de verano y fines de semana constituye un bien común significativo para sus habitantes y un importante renglón económico. Guanabo es el sector más residencial y el centro de servicios de la población residente. ACEVEDO *et al.*, 2008) (COCA RODRÍGUEZ, O., Y RODRÍGUEZ BETNCOURT, L., 2021).

Las estrategias de transformación propuestas en el plan director para la zona no serían posible, si no es a partir de significativas acciones en cuanto a las recurrentes inundaciones, al abastecimiento de agua, el saneamiento, los impactos asociados a la calidad de vida de la población y a recursos tan básicos como las playas (SALINAS CHÁVEZ, E., NAVARRO JURADO, E., Y TRIANA CORDOVÍ, J., 2008).

Estudios de diagnóstico ambiental realizados en los sectores de playa que conforman el Polo Turístico Playas del Este incluyendo Guanabo evidencian cierto grado de deterioro entre los que pueden citarse: basureros, calles en mal estado, erosión y pérdida de la playa, destrucción de la duna, vertimiento de aguas residuales, construcciones en la zona costera y de protección (CORTÉS MACÍAS, R., Y REMOND NOA, R., 2008).

Las razones fundamentales por las cuales esta comunidad fue elegida para el presente análisis se deben a la existencia de estudios sobre el territorio, unido a que es una comunidad costera sujeta a los efectos del cambio climático, las marejadas ciclónicas, las inundaciones costeras por penetraciones del mar y problemas en la infraestructura urbana de redes pluviales y albañales, los cuales incrementan los riesgos y requieren una actuación resiliente para su recuperación (Coca *et al.*, 2021).

La aplicación previa de la Herramienta de Estimación Rápida de Riesgo desarrollada por UNISDR y Deloitte en la comunidad arrojó que los Peligros Hidrológicos principales son: inundación costera, el de mayor relevancia (Riesgo Alto); inundación repentina y erosión costera, estos dos últimos categorizados como Riesgos Moderados. Los Peligros Meteorológicos Viento, Relámpagos y Tornados por su parte se consideraron Riesgos Medios. Como resultante para esta comunidad se reconoció un escenario de riesgos combinados que integran peligros Hidrológicos y Meteorológicos

La aplicación de la Herramienta de Autoevaluación para la Resiliencia frente a desastres Nivel Preliminar ofrece una evaluación previa de la resiliencia de la comunidad. Constituye la base a partir de la cual se pueden conocer los indicadores fundamentales que permiten valorar el nivel de resiliencia de la comunidad y, en consecuencia, identificar aquellos que son más deficitarios y deben ser corregidos o fortalecidos (UNISDR, 2017).

2. Materiales y métodos

Se utilizaron como materiales la recopilación de la información científico-técnica de estudios realizados por entidades especializadas y las experiencias de la comunidad reflejadas en talleres y encuestas, lo cual sirvió de base para la aplicación de la Herramienta de Estimación Rápida de Riesgo desarrollada por UNISDR a líderes y actores claves representantes de la comunidad. De aquí se extrae una visión primaria del comportamiento de los riesgos en el escenario de la comunidad de Guanabo, lo cual facilitó la aplicación de la Herramienta de Autoevaluación para la resiliencia frente a desastres a nivel local, Nivel preliminar.

La metodología empleada tuvo tres etapas: 1. Preparación para la evaluación, 2. Aplicación de la encuesta basada en los 10 aspectos esenciales para la campaña de las ciudades resilientes, y 3. Procesamiento de los datos de la encuesta y caracterización del estado de la resiliencia.

La herramienta de evaluación preliminar es un producto desarrollado por la Oficina de las Naciones Unidas para la Reducción del Riesgo de Desastres UNISDR como apoyo a la implementación del Marco de Sendai para la Reducción del Riesgo de Desastres 2015-2030. Sus objetivos son: 1. Asistir a los países y a los gobiernos locales en el monitoreo y en la revisión del progreso y los posibles retos en la implementación del Marco de Sendai, y 2. Apoyar el desarrollo de estrategias y planes locales para la reducción de riesgo (Planes de acción para la resiliencia). Considera a la resiliencia, tal y como se encuentra definida por el Marco de Sendai, y en el contexto de las ciudades;

este concepto incluye, además, tanto la habilidad de soportar como recuperarse de impactos agudos humanos y naturales. Por otra parte, contempla la capacidad de la ciudad de comprender los riesgos de desastres, mitigarlos y responder a ellos, minimizando en el futuro inmediato y a largo plazo, la pérdida de vidas y las afectaciones a los medios de vida, las propiedades, la infraestructura, las actividades económicas y el medioambiente.

En tal sentido, la herramienta considera a la ciudad como un sistema de sistemas; donde, potencialmente cada uno de ellos (ej. sistemas de comunicaciones, agua, saneamiento, energía, salud, asistencia social, legislación, educación, negocios, sistemas sociales y comunitarios) cuenta con diferentes líderes y actores clave. Por consiguiente, la creación de resiliencia necesita ser considerada en, y a través de cada uno de estos sistemas; por lo tanto, sólo puede ser obtenida a través de una colaboración efectiva (UNISDR, 2017).

La herramienta está estructurada en 10 Aspectos Esenciales de la Campaña Mundial para Desarrollar Ciudades Resilientes, los cuales ofrecen una amplia cobertura de rango de temas que una ciudad debe atender para ser más resiliente frente a desastres:

Aspecto esencial 1: Organizarse para la resiliencia.

Aspecto esencial 2: Identificar, comprender y utilizar los escenarios de riesgos actuales y futuros.

Aspecto esencial 3: Fortalecer la capacidad financiera para la resiliencia

Aspecto esencial 4: Promover el diseño y desarrollo urbano resiliente

Aspecto esencial 5: Proteger las zonas naturales de amortiguación para mejorar las funciones de protección de los ecosistemas.

Aspecto esencial 6: Fortalecer la capacidad institucional para la resiliencia

Aspecto esencial 7: Comprender y fortalecer la capacidad social para la resiliencia

Aspecto esencial 8: Aumentar la resiliencia de la infraestructura vital

Aspecto esencial 9: Asegurar una respuesta efectiva a los desastres

Aspecto esencial 10: Acelerar el proceso de recuperación y reconstruir mejor

Cada uno de estos aspectos esenciales contiene un número de preguntas que permiten una caracterización de su estado actual. Las respuestas se evalúan en una escala de 0 a 3 ascendentes en valor.

La autoevaluación preliminar de la resiliencia fue implementada mediante un taller participativo (Figura 1), a través de una convocatoria a los principales actores sociales y gubernamentales representantes de la comunidad que integraron un grupo focal comunitario. El equipo del proyecto previamente creó un grupo de facilitadores encargados de conducir las preguntas guías de la encuesta de los 47 indicadores que se evalúan, mientras que otros miembros recogen las valoraciones que brindan los entrevistados, llegando a un consenso mediante un análisis y discusión colectiva de los presentes.

En esta comunidad trabaja el Grupo Comunitario de Apoyo a la Tarea Vida, nombre con el que se conoce popularmente el Plan de Estado para el Enfrentamiento al Cambio Climático en Cuba, el cual reconoce esa comunidad costera como prioridad ante la amenaza de las penetraciones del mar que cuenta con el apoyo de la Fundación Antonio Núñez Jiménez. Esta organización ha estado trabajando en alianza con las entidades encargadas de implementarla en los sectores más urbanizados donde persisten problemas ambientales con evidente impacto en la esfera social. Esto ha propiciado un proceso participativo ciudadano, de conocimientos y compromisos de la comunidad y las instituciones del gobierno local que facilitó la obtención de respuestas más precisas de los problemas de la comunidad que influyen en la resiliencia (González Martín, M., 2019).

Figura 1. Grupo Focal Comunitario en el taller para obtener los datos para el procesamiento de la herramienta de autoevaluación de la resiliencia. Fuente. Fotografía propia

RESULTADOS Y DISCUSIÓN

Se analiza el comportamiento de la resiliencia según los 10 aspectos esenciales de la campaña mundial de ciudades resilientes (UNISDR, 2017).

Aspecto esencial 1. Organizarse para la resiliencia.

En este esencial se obtiene una puntuación de cinco de nueve posibles, 55 % del total que representa el nivel de efectividad de dicho aspecto.

El más deficiente es el referido a la inexistencia de un plan específico en la comunidad para la reducción del riesgo de desastres (RRD). Existe un Plan de Reducción del Riesgo de Desastres (PRRD) a nivel del municipio Habana del

Este que contiene las medidas de reducción de riesgos de desastres a ese nivel, del cual se derivan medidas para el consejo popular, sin embargo, estas no responden con la estructura de los 10 aspectos esenciales de la campaña Desarrollando ciudades resilientes.

Otros dos aspectos fueron mejor evaluados, ellos son la existencia de mecanismos interinstitucionales (sectoriales) para abordar RRD, aunque por la situación económica y financiera actual en el país, no se dispone de todos los recursos necesarios para abordar estos procesos; y el otro, referido a la integración de la resiliencia en las funciones esenciales de la gobernabilidad de la ciudad, en la que no se logra la integralidad en la inclusión de los procesos que generan resiliencia en todas las funciones esenciales y proyectos, no obstante, de manera general se comprenden los beneficios que esto aportaría. Por lo tanto, puede decirse que la ciudad está parcialmente organizada para la resiliencia, y se requiere tomar medidas para fortalecer los aspectos deficitarios.

Aspecto esencial 2. Identificar, comprender y utilizar los escenarios de riesgos actuales y futuros

Este aspecto se evalúa de bien, al recibir una puntuación de 12 sobre 15, lo que representa un 80 % de efectividad, lo que evidencia que el gobierno local (municipal) y la comunidad en su conjunto (Consejo Popular Guanabo) identifican, comprenden y utilizan la información sobre los escenarios de riesgos actuales y futuros, tienen conocimiento de las principales amenazas, las más recurrentes y peligrosas, reconocen sus vulnerabilidades y los riesgos existentes en su territorio existe comprensión colectiva de los posibles fallos en cascada en los sistemas e infraestructura urbana, pero no hay suficientes recursos para el mantenimiento y modernización de su infraestructura vital y la actualización de los mapas sobre amenazas existentes es limitada y no se corresponde con los cambios urbanos principalmente en el uso de suelo. Sin embargo, es necesario tomar medidas por los distintos actores gubernamentales para una mejor gestión del riesgo de desastres e incremento de la resiliencia.

Aspecto esencial 3. Fortalecer la capacidad financiera para la resiliencia

Este aspecto recibió cuatro puntos de 16 posibles que representa un 25 % de efectividad siendo el más débil de los 10 evaluados. Entre las causas de tan baja efectividad, destaca que las empresas y organizaciones de la comunidad no tienen suficiente conocimiento ni la estructura adecuada que garantice una mejor gestión de los recursos financieros, lo cual limita la generación de dividendos para la resiliencia. De manera similar ocurre con la existencia de una cobertura de seguros en la comunidad, pues no existe suficiente cultura en este aspecto, tanto en las personas naturales, como en las empresas que atienden la infraestructura comercial y pública.

En el aspecto que valora si existen incentivos para diferentes sectores y segmentos de las empresas y la sociedad para apoyar el fortalecimiento de la resiliencia, se consideró que la cultura existente es nula, lo cual es un tema a priorizar por las autoridades, en una ciudad que está sometida a riesgos de desastres de tipo hidrometeorológicos de manera frecuente y con alta probabilidad de ocurrencia. El aspecto mejor evaluado se refiere a la existencia de planes financieros a nivel de las entidades estatales las cuales destinan un por ciento del presupuesto a las medidas de prevención de desastres, pero en ocasiones es insuficiente y no se cumple íntegramente. En resumen, se hace necesario invertir en la resiliencia, no solo financieramente, sino también implementando mejores mecanismos administrativos y distribuyendo mejor los recursos que se disponen; así como incrementar la gestión para identificar y desarrollar mecanismos financieros que puedan apoyar las actividades para la resiliencia.

Aspecto esencial 4. Promover el diseño y desarrollo urbano resiliente

La efectividad de este aspecto es de un 31,25 % constituyendo otro aspecto esencial deficitario. Existe conocimiento de los problemas generados por la ubicación incorrecta de algunas edificaciones ante el impacto de los eventos de penetración del mar. Aunque en la planeación urbanística para el desarrollo futuro se contempla el riesgo, aun no se implementan todas las posibles medidas prácticas dirigidas a fortalecer la resiliencia. En la Figura 2 se aprecia un plan de ordenamiento urbano, donde se recogen las medidas requeridas para contribuir a reducir riesgos de desastres, sin embargo, en la práctica no todas se han ejecutado por diferentes razones que van desde factores objetivos (falta de recursos materiales y financieros) como subjetivos (falta de organización, insuficiente sensibilización de algunos actores implicados en las tareas, entre otras).

Figura 2. Mapa del plan de ordenamiento urbano para el desarrollo turístico en la comunidad que contempla las inundaciones costeras por penetración del mar Fuente: DPPF (2015).

Con respecto a la existencia de normas y códigos de construcción, su uso y actualización por las entidades gubernamentales correspondientes, se ha considerado que existen para amenazas y riesgos, pero, sin embargo, no hay evidencia de su actualización sistemática.

En resumen, se considera necesario una práctica más proactiva en el diseño y el desarrollo urbano de la ciudad de Guanabo, no solo en el reasentamiento de las edificaciones de la zona costera, sino incluir otros aspectos del diseño en función de la resiliencia a partir de estudios realizados por universidades, entidades de la ciencia y experiencias internacionales de la campaña mundial de ciudades resilientes.

Aspecto esencial 5. Proteger las zonas naturales de amortiguación para mejorar las funciones de protección de los ecosistemas

Uno de los de mejor comportamiento en la comunidad de Guanabo con un puntaje de siete sobre nueve para un 77,7 % de efectividad. Significa que la comunidad está comprometida con su medio ambiente y ecosistemas naturales como zonas de amortiguación para su protección. Se destaca la labor de la fundación La Naturaleza y el Hombre con la comunidad creando grupos comunitarios para educación ambiental promoviendo la protección de la zona costera, las dunas, el saneamiento ambiental de la zona de playa, la protección y cuidado del ecosistema de manglar, entre otras acciones. Aunque, no hay una valoración adecuada científico-económica del potencial de los servicios ecosistémicos de la localidad; lo que debe mejorarse en la estrategia para el fortalecimiento de la resiliencia socioecológica. Respecto a las políticas verde y azul se aprecia la promoción de cierta infraestructura verde a nivel nacional, pero es muy limitada la implementación a nivel local y en las políticas sobre la infraestructura azul no hay antecedentes de su implementación.

Aspecto esencial 6. Fortalecer la capacidad institucional para la resiliencia

Este es otro aspecto evaluado con más problemas con siete puntos sobre 18 que representa un 38,8 % de efectividad. Implica que existe poca o ninguna acción de capacitación sobre aspectos del riesgo y la resiliencia dirigidos a actores gubernamentales, empresariales y ciudadanía; no se han implementado el intercambio de conocimientos y experiencias de otras ciudades y existen vacíos en cuanto a la gobernabilidad, intercomunicación entre todos los actores y disponibilidad de recursos, lo que le impide acceder completamente a las destrezas y experiencias que se necesitan para reducir sus riesgos y responder a los desastres de manera proactiva, por lo que recibe una evaluación mínima. Las insuficiencias señaladas indican la necesidad de fortalecer la capacidad institucional del gobierno local, sus entidades empresariales gubernamentales y no gubernamentales, diseñando e implementando estrategias de capacitación para elevar el conocimiento de las acciones que generan resiliencia en los planes de reducción de riesgo de desastres y adaptación al cambio climático.

Aspecto esencial 7. Comprender y fortalecer la capacidad social para la resiliencia

La efectividad en este aspecto es de un 58,3 %. Esta se manifiesta en que las organizaciones de la comunidad están cohesionadas, son conscientes de la necesidad de la reducción del riesgo de desastres (RRD) y apoyan los esfuerzos de sensibilización, sin embargo, no toman parte activa en la planificación, aunque sí lo hacen durante las acciones de respuesta a un evento de desastres cuando son convocadas. En cuanto a la existencia de programas de capacitación ofrecidos regularmente a grupos más vulnerables y poblaciones necesitadas se cuenta con bases de datos de este tipo de población, pero no se ha organizado programa regular de capacitación. Se ha podido constatar que la mayor parte de los negocios estatales cuentan con planes para casos de desastres, pero no ocurre lo mismo en el sector privado. Se requiere sensibilizar, capacitar y exigir al sector privado la elaboración de dichos planes; y trabajar con el sector gubernamental en la revisión y actualización periódica de los mismos según lo establece la legislación cubana en materia de RRD.

Aspecto esencial 8. Aumentar la resiliencia de la infraestructura vital

Las bajas evaluaciones de seis de los nueve aspectos condicionan un 55,5 % de efectividad. En esto influye que la principal barrera de protección contra las penetraciones del mar lo constituye la duna, la cual se ha perdido por el efecto de las construcciones en la zona costera, así como por roturas en la red de aguas pluviales y albañales con el consiguiente drenaje hacia la playa deteriorando la duna (Figuras 3 y 4)

Figura 3. Derrame de aguas albañales mezcladas con pluviales que se vierten directamente sobre las zonas de baño de la Playa. Fuente: González Martín, M. (2019)

Figura 4. Construcciones en la zona costera que han afectado la duna como barrera protectora. Fuente: González Martín, M. (2019)

La restauración de la duna, entre las acciones más importantes, requiere de la demolición de todas las construcciones que están en la zona costera y la ejecución de nuevas redes de drenaje de aguas pluviales y albañales que eviten el vertimiento directo sobre la playa, su contaminación y la erosión que esto produce sobre la duna. Una parte de las construcciones de esa zona ya han sido demolidas, fundamentalmente servicios estatales, pero aún quedan viviendas a cuyos residentes para convencerlos debe ofrecérsele condiciones ventajosas en otros sitios de la propia comunidad.

Estas acciones representan una gran inversión que debe asumir el gobierno, razones por lo cual se ha demorado su ejecución. Se han realizado algunas acciones de mejoramiento que incluyen también el abastecimiento de agua potable, pero no alcanzan a todos los aspectos necesarios para reducir los riesgos de forma efectiva, por lo que es muy probable que se produzcan serias pérdidas ante el escenario de desastres por inundaciones costeras por penetración del mar.

Algunos servicios e infraestructuras son susceptibles de sufrir grandes pérdidas ante las penetraciones del mar en un escenario de desastres crítico tanto para el más probable, como para el más severo. Entre ellos la infraestructura de electricidad, del transporte, de las comunicaciones y algunos planteles educativos.

En definitivas, la comunidad requiere acometer un plan de acciones para fortalecer la resiliencia de la infraestructura vital ante la ocurrencia de desastres para la condición más crítica, medidas que involucran al gobierno local, a las empresas responsables de estos servicios vitales y a los miembros de la comunidad en lo que respecta al cumplimiento de las normas y planes que se establezcan.

Aspecto esencial 9. Asegurar una respuesta efectiva ante los desastres

Este aspecto esencial ha sido evaluado por el Grupo Focal como el más integral y eficiente de los 10 aspectos con 95 % de efectividad. Y esto obedece a una razón principal: en la comunidad del Consejo Popular Guanabo, como en prácticamente todas las comunidades, pueblos y ciudades de Cuba, la población ha adquirido una capacidad incuestionable para enfrentarse, absorber recuperarse y transformarse ante los eventos de desastre. Lo anterior se complementa con la existencia de planes de actuación ante los eventos de peligro en todas las etapas del ciclo de los desastres, se dominan las acciones a ejecutar en cada una de las fases, y todo ello con un procedimiento dirigido por los órganos de la Defensa Civil de Cuba.

Aspecto esencial 10. Acelerar el proceso de recuperación y reconstruir mejor

Este aspecto recibe una puntuación global de 5 puntos de 6 posibles para un 83,3 % de efectividad. En ello ha influido que en la comunidad existe una buena valoración sobre el proceso de recuperación y de reconstrucción mejor. Se han creado fortalezas y capacidades en la comunidad y sus actores fundamentales, puestas de manifiesto en a la existencia de los planes para la recuperación y reconstrucción después de un evento.

Se han establecido procedimientos como lecciones aprendidas a partir de fallas ocurridas después de un desastre, pero se deben mejorar los mecanismos (procesos) para incorporar estas lecciones en el diseño y ejecución de los proyectos de reconstrucción.

La resiliencia global de la comunidad del Consejo Popular Guanabo.

La puntuación general para la evaluación de la resiliencia ante desastres de la comunidad del Consejo Popular Guanabo (CPG), Habana del Este, Cuba, es de 88 /141, que representa una efectividad global del 62,4 %. Esto significa que las fortalezas y capacidades resilientes de la comunidad no son suficientes, requieren ser fortalecidas en los 10 aspectos esenciales.

Como se aprecia en la Figura 5, el aspecto mejor evaluado es el referido a garantizar una respuesta efectiva a los desastres. Este comportamiento obedece a que en el territorio existe una población con conocimiento de las acciones a realizar en cada etapa del ciclo del desastre; hay un centro de gestión para la reducción de riesgos de desastres a nivel de municipio que coordina, dirige y supervisa la existencia y cumplimiento de las estrategias para la reducción de las vulnerabilidades, para evitar la exposición y ejecutar el aviso temprano y la movilización hacia zonas seguras de la población en riesgo de conjunto con el gobierno del consejo popular y la realización de ejercicios comunitarios de participación ciudadana al menos una vez por año. Todo ese conjunto de medidas ha propiciado una capacidad relevante de la comunidad para el enfrentamiento y recuperación tras el desastre.

Figura 5. Comportamiento de los 10 aspectos esenciales en la Comunidad del Consejo Popular Guanabo. Fuente: Elaboración propia de los autores

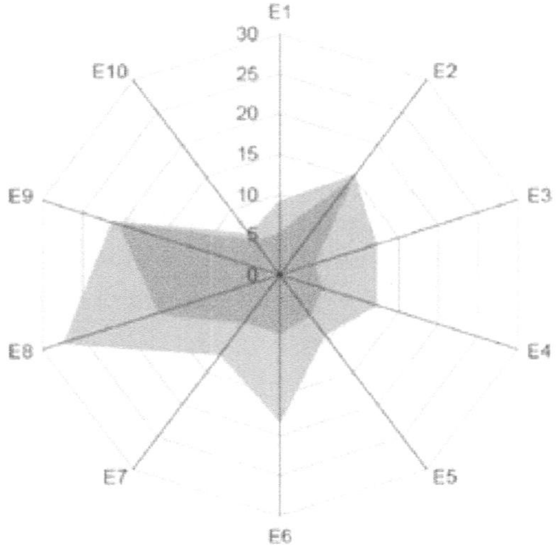

La identificación, comprensión y utilización de los escenarios de riesgos actuales y futuros, constituye una fortaleza de la comunidad. Esto permite una respuesta adecuada a los eventos de desastres y aunque existen los escenarios de desastres para distintas amenazas posibles el nivel de actualización es limitado.

Otro aspecto evaluado con una efectividad de un 60 % es el referido a la resiliencia de la infraestructura vital de la comunidad, no obstante, es imprescindible acometer un plan de acciones de fortalecimiento para el escenario más probable que es el de inundaciones por penetración del mar.

El resto de los aspectos evaluados no satisfacen las condiciones propias que contribuyan al fortalecimiento de la resiliencia, destacándose negativamente y peor evaluado la capacidad financiera para la resiliencia. Por lo que se requiere un plan de medidas que incluya los déficits de capacidades que debe ser propuesto a las autoridades gubernamentales del municipio y del Consejo Popular Guanabo.

3. Conclusiones

Este trabajo fue desarrollado por un grupo de investigadores de distintas universidades de Cuba, pertenecientes a la Red Iberoamericana para la Formación de Comunidades Resilientes ante Riesgos y Desastres por Eventos Naturales Extremos (RIFOREDEx), que se llevó a cabo en la comunidad del Consejo Popular Guanabo, Habana del Este, Cuba.

Se utilizó la metodología de la Oficina de las Naciones Unidas para la Reducción del Riesgo de Desastres (UNISDR, 2017), que emplea una herramienta que permite evaluar los 10 aspectos que se consideran relevantes para que una ciudad se considere resiliente frente a desastres a nivel local estructurados en tres grupos principales: el primero los relacionados con la gobernabilidad y la capacidad financiera; el segundo con las diferentes dimensiones de planeación y preparación frente a desastres y el tercero con la respuesta y recuperación ante desastres. Se considera una herramienta muy eficaz al evaluar un amplio rango de temas que una ciudad debe atender para ser más resiliente frente a desastres y ofrecer con rapidez los resultados graficados apreciación y uso inmediato.

La evaluación se llevó a cabo mediante un ejercicio de análisis y discusión colectiva de un grupo focal comunitario y como resultado se obtuvo una capacidad de resiliencia de 62,4 % que refleja insuficiencias para enfrentar los eventos adversos, asimilarlos, superarlos y transformarlos en mejores cualidades.

Estos resultados constituyen la base para a partir de los déficits identificados, diseñar el Plan de Medidas para el Fortalecimiento de la Resiliencia de la comunidad del Consejo Popular Guanabo.

Este plan de medidas se pondrá en manos del gobierno local (Intendente municipal y presidente del Consejo Popular Guanabo) y diferentes actores de la comunidad, como el Plan de Medidas para el Fortalecimiento de la Resiliencia de la comunidad del Consejo Popular Guanabo, herramienta que permitirá monitorear y supervisar el cumplimento de las medidas.

4. Referencias bibliográficas

Acevedo, Rodríguez, P., García Verdecia, A., y Fernández Navarro, M. «Caracterización de Playas del Este y su área de influencia», en *Turismo, cooperación y posibilidades de desarrollo en Playas del Este (La Habana-Cuba) y su zona de influencia,* obra colectiva, editor Enrique Navarro Jurado, Málaga, España: Servicio de Publicaciones (Centro de Ediciones de la Diputación Provincial de Málaga), 2008, págs. 57-87.

Coca Rodríguez, O., y Rodríguez Betncourt, L. «Sector Playa Guanabo». *Readaptación participativa y resiliente ante el cambio climático.* Arquitectura y Urbanismo (enero-abril 2021) 42(1), págs. 94-104.

COLECTIVO DE AUTORES. *Atlas de inundaciones costeras por penetraciones del mar en Ciudad de La Habana, causas y consecuencias.* Departamento de Meteorología Marina, Instituto de Meteorología. Cuba, 2004, S.L,

CORTÉS MACÍAS, R., Y REMOND NOA, R. «Los Sistemas de Información Geográfica aplicados al estudio y diagnóstico ambiental de la zona costera de Playas del Este, La Habana, Cuba» en *Turismo, cooperación y posibilidades de desarrollo en Playas del Este (La Habana-Cuba) y su zona de influencia, obra colectiva,* editor Enrique Navarro Jurado, Málaga, España: Servicio de Publicaciones (Centro de Ediciones de la Diputación Provincial de Málaga). 2008, págs.111-136.

DPPF, *Actualización Plan de Ordenamiento Polo Turístico Playas del Este,* Dirección Provincial Planificación Física La Habana, La Habana, Cuba, 2015, S.L, Recuperado de: https://pf.cinesoft.cu/wp-content/uploads/2020/11/plan_de_ordenamiento_urbano_playas_del_este.pdf

ECURED, Guanabo*, La Habana del Este.* Cuba. 2021, S.L, Enciclopedia cubana. Formato digital. Recuperado de: http://www.ecured.cu

GONZÁLEZ MARTÍN, M. *Un siglo de transformación ambiental.* Grupo Comunitario de Apoyo a la Tarea Vida en Guanabo, La Habana, 2019, 32 pág. Informe inédito.

MC CAUL, B., Y MITSOUDI, A. «Análisis de la resiliencia de las comunidades ante desastres»*. Caja de herramientas ARC-D.* Manual de guía de usuarios. Segunda Edición, GOAL, 2016, S.L, Recuperado de: https://resiliencenexus.org/wp-content/uploads/2020/05/ARC-ToolkitUserManualB01_SPANISH_Version_A03.pdf

SALINAS CHÁVEZ, E., NAVARRO JURADO, E., Y TRIANA CORDOVÍ, J. «El futuro de Playas del Este y la ordenación del territorio» en *Turismo, cooperación y posibilidades de desarrollo en Playas del Este (La Habana-Cuba) y su zona de influencia. obra colectiva,* editor Enrique Navarro Jurado, Málaga, España: Servicio de Publicaciones (Centro de Ediciones de la Diputación Provincial de Málaga). 2008, págs. 179-199.

UNISDR, *Marco de Sendai para la reducción del riesgo de desastres 2015-2030,* 2015, Oficina de las Naciones Unidas para la Reducción del Riesgo de Desastres (UNISDR), UNISDR/GE/2015 - ICLUX ES, 1 edición, S.L Recuperado de: https://www.unisdr.org/files/43291_spanishsendaiframeworkfordisasterri.pdf

UNISDR. *Herramienta de Autoevaluación para la Resiliencia frente a Desastres a Nivel local. Evaluación Preliminar.* Oficina de las Naciones Unidas para la Reducción del Riesgo de Desastres (UNISDR), 2017, S.L, Recuperado de: https://eird.org/camp-10-15/docs/herramienta-evaluacion.pdf

WIKIPEDIA. Guanabo, La Habana del Este. Cuba. 2021, s.l. Wikipedia la enciclopedia libre, visita Google 11 de octubre 2021. Recuperado de: http://www.wikipedia.com

CAPÍTULO 7

ANÁLISIS DE LA RESILIENCIA COMUNITARIA Y LA PROTECCIÓN CIVIL ANTE INUNDACIONES EN LA MICRORREGIÓN POTINASPAK, TUXTLA GUTIÉRREZ, MÉXICO

Juan Antonio Álvarez Trinidad
Universidad Autónoma de Chiapas

Octavio Grajales Castillejos
Centro de Estudios para el Desarrollo Municipal y Política Públicas e Integrante del Núcleo Básico del doctorado en Estudios Regionales
Universidad Autónoma de Chiapas

José Alfredo Jáuregui Díaz
Instituto de Investigaciones Sociales de la Facultad de Filosofía y Letras
Universidad Autónoma de Nuevo León

Resumen: La investigación aborda la resiliencia comunitaria y la protección civil en la microrregión urbana de riesgo a inundación Potinaspak en Tuxtla Gutiérrez, Chiapas, México. El objetivo fue evaluar la resiliencia comunitaria durante 2015-2020 desde la perspectiva de la sustentabilidad. El estudio, de enfoque mixto, revela particularidades cualitativas, como las dinámicas del territorio común y las relaciones de cooperación frente a las inundaciones. Cuantitativamente, se determina que la resiliencia comunitaria es REGULAR, con un índice aproximado de 0,496. Los actores demuestran sentido de pertenencia, fortaleciendo vínculos y solidaridad. Desarrollan estrategias para enfrentar inundaciones, colaborando con gobiernos y privados. Se destaca la necesidad de robustecer aspectos como gobernanza, evaluación del riesgo, conocimiento y educación, gestión del riesgo, preparación y respuesta a desastres para fortalecer la política pública de protección civil local desde la perspectiva de la sustentabilidad.

Palabras clave: sustentabilidad, gestión del riesgo, políticas públicas, metodología mixta.

1. Introducción

El cambio climático y sus efectos plantean un desafío global debido a la complejidad de la problemática, la variedad de factores involucrados y los diversos actores afectados. Uno de los impactos más notorios se relaciona con los fenómenos hidrometeorológicos, especialmente las intensas precipitaciones pluviales y las posibles inundaciones resultantes, particularmente en áreas urbanas situadas en cuencas y microcuencas.

La tendencia y la intensidad de estos fenómenos están en aumento significativo, generando crecientes costos sociales, económicos y de infraestructura pública en varios países de Latinoamérica. Además, afectan considerablemente a la población, con daños a viviendas, medios de vida, integridad, economía y autoestima colectiva, sin olvidar el aumento de muertes directas o indirectas asociadas a estos eventos.

Entre los fenómenos extremos de mayor impacto se encuentran las inundaciones, consideradas desastres debido al grado de daño que pueden causar en áreas geográficas específicas. Estas representan un problema complejo para los asentamientos humanos en zonas urbanas, como es evidente en Tuxtla Gutiérrez, Chiapas, que se encuentra en la microcuenca del río Sabinal, siendo vulnerable a inundaciones, especialmente durante la temporada de lluvias de mayo a octubre.

Un ejemplo claro es el río Potinaspak, conocido como «el Poti», que cruza más de 20 colonias en su recorrido de 7.9 km antes de confluir con el río Sabinal en el centro de la ciudad. Esta área, con una población de aproximadamente treinta mil habitantes, es considerada de alto riesgo de inundaciones por las autoridades de protección civil debido a antecedentes de este tipo de fenómenos.

Considerando los antecedentes y tendencias globales, regionales y locales de fenómenos hidrometeorológicos extremos, como las inundaciones, se configura un problema complejo y sistémico en Tuxtla Gutiérrez, especialmente en la microrregión de riesgo Potinaspak. Este fenómeno tiene relevancia social, económica, política y gubernamental debido a sus repercusiones multidimensionales. La revisión documental destaca discusiones académicas sobre los vacíos de conocimiento en resiliencia comunitaria y protección civil, señalados por Estrada (2014), Balvanera *et al.* (2017), Morán (2017), Rojas (2018) y Alcántara-Ayala *et al.*, (2019).

Por tanto, el objetivo de la presente investigación fue evaluar la resiliencia comunitaria en la microrregión de riesgo a inundación Potinaspak; durante el periodo 2015–2020, desde la perspectiva de la sustentabilidad, en Tuxtla Gutiérrez, Chiapas; México. La investigación se enfoca en identificar las fortalezas, debilidades, oportunidades y amenazas específicas de la resiliencia comunitaria en la microrregión, con el objetivo de contribuir a la creación de una cultura y política pública local de protección civil.

De manera esquemática la investigación se divide en seis apartados, el primero es un marco teórico donde se exponen cuatro perspectivas desde las cuales se abordó el tema de estudio; el segundo es un marco de referencia, en él se describe el espacio geográfico donde se desarrolla el estudio; en el tercero, se presenta la metodología utilizada en su realización; el cuarto aborda los resultados encontrados; en el quinto se resaltan los principales hallazgos encontrados. Finalmente, se incluye la bibliografía utilizada en el apartado seis.

2. Marco teórico

2.1. Sistemas socioecológicos y resiliencia comunitaria

Los sistemas socioecológicos, fundamentados en el paradigma sistémico, ofrecen un enfoque transdisciplinario y holístico para comprender las complejas relaciones entre las personas y los ecosistemas, especialmente en el contexto del cambio climático. Los desastres se consideran fenómenos complejos que influyen en la continuidad y desarrollo de estos sistemas (Álvarez y Grajales, 2022)

El surgimiento de los sistemas socioecológicos se relaciona con la teoría general de sistemas, que busca principios aplicables a sistemas en diversas disciplinas. Estos sistemas se caracterizan por la interdefinibilidad de sus componentes y la imposibilidad de descomponerlos en partes separadas. La epistemología sistémica y la complejidad respaldan la perspectiva de los sistemas socioecológicos adaptativos (Von, 2019; Farhad, 2012).

El concepto de sistema complejo, según García (2013), involucra factores interdefinibles de distintas disciplinas. Un sistema representa una integración de elementos con el propósito de lograr objetivos específicos. La teoría general de sistemas busca crear modelos pertinentes y transferibles a diferentes disciplinas, y su objetivo incluye la conformación de una teoría amplia y generalista.

Los subsistemas, elementos más pequeños dentro de sistemas mayores, son una parte integral del pensamiento sistémico. La teoría de sistemas busca generar modelos pertinentes y transferibles a diferentes disciplinas, y su objetivo incluye la conformación de una teoría amplia y generalista (Bertoglio, 1993). Los sistemas socioecológicos se configuran con subsistemas naturales y sociales interdependientes, formando estructuras anidadas a diferentes escalas. Considerados sistemas complejos adaptativos, sus interacciones se auto organizan a lo largo del tiempo, dando lugar a fenómenos no lineales con umbrales definidos e indefinidos (Castillo y Velázquez, 2015).

El subsistema social abarca conductas e ideas en instituciones políticas, económicas y sociales, mientras que el subsistema natural comprende aspectos como ecosistemas y procesos físicos. El enfoque transdisciplinario y multiescalar permite la descripción, análisis y síntesis de estas complejidades (DE LOS RÍOS-CARDONA *et al.,* 2015).

Los sistemas complejos adaptativos buscan patrones vinculados al contexto y aprenden de la experiencia para adaptarse. Jerárquicamente organizados, estos sistemas presentan propiedades como la no linealidad y la auto organización, contribuyendo a su resiliencia y capacidad de adaptación (DELGADO *et al.*, 2019).

La relación ineludible entre resiliencia y adaptabilidad destaca en los sistemas socioecológicos. La resiliencia, entendida como la capacidad de enfrentar perturbaciones y crisis, es esencial para la sustentabilidad del sistema. La resiliencia comunitaria, en el contexto del cambio climático, fortalece a los grupos sociales para enfrentar desafíos, promoviendo la gestión y organización comunitaria (CERÓN *et al.*, 2020).

2.2. Política pública de protección civil y gestión integral del riesgo

La Política Pública de Protección Civil implica decisiones gubernamentales para abordar problemas de orden público, integrando a ciudadanos, actores políticos y sector privado (GARZA, 2006; CASAR y MALDONADO, 2008). La protección civil, según la Ley General de Protección Civil (2012), se centra en acciones solidarias coordinadas entre sectores público, privado y social, enfocadas en la Gestión Integral de Riesgos y Continuidad de Operaciones, para salvaguardar vida, bienes, infraestructura y medioambiente frente a riesgos naturales o antrópicos. IZU, (2009) la ve como reglas y recursos ante fenómenos catastróficos, mientras que la Comisión de Derechos Humanos del Estado de México, (2016) la considera un derecho a la integridad y bienestar durante desastres.

La Gestión Integral de Riesgo (GIR) destaca en el ámbito de la protección civil, adoptando una perspectiva sistémica basada en la teoría de sistemas (BARRANTES Y MÁRQUEZ, 2011). Esta aborda el riesgo como una situación crítica que puede desestabilizar sistemas sociales, requiriendo evaluación de amenazas, peligros y vulnerabilidades para diseñar políticas y acciones que reduzcan el riesgo y las vulnerabilidades asociadas (BOLLIN *et al.*, 2003; CHAVARRÍA CÓRDOBA *et al.*, 2016; UNESCO, 2011).

La gestión de riesgo de desastres busca revertir vulnerabilidades en infraestructura, actividades y entornos naturales mediante acciones gubernamentales y colaboración de actores académicos, privados y gubernamentales (CABRERA, 2021). La UNESCO (2011) destaca su carácter social y su importancia para el desarrollo sustentable, subrayando la necesidad de fundamentarla en investigación científica y el uso de información valiosa para orientar acciones y estrategias gubernamentales y sociales.

2.3. La sustentabilidad en la política pública

El término sostenible proviene del latín *sustenere*, que significa sostener o mantener elevado, y en el contexto ecológico implica el mantenimiento de los recursos naturales (Arce, 2018). En el ámbito del desarrollo, se refiere a satisfacer las necesidades presentes sin comprometer la capacidad de las generaciones futuras, considerando las dimensiones ecológica, social y económica.

En el contexto regional, surge un cuestionamiento sobre la incompatibilidad entre el crecimiento económico y el equilibrio ecológico (Artaraz, 2002). La sustentabilidad se presenta como un proceso sociopolítico y económico que busca satisfacer necesidades humanas bajo restricciones ecológicas y morales, con dimensiones ecológicas, sociales y económicas (Vergara y Ortiz, 2016).

Pamplona, (2000) establece seis principios que acotan el concepto de sustentabilidad, como el principio de irreversibilidad cero y la recolección sostenible. Las Naciones Unidas han influido en las agendas de política pública, pero algunas críticas argumentan que su enfoque se centra demasiado en la contaminación y descuida a los actores sociales (Sandoval-Forero & Gómez-Carmona, 2020).

El desarrollo sostenible busca satisfacer las necesidades presentes sin comprometer los recursos para las futuras generaciones (López *et al.*, 2005). Sin embargo, existen críticas a la visión desarrollista y conservacionista de las políticas públicas, abogando por la participación de actores locales (Sandoval-Forero y Gómez-Carmona, 2020). La construcción de una sociedad sustentable implica reconocer y valorar los capitales naturales y sociales críticos (Toledo Ocampo, 2010).

La participación ciudadana y el empoderamiento de actores locales son esenciales para políticas públicas efectivas (Manzanares, 2020). Los estudios regionales se centran en la interdisciplina y la región como unidad de análisis, destacando la importancia de entender las complejidades socioecológicas y climáticas (García, 2013).

2.4. Perspectiva microrregional

La región se define por aspectos geográficos, culturales y socioeconómicos, siendo una unidad integral que anida sistemas naturales y sociales (Rózga-Luter y Hernández-Diego, 2010). La regionalización aborda problemas desde diversas perspectivas, promoviendo enfoques interdisciplinarios. Los estudios contemporáneos integran la descripción de particularidades regionales y la adaptación a contextos globales (Avalos *et al.* 2015). En este marco, las políticas públicas deben considerar la relación entre subsistemas natural y social, integrar los ejes de sustentabilidad y buscar equilibrio entre perspectivas tecnocráticas, administrativas y alternativas.

La microrregión se aborda como una unidad de análisis, planeación y acción en el marco de la sustentabilidad, refiriéndose a un espacio territorial definido con relaciones sociales, económicas y culturales a lo largo del tiempo. Destaca por su homogeneidad y capacidad para diversas acciones naturales y sociales. Se caracteriza por ser una porción espacial relativamente homogénea, con una escala microrregional definida por construcciones político-técnicas-administrativas que involucran actores clave. Incluye tanto áreas urbanas como rurales, y su definición territorial no se limita a aspectos político-administrativos, permitiendo variabilidad geográfica.

En un enfoque regional, se propone un estudio que integra las dimensiones social y natural, definiendo una región socioecológica compuesta por subregiones social y natural, territorializadas desde perspectiva política-administrativa y de sistemas hidrográficos (Figura1).

Figura 1. Conceptualización de la microrregión del riesgo a inundación. Fuente: elaborado a partir de Álvarez *et al.*, (2023).

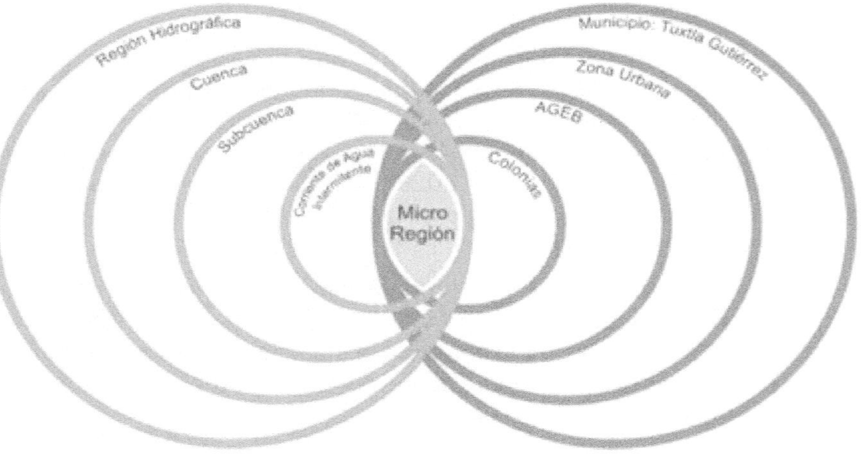

3. Área de estudio

En base a las perspectivas conceptuales presentadas, se propone un estudio regional que integre las dimensiones social y natural, abordadas desde la perspectiva de los sistemas socioecológicos. Este enfoque busca definir una región socioecológica, que resulta de la combinación de una subregión social, delineada desde la perspectiva política y administrativa, donde se encuentran los actores clave en los ámbitos social, gubernamental y privado. Simultáneamente, la subregión natural se establece a partir de la integración de los conceptos de cuenca, subcuenca y red hidrográfica; la conjunción de todos estos elementos configura la microrregión de riesgo a inundación Potinaspak (Figura 2).

Figura 2. Microrregión de riesgo a inundación Potinaspak. Fuente: elaboración propia a partir de INEGI (2022) y H. Ayuntamiento Municipal de Tuxtla Gutiérrez (2015)

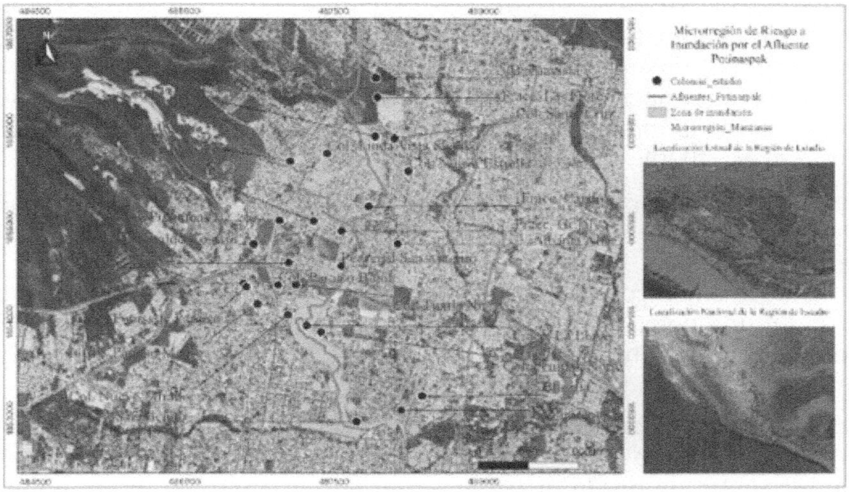

4. Metodología

La investigación adoptó un enfoque mixto para abordar la resiliencia comunitaria frente a inundaciones, integrando datos cualitativos y cuantitativos desde la perspectiva microrregional. Los objetivos incluyen profundizar en la resiliencia comunitaria y estimar esta capacidad en la microrregión Potinaspak. Se eligió el diseño mixto complementario para obtener dos imágenes distintas de la realidad social y enriquecer la comprensión de los hechos. La investigación siguió una secuencia en la recolección y análisis de datos, manteniendo resultados independientes para luego realizar meta-inferencias. La línea cualitativa aborda la definición empírica de la resiliencia comunitaria mediante actores clave en el territorio.

La investigación se centró en la microrregión Potinaspak, utilizando un muestreo por juicio para seleccionar actores sociales y gubernamentales con criterios espaciales y temporales. Para actores sociales, se consideraron condiciones como residir en la microrregión desde 2010, haber experimentado inundaciones y ser mayor de edad. Se implementaron entrevistas semiestructuradas, observación no participante y cartografías participativas como instrumentos para la recolección de datos.

La investigación abordó la resiliencia comunitaria frente a inundaciones desde la perspectiva de actores de los actores sociales, Se enfocó en comprender cómo la comunidad modificó su entorno construido debido a las inundaciones, explorando tanto aspectos objetivos como subjetivos.

La utilización de múltiples métodos de recolección de datos permitió una comprensión holística de la resiliencia comunitaria, integrando tanto la experiencia de los habitantes en relación con los escenarios de inundación.

En el estudio se incorporó una fase cuantitativa en paralelo a la cualitativa. En este contexto, se destaca la importancia de construir un indicador compuesto basado en índices, herramientas valiosas para recopilar, procesar y presentar información cuantitativa y cualitativa sobre variables específicas, facilitando la toma de decisiones y la formulación de políticas públicas (Suárez *et al.*, 2020).

Se observó una tendencia en investigaciones relacionadas con la resiliencia a inundaciones, como los estudios Castillo (2009), Castillo *et al.* (2014), Martínez *et al.* (2018) y Chávez *et al.*, (2019), que recurren a índices para abordar problemas complejos. La metodología empleada en estos estudios, basada en una perspectiva sistémica que define áreas, componentes, indicadores y variables, ha sido adoptada para plantear un Índice de Resiliencia Comunitaria en la microrregión de estudio.

La estrategia de construcción del índice sigue un enfoque aditivo ponderado, utilizando el Área Geoestadística Básica (AGEB) como unidad de análisis geográfico, elegida por la disponibilidad de información gubernamental en fuentes secundarias y terciarias (INEGI, 2021). Tras la recolección y procesamiento de datos, se estableció una escala cualitativa para comprender el comportamiento de áreas y componentes, y mediante sistemas de información geográfica, se llevó a cabo la representación espacial de los resultados.

El análisis espacial, fundamentado en la ciencia geográfica y aprovechando sistemas de información geográfica, emerge como un enfoque crucial para describir y visualizar patrones y tendencias en la resiliencia comunitaria y la protección civil en la microrregión de estudio. Este análisis no solo se centra en la localización y distribución de variables, sino que aborda conceptos clave como asociación e interacción espacial, proporcionando una comprensión integral del fenómeno estudiado (Baxendale y Buzai, 2011; Heras Gutiérrez *et al.*, 2020).

5. Índice de Resiliencia Comunitaria en la Microrregión de Riesgo a Inundación Potinaspak (IRCMRIP)

El diseño del índice parte de la adaptación de la propuesta de Cerón et al., (2020) que plantea la integración de cinco áreas fundamentales para la medición de la resiliencia comunitaria (Figura 3), desagregados en componentes, y luego en indicadores y variables (Tabla 2).

Figura 3. Áreas para la medición de la resiliencia. Fuente: elaboración a partir de GOAL (2015).

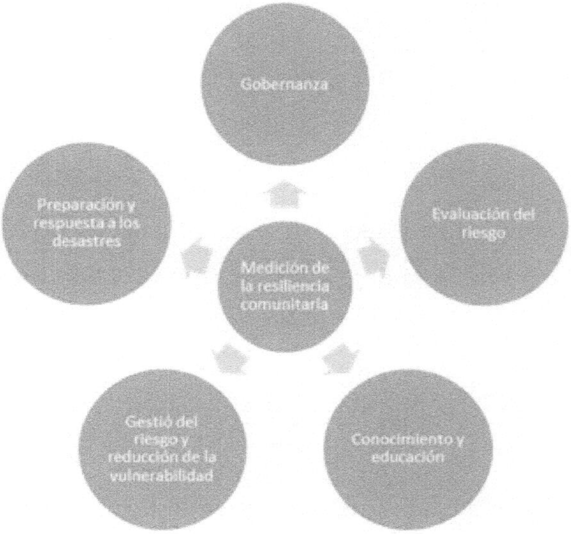

Con toda esta antesala se planteó el Índice de Resiliencia Comunitaria de la Microrregión de Riesgo a Inundación Potinaspak (IRCMRIP, tabla 2), el cual sigue el siguiente modelo propuesto por CASTILLO (2009), CASTILLO *et al.* (2014) y SUÁREZ *et al.* (2020):

$$IRCMRIP = IC_1 * PC_1 + IC_2 * PC_2 + IC_3 * PC_3 + IC_4 * PC_4 + IC_5 * PC_5; \forall PD \neq 0$$

Donde:

IRCMRIP: Índice de Resiliencia Comunitaria de la Microrregión de Riesgo a Inundación Potinaspak.

IC_i = indicador de resiliencia comunitaria en la componente IRCMRIP.

PC_1 = ponderación de la componente i en el cálculo del IRCMRIP.

Así también se tiene que:

$$\sum_{1}^{5} PC_i = PC_1 + PC_2 + PC_3 + PC_4 + PC_5 = 1$$

De igual manera, el indicador de resiliencia comunitaria en cada uno de sus componentes es obtenido mediante el modelo:

$$IC_i = \sum_{j}^{ni} I_{i,j} * P_{i,j} = I_{i,1} * P_{i,1} + I_{i,2} * P_{i,2} + \cdots + I_{i,ni} * P_{i,ni}; \ \forall P_{i,j} \neq 0$$

Donde:

$I_{i,j}$ = indicador simple j utilizado en la construcción del IRCMRIP.

$P_{i,j}$ = ponderación asignada al indicador j en el cálculo del IRCMRIP en la componente i.

$$\sum_{1}^{5} PC_i = PC_1 + PC_2 + PC_3 + PC_4 + PC_5 = 1$$

Cada uno de los indicadores que integran el IRCMRIP se clasificaron en positivo o negativo, según su contribución o detrimento a la resiliencia comunitaria; es decir, un indicador se considera positivo cuando a mayor valor de este, mayor resiliencia; por el contrario, un indicador negativo refiere a que, a mayor valor, menor resiliencia. A posteriori, se efectuó una estandarización, para garantizar la compatibilidad y escala de los datos y resultados, mediante los siguientes modelos:

Para indicadores positivos:

$$I_{x+} = \frac{x - vmin}{vmax - vmin}$$

Para indicadores negativos:

$$I_{x-} = \frac{vmax - x}{vmax - vmin}$$

Donde:

X: valor del indicador dentro del IRCMRIP

vmin: valor mínimo del indicador IRCMRIP

vmáx: valor máximo del indicador IRCMRIP

Asimismo, para analizar y representar los datos se definió una escala ordinal para el IRCMRIP: MUY BUENA, BUENA, REGULAR, MALA y MUY MALA (Tabla 1).

Tabla 1. Intervalo y escala ordinal del IRCMRIP.
Fuente: elaborado a partir de Castillo (2009)

Intervalo	Escala ordinal	Colorete
0.0 – 0.199	MUY MALA	
0.2 – 0.399	MALA	
0.4 – 0.599	REGULAR	
0.6 – 0.799	BUENA	
0.8 – 1.0	MUY BUENA	

Tabla 2. Estructura por área y componente del IRCMRIP.
Fuente: elaborado a partir de GOAL (2015), Gobierno del Estado de Chiapas (2020), INEGI (2020), SEGOB (2020), Consejo Nacional de Población (2020), Instituto Mexicano de la Competitividad (2020), INEGI (2021) e INEGI (2023)

Área	Componente
Gobernanza	Liderazgo comunitario
	Conocimiento de derechos e incidencia
	Acceso potencial a financiamiento y alianzas
	Participación ciudadana
	Participación de las mujeres
Evaluación de riesgo	Evaluación de amenazas
	Análisis de vulnerabilidad
	Análisis de las capacidades
Conocimiento y educación	Diseminación del conocimiento
	Actitudes y valores culturales
Gestión de riesgo y reducción de la vulnerabilidad	Gestión ambiental sostenible
	Salud y bienestar
	Medios de vida sostenible
	Acceso a servicios financieros
	Infraestructura básica en zonas de riesgo a inundación
	Uso de la tierra y planificación territorial

Área	Componente
Preparación y respuesta para desastres	Capacidades organizativas y coordinación
	Sistema de alerta temprana
	Planificación de contingencias por inundación
	Infraestructura de emergencia
	Respuesta a emergencia y recuperación
	Voluntariado

6. Resultados

Los resultados se organizan en torno al objetivo de identificar los factores que han influido en la resiliencia comunitaria en la microrregión de riesgo a inundación Potinaspak, se abordan las categorías de análisis, como territorio común, características compartidas y relaciones de cooperación, seguido por dos categorías emergentes: conciencia comunitaria de la amenaza y riesgo de inundación, y conciencia de la prevención.

Se exponen también los resultados derivados de la fase cuantitativa de la investigación, la cual se centró en la estimación del Índice de Resiliencia Comunitaria de la Microrregión de Riesgo Potinaspak (IRCMRIP). Para ello, se presentan tablas, gráficas radiales y mapas que ilustran el comportamiento geoespacial en cada área, así como del IRCMRIP en su conjunto.

7. Factores que han influido en la resiliencia comunitaria en la microrregión de riesgo a inundación Potinaspak

En primer lugar, el tiempo de residencia en el territorio emerge como un factor clave para los habitantes, delineando una conexión arraigada con la colonia y dando forma a relaciones vecinales. La duración de la estancia se convierte en un distintivo de pertenencia, influenciando las interacciones entre aquellos que comparten este espacio común.

En segundo término, la edificación y mejora continua de los hogares se erigen como pilares fundamentales del territorio común. La narrativa de un residente resalta la íntima relación entre el tiempo invertido en construir y mejorar la vivienda y el arraigo emocional a ese espacio. La casa se convierte en un patrimonio valioso, no solo en términos económicos, sino también en experiencias de vida, generando un lazo profundo impregnado de amor y significado existencial.

En tercer lugar, la descripción detallada del entorno y sus lugares significativos revela una cartografía emocional de las colonias. Los residentes no solo identifican sitios relevantes, sino que también los utilizan como referencia para evaluar los impactos de inundaciones. Esta perspectiva permite identificar a aquellos vecinos más afectados, solidificando la conexión entre la comunidad y su espacio compartido.

En resumen, la noción de «territorio común» se enriquece al considerar el tiempo de residencia, la construcción del hogar como proceso evolutivo y la identificación emocional de lugares clave. Estos elementos se entrelazan para tejer la resiliencia comunitaria, delineando un tejido donde el pasado, presente y futuro convergen en una red de experiencias, afectos y colaboración en tiempos de desafíos como inundaciones.

En el tema de inundaciones en la microrregión, la solidaridad emerge como una característica destacada entre los habitantes, pero con matices significativos. Algunos residentes elogian la solidaridad vecinal como una fuerza organizativa ante desafíos. La experiencia y conocimiento de aquellos que fundaron o llegaron primero a la colonia se consideran fundamentales, creando una red de apoyo arraigada en la unidad y el tiempo compartido en el territorio. Como expresó un residente, «solo la gente de barrio se ayudaba mutuamente».

No obstante, se revelan contrastes en las percepciones de solidaridad. Algunos entrevistados señalan la falta de colaboración y acusan a la comunidad de ser poco solidaria. Estas divergencias impactan en la forma en que los vecinos enfrentan los problemas y participan en la búsqueda de soluciones o en la presentación de denuncias a las autoridades. Además, se destacan características adicionales de los miembros de la comunidad, como su autopercepción como «gente tranquila» y respetuosa, incluso entre aquellos con problemas de adicción.

Las entrevistas también revelan cómo los habitantes se autoposicionan socialmente, definiendo su estatus y origen. Se menciona el papel de las mujeres como amas de casa, señalando la distribución de roles en el hogar. En este análisis de las características compartidas por la comunidad, la solidaridad emerge como un pilar crucial, respaldado por la unidad, la experiencia en la colonia y una identidad que se define por la tranquilidad, el respeto y la posición socioeconómica dentro de la comunidad.

En la investigación sobre las inundaciones en la microrregión Potinaspak, se exploraron tres categorías: territorio común, características compartidas por la comunidad y relaciones de cooperación ante la crisis. Esta última involucra a actores sociales, privados y gubernamentales, desglosándose en subcategorías como acciones y estrategias gubernamentales, productos y servicios de empresas y acciones comunitarias. Cada subcategoría está asociada a un actor específico, como el gobierno, las empresas y los habitantes.

Para prevenir inundaciones, los habitantes de la microrregión Potinaspak han implementado diversas medidas. Elevar la altura de la cimentación de las viviendas es una estrategia clave, evitando que el agua ingrese durante inundaciones y permitiendo tiempo para proteger propiedades esenciales. Adicionalmente, la colocación estratégica de documentos importantes facilita un acceso rápido en momentos críticos.

En zonas propensas a inundaciones, la construcción de diques de contención con materiales como concreto, metal o bolsas de arena es una práctica común para proteger hogares y negocios. Algunos residentes, según sus posibilidades económicas, han optado por construir segundas plantas o elevadas bases para resguardarse durante eventos de inundación.

Destaca la organización vecinal de vigilancia a lo largo del río Poti durante la temporada de lluvias, alertando sobre posibles desbordamientos y arrastres. En algunas colonias, la limpieza de canales, drenajes y acueductos por parte de las autoridades municipales busca mejorar el flujo del agua durante las lluvias.

Además, se han realizado esfuerzos documentados y solicitudes a las autoridades para abordar las problemáticas asociadas a las inundaciones. En conjunto, estas acciones reflejan una comunidad proactiva y colaborativa, buscando protegerse y mitigar los impactos de las inundaciones en la microrregión Potinaspak.

Los residentes ofrecen ayuda a sus vecinos, brindando asistencia para sacar pertenencias, especialmente para la población más vulnerable como adultos mayores, niños y personas con discapacidad. También colaboran en drenar el agua acumulada en las viviendas. Se proporciona refugio a personas vulnerables, acompañado de alimentos y cuidados.

Además, se destaca la importancia de brindar apoyo emocional a aquellos que han sufrido pérdidas materiales. La solidaridad se manifiesta en el cuidado mutuo y la preocupación por el bienestar de la comunidad. Se realiza un seguimiento a los vecinos de la tercera edad que no pueden salir de sus casas, asegurando su integridad y ofreciendo asistencia cuando es necesario. Esta acción refleja un compromiso continuo con la seguridad y bienestar de los residentes más vulnerables.

La comunidad se une en la tarea de limpiar y desinfectar calles y viviendas afectadas por inundaciones. Este esfuerzo no solo se percibe como una medida preventiva contra enfermedades, sino también como el primer paso hacia la recuperación y el retorno a la normalidad. La participación conjunta de actores sociales, gubernamentales y privados resalta la colaboración multifacética en esta tarea crucial.

Después de la inundación, las tareas de desazolve, limpieza y desinfección se erigen como el punto de partida para la recuperación y el retorno a la normalidad en la microrregión de riesgo Potinaspak. Estas acciones representan una transición crucial desde la crisis extrema hacia la restauración de la vida cotidiana.

Los habitantes, una vez superados los momentos más críticos, se dedican a identificar a aquellos vecinos, viviendas y comercios que aún necesitan apoyo para la limpieza y desinfección de sus espacios, así como para atender otras necesidades expresadas. Posteriormente, inicia un proceso de «descacharramiento», que implica recuperar objetos útiles y desechar aquellos que no sirven. Esta fase es fundamental para evaluar el impacto de la inundación en viviendas, pertenencias y medios de vida.

Algunos entrevistados destacaron el apoyo económico y en especie recibido, como despensas, agua, colchonetas y cobertores, ya sea por parte del gobierno o de particulares. En conjunto, estos esfuerzos reflejan el proceso gradual de retorno a la normalidad, evidenciando la solidaridad y la colaboración tanto a nivel comunitario como desde actores externos.

La subcategoría de aprendizajes posteriores a las inundaciones en la microrregión de riesgo a inundación surge como una consecuencia directa de las acciones comunitarias de preparación. Los habitantes, al enfrentarse a la experiencia de inundaciones por el río Poti, han internalizado su condición de población expuesta y vulnerable, generando aprendizajes significativos.

Este conocimiento se traduce en medidas proactivas para adaptar y fortalecer sus viviendas ante futuras inundaciones. Los colonos han aprendido a colocar diques de contención, elevar la altura del piso de sus hogares y construir segundas plantas o bases elevadas de madera, proporcionando un refugio seguro para ellos y sus pertenencias.

La solidaridad entre vecinos se ve fortalecida por la experiencia, reflejándose en acciones de auxilio, refugio, alertas de inundación, así como en la colaboración para limpiar y desinfectar casas y calles. Destaca la conciencia transmitida a los nuevos residentes sobre la naturaleza inundable de la zona.

Un aprendizaje clave es la participación activa de la comunidad en solicitar a las autoridades municipales la limpieza y desazolve de drenajes, coladeras, canales y el río Poti. Además, los habitantes se movilizan para requerir la construcción de infraestructura que prevenga o reduzca futuras inundaciones, demostrando una toma de conciencia colectiva y una búsqueda de soluciones a largo plazo.

La conciencia comunitaria se integra dentro de las características compartidas por los miembros de la comunidad, abordando la temporalidad de las inundaciones, la percepción del riesgo asociado al río Poti y la identificación precisa de zonas afectadas. Estos elementos subrayan la capacidad de la comunidad para comprender, anticipar y enfrentar la amenaza constante de inundaciones en su entorno.

La importancia de la conciencia de la prevención es enfatizada tanto por actores sociales como gubernamentales, quienes reconocen su capacidad para reducir y mitigar las consecuencias de las inundaciones. Las declaraciones resaltan la premisa de que «prevenir es mejor antes que pase cualquier tipo de consecuencia» y subrayan que la prevención, entendida como un enfoque proactivo, es esencial para salvar vidas y evitar daños costosos durante la fase de recuperación.

La unanimidad en las referencias a la prevención, ya sea de manera explícita o implícita en las entrevistas, refleja el consenso sobre su papel fundamental en el abordaje de las inundaciones. Se reconoce que la prevención no solo implica prepararse para eventos críticos, como las inundaciones, sino que también amplía la capacidad de acción y respuesta frente a dichos fenómenos, consolidándose como un componente esencial en la gestión integral de riesgos.

8. Índice de Resiliencia Comunitaria en la Microrregión de Riesgo a Inundación Potinaspak (IRCMRIP)

En resumen, las áreas evaluadas se agrupan alrededor del intervalo entre 0.4 y 0.599, indicando un desempeño «REGULAR» según la escala ordinal. La mejor actuación corresponde al área de conocimiento y educación, con un estimado de 0.597 (REGULAR), mientras que la gobernanza exhibe el desempeño menos destacado, con un estimado de 0.428 (REGULAR). Un diagrama radial visualiza de manera clara cómo el área de conocimiento y educación se destaca en comparación con las demás, mientras que la gobernanza muestra el valor menos resaltante en menor proporción (Tabla 3 y Figura 4).

Tabla 3. Concentración de resultados del IRCMRIP desagregado por área. Fuente: adaptado de Álvarez, (2023)

Área	Valor del área	Escala ordinal
Gobernanza	0.428	REGULAR
Evaluación del riesgo	0.460	REGULAR
Conocimiento y educación	0.597	REGULAR
Gestión de riesgo y reducción de la vulnerabilidad	0.482	REGULAR
Preparación y respuesta para desastres	0.490	REGULAR

Figura 4. Diagrama radial del resultado del IRCMRIP desagregado por área. Fuente: adaptado de Álvarez (2023)

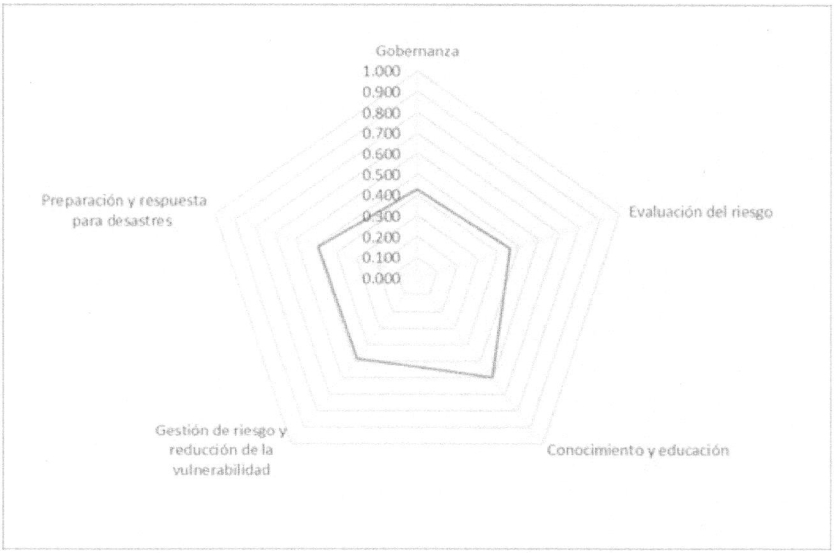

En términos generales, los resultados por Área Geoestadística Básica (AGEB) en cada área del IRCMRIP se distribuyen en los intervalos de 0.2 a 0.399, 0.4 a 0.599 y de 0.6 a 0.799, correspondiendo a calificaciones ordinales de MALA, REGULAR y BUENA respectivamente (Tabla 4 y Figura 5)

Tabla 4. Resultados del IRCMRIP por AGEB. Fuente: adaptado de Álvarez (2023)

AGEB	IRCMRIP	Escala ordinal
1450	0.479	REGULAR
908	0.408	REGULAR
876	0.444	REGULAR
1145	0.565	REGULAR
1499	0.551	REGULAR
147A	0.457	REGULAR
1465	0.572	REGULAR
2590	0.449	REGULAR
2798	0.450	REGULAR
2800	0.585	REGULAR
Total	0.496	REGULAR

Figura 5. Diagrama radial del IRCMRIP por AGEB. Fuente: adaptado de Álvarez (2023).

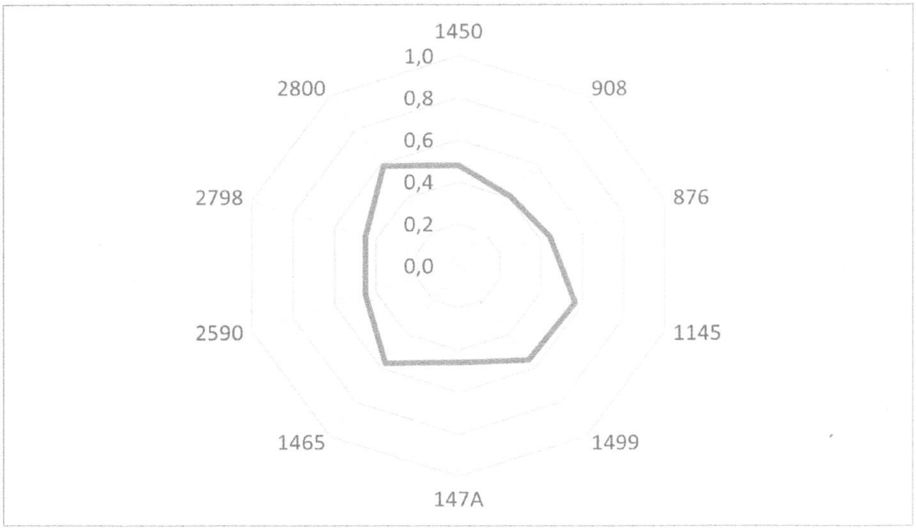

En resumen, el IRCMRIP muestra un comportamiento general que oscila entre 0.4 y 0.59999, colocándose en la escala REGULAR en todos los casos. A pesar de esta uniformidad, hay variaciones a nivel de unidades espaciales, donde la unidad 2800 destaca con el mejor desempeño, estimado en 0.585 (REGULAR), mientras que la unidad 908 exhibe el rendimiento menos favorable, con un valor estimado de 0.408, también dentro de la escala REGULAR. En conjunto, la microrregión de riesgo a inundación Potinaspak presenta una capacidad de resiliencia general de 0.496, calificada como REGULAR.

9. Conclusiones

La vida en la colonia o barrio no solo implica la construcción y mejora de viviendas, sino que también crea un sentido de pertenencia arraigado en el tiempo de residencia. Este factor influye en las relaciones entre vecinos, y la descripción detallada del espacio permite identificar áreas susceptibles a inundaciones y puntos críticos donde el río Potinaspak se desborda.

La solidaridad, la unidad y el tiempo de residencia son características compartidas por los miembros de la comunidad. La preparación comunitaria incluye medidas preventivas como elevar la altura de las cimentaciones y construir diques de contención. La organización vecinal de vigilancia y las solicitudes a las autoridades demuestran la acción proactiva de la comunidad.

Frente a las inundaciones, la respuesta comunitaria se basa en la solidaridad, ofreciendo auxilio a vecinos, brindando refugio, alimentos y apoyo emocional. La colaboración entre la comunidad, autoridades y sector privado es clave para la resiliencia. Las acciones solidarias para recuperarse involucran tareas de desazolve, limpieza y apoyo a los afectados, marcando el inicio de la normalización.

Los aprendizajes post-inundaciones se traducen en medidas preventivas, mayor conciencia de la vulnerabilidad, participación comunitaria y demandas a las autoridades. Estos procesos fortalecen la resiliencia y mejoran la capacidad de respuesta frente a futuras inundaciones.

El Índice de Resiliencia Comunitaria de la Microrregión de Riesgo a Inundación Potinaspak reveló un valor total de 0.496, situándose en la escala ordinal como REGULAR. Este desempeño se refleja en las áreas específicas del índice, donde la gobernanza, la evaluación del riesgo, la gestión del riesgo y reducción de la vulnerabilidad, y la preparación y respuesta para desastres obtuvieron valores de 0.428, 0.460, 0.482 y 0.490 respectivamente, todas categorizadas como REGULAR.

Estos resultados señalan debilidades significativas en todas las áreas evaluadas, especialmente en gobernanza y evaluación del riesgo. Estos hallazgos subrayan la necesidad de acciones y estrategias focalizadas en estas áreas críticas para mejorar la resiliencia comunitaria ante el riesgo de inundaciones, así como para informar el desarrollo de políticas públicas locales de protección civil

Profundizar en el análisis ambiental permitiría entender mejor la resiliencia de la microrregión de Tuxtla Gutiérrez frente a inundaciones, centrándose en la gestión de residuos, consumo de agua e infraestructura de aguas residuales. Además, investigar la conexión entre factores económicos, como el crecimiento de actividades formales y la participación del sector privado, podría ofrecer *insights* valiosos para fortalecer la capacidad de la comunidad ante desastres. Estos enfoques más detallados proporcionarían una visión más clara de los desafíos específicos y oportunidades para mejorar la resiliencia, fundamentando mejor futuras políticas y estrategias de protección civil.

10. Referencias bibliográficas

Alcántara-Ayala, I., Garza Salinas M., López García A., Magaña Rueda V., Oropeza Orozco O., Puente Aguilar S., Rodríguez Velázquez D., Lucatello S., Ruiz Rivera N., Tena Núñez R. A., Urzúa Venegas M, & Vázquez Rangel G. *Gestión Integral de Riesgo de Desastres en México: Reflexiones, retos y propuestas de transformación de la política pública desde la academia.* Investigaciones geográficas, 2019, 98, 1–17. https://doi.org/10.14350/rig.59784

ÁLVAREZ TRINIDAD, J. A. *Resiliencia comunitaria y protección civil en la microrregión de riesgo a inundación Potinaspak* [Tesis de doctorado no publicada]. UNIVERSIDAD AUTÓNOMA DE CHIAPAS, 2023, S.L.

ÁLVAREZ TRINIDAD, J. A., & GRAJALES CASTILLEJOS, O. «Sistemas socioecológicos, resiliencia comunitaria y protección civil: Una revisión». *RIDE Revista Iberoamericana para la Investigación y el Desarrollo Educativo*, 2022, 13(25), Article 25. https://doi.org/10.23913/ride.v13i25.1263

ÁLVAREZ TRINIDAD, J. A., GRAJALES CASTILLEJOS, O., & JÁUREGUI DÍAZ, J. A. «La microrregión de riesgo a inundación Potinaspak: Un planteamiento desde los estudios regionales» en *Políticas públicas, derechos humanos y sustentabilidad en el marco de los estudios regionales,* Editorial CENID, 2023, págs. 7–33, https://doi.org/10.23913/9786078830183

ARCE NAVARRO, F. *Derechos humanos y desarrollo sustentable.* Suprema Corte de Justicia de la Nación, 2018, S,L, https://pdh.cdmx.gob.mx/storage/app/media/8.publicaciones_varias/Derechos_Humanos_y%20_Desarrollo_Sustentable.pdf

ARELLANO GAULT, D., & BLANCO SÁNCHEZ, F. *Políticas públicas y democracia* (Primera). Instituto Federal Electoral., 2013, S.l.

ARTARAZ MIÑÓN, M. *Teoría de las tres dimensiones de desarrollo sostenible. Ecosistemas*, 2002, 11(2), Article 2. https://www.revistaecosistemas.net/index.php/ecosistemas/article/view/614

AVALOS JIMÉNEZ, A., FLORES VÍLCHEZ, F., & FLORES MARCELEÑO, S. «Integración del paisaje como propuesta de regionalización». Cuenca río Mololoa. CIBA *Revista Iberoamericana de Las Ciencias Biológicas y Agropecuarias*, 2015, 4(8), 73. https://www.academia.edu/76157065/Integraci%C3%B3n_del_paisaje_como_propuesta_de_regionalizaci%C3%B3n_cuenca_r%C3%ADo_mololoa_Integration_of_landscape_as_a_proposal_of_regionalization_Mololoa_River_basin

BALVANERA LEVY, P., ASTIER CALDERÓN, M., GURRI GARCÍA, F. D., & ZERMEÑO HERNÁNDEZ, I. «Resiliencia, vulnerabilidad y sustentabilidad de sistemas socioecológicos en México». *Revista Mexicana de Biodiversidad*, 2017, 88, 141–149. https://doi.org/10.1016/j.rmb.2017.10.005

BARRANTES CASTILLO, G., & MÁRQUEZ REYES, R. «De la atención del desastre a la gestión del riesgo: Una visión desde la geografía». Revista Geográfica de América Central, 2011, 2(47), 15–37. https://www.redalyc.org/articulo.oa?id=451745770001

BOLLIN, C., CÁRDENAS, C., HAHN, H., & VATSA, K. *Gestión de riesgo de desastres por comunidades y gobiernos locales.* Banco Interamericano de Desarrollo, 2003, S.L.

CABRERA HUAYHUA, J. E. *Gestión de riesgo de desastres y responsabilidad social en el Gobierno Regional de Tacna*, Arquitek, 20, 2021, S.L, Article 20. https://doi.org/10.47796/ra.2021i20.550

CASAR PÉREZ, A., & MALDONADO TRUJILLO, C. *Formación de agenda y procesos de toma de decisiones: Una aproximación desde la ciencia política*, 2008, S,L http://repositorio-digital.cide.edu/handle/11651/815

CASTILLO VILLANUEVA, L. «Urbanización, problemas ambientales y calidad de vida humana». *Revista Movimientos Sociales y Dinámicas Espaciales*, 2009a, *vol.03*, págs. 200–206.

CASTILLO VILLANUEVA, L. (2009b). «Urbanización, problemas ambientales y calidad de vida urbana», *Revista Movimientos Sociales y Dinámicas Espaciales*, 2009b, S.L.

CASTILLO VILLANUEVA, L., GONZÁLEZ VERA M. A., CAMPOS CÁMARA, B., VELÁZQUEZ TORRES, D., FERMÁN ALMADA, J. L., GARCÍA GASTELUM, A., HERNÁNDEZ AGUILAR, M. L., LAGUNA CORAL, M., & YELADAQUI TELLO, M. *Modelo de indicadores para la evaluación y monitoreo del desarrollo sustentable en la zona costera de Mahahual, Quintana Roo, México.* Perspectiva Geográfica, 2014, 19(2), 309–330.

CASTILLO VILLANUEVA, L., & VELÁZQUEZ TORRES, D. «Sistemas complejos adaptativos, sistemas socioecológicos y resiliencia». Quivera *Revista de Estudios Territoriales*, 2015, 17(2), Article 2. https://quivera.uaemex.mx/article/view/9811

CERÓN HERNÁNDEZ, V. A., FERNÁNDEZ VARGAS, G., FIGUEROA, A., & RESTREPO, I. (2020). *El enfoque de sistemas socioecológicos en las ciencias ambientales.* Investigación y Desarrollo, 27(2), 85–109. https://doi.org/10.14482/indes.27.2.301

CHAVARRÍA CÓRDOBA, J. A., BARRANTES CASTILLO, G., & QUESADA ROMÁN, A. LA GESTIÓN DE RIESGO A DESASTRES EN COSTA RICA: *Síntesis del III Congreso Nacional de Gestión de Riesgo a Desastres y Adaptación al Cambio Climático.* Entorno Geográfico, 2016, S.L, https://www.academia.edu/31751500/La_Gesti%C3%B3n_de_Riesgo_a_Desastres_en_Costa_Rica_s%C3%ADntesis_del_III_Congreso_Nacional_de_Gesti%C3%B3n_de_Riesgo_a_Desastres_y_Adaptaci%C3%B3n_al_Cambio_Clim%C3%A1tico

CHÁVEZ ALVARADO, R., CAMACHO SANABRIA, J. M., & VELÁZQUEZ TORRES, D. «El camino hacia un modelo metodológico para realizar un índice de resiliencia en ciudades costeras (IRCC) del Caribe mexicano ante huracanes e inundaciones». *Contexto: revista de la Facultad de Arquitectura Universidad Autónoma de Nuevo León*, 2019, 13(18), 7, https://dialnet.unirioja.es/servlet/articulo?codigo=7433717

COMISIÓN DE DERECHOS HUMANOS DEL ESTADO DE MÉXICO, «Derecho a las buenas prácticas de la administración pública» en *Catálogo para la calificación de violaciones a derechos humanos*, 2ª ed., 2016, págs. 291–302, https://www.ilustracionjuridica.com/producto/catalogo-para-la-calificacion-de-violaciones-a-derechos-humanos-segunda-edicion-coleccion-codhem-obra-colectiva-pdf-mexico/

CONSEJO NACIONAL DE POBLACIÓN, Índices de marginación 2020. gob.mx, 2020, S.L, http://www.gob.mx/conapo/documentos/indices-de-marginacion-2020-284372

De los Ríos-Cardona, J. C., Filippi, E., & Vélez-Vargas, L. D. «Desarrollo territorial, sistemas socio-ecológicos y vulnerabilidad de la agricultura al cambio climático: Interacciones teóricas, conceptuales y metodológicas 1». *Revista Perspectivas do Desenvolvimento: um enfoque multidimensional*, 2015, 3(4), 1–22. https://www.researchgate.net/publication/343107560_DESARROLLO_TERRITORIAL_SISTEMAS_SOCIO-_ECOLOGICOS_Y_VULNERABILIDAD_DE_LA_AGRICULTURA_AL_CAMBIO_CLIMATICO_interacciones_teoricas_conceptuales_y_metodologicas_1

Delgado Isasi, L. E., Tironi-Silva, A., & Marín Briano, V. H. «Sistemas socioecológicos y servicios ecosistémicos: Modelos conceptuales para el Humedal del Río Cruces (Valdivia, Chile)» en Cerda C.I., Silva-Rodríguez E, & Briceño C (Eds.), Naturaleza en sociedad: *Una mirada a la dimensión humana de la conservación de la biodiversidad,* 2019, págs. 177–205. Ocho Libros. https://www.researchgate.net/publication/335608507_Sistemas_socio-ecologicos_y_servicios_ecosistemicos_modelos_conceptuales_para_el_Humedal_del_Rio_Cruces_Valdivia_Chile

Estrada Díaz, G. «Puesta en práctica de una política de desastres: Los instrumentos de la gestión de riesgos en México». *Bulletin de l'Institut français d'études andines*, 2014, 43 (3), 611–632. https://doi.org/10.4000/bifea.5984

Farhad, S. «Los sistemas socio-ecológicos: Una aproximación conceptual y metodológica». XIII Jornadas de Economía Crítica. *Los costes de la crisis y alternativas de construcción*, Sevilla, España, 2012, S.L, https://www.researchgate.net/publication/304115271_Los_sistemas_socio-ecologicos_Una_aproximacion_conceptual_y_metodologica

García Boutigue, R. «Investigación interdisciplinaria de sistemas complejos: Lecciones del cambio climático». INTERdisciplina, 2013, *1*(1), *Article* 1. http://dx.doi.org/10.22201/ceiich.24485705e.2013.1.46545

Garza Aldape, E. «Historias de éxito», en *Políticas Publicas en Democracia.* Fondo de Cultura Económica, 2006, S.L.

GOAL, *Herramienta para medir la resiliencia comunitaria ante desastres*, 2015, S.L, https://dipecholac.net/docs/herramientas-proyecto-dipecho/honduras/Guia-Medicion-de-Resiliencia.pdf

GOBIERNO DEL ESTADO DE CHIAPAS, *Secretaría de protección civil. Plan estatal de protección civil* 2020 - 2024, 2010, S.L, https://www.chiapas.gob.mx/

H. AYUNTAMIENTO MUNICIPAL DE TUXTLA GUTIÉRREZ, *Atlas de riesgos de Tuxtla Gutiérrez, actualización 2015*, 2015, S.L, https://tuxtla.gob.mx/atlas/archivos/Atlas-de-riesgos-Act-2015.pdf

HERAS GUTIÉRREZ, D. D. L., ADAME MARTÍNEZ, S., CADENA VARGAS, E. G., & CAMPOS ALANÍS, J. *Sustentabilidad del desarrollo urbano en la Megalópolis de México: Perspectiva desde el análisis espacial. Economía, sociedad y territorio*, 2020, *20*(62), 719–752. https://doi.org/10.22136/est20201441

INEGI, *Cifras sobre la situación económica, social y demográfica de México.* Instituto Nacional de Estadística y Geografía, 2020, S.L, https://www.inegi.org.mx/

INEGI, *Marco Geoestadístico. Censo de Población y vivienda 2020, 2021a*, S.L, https://www.inegi.org.mx/app/biblioteca/ficha.html?upc=889463807469

INEGI, *Principales resultados por AGEB y manzana urbana* (p. 41). Instituto Nacional de Estadística Geografía e Informática, 21021b, S.L, https://www.inegi.org.mx/app/scitel/doc/descriptor/fd_agebmza_urbana_cpv2020.pdf

INEGI, SIATL v4 | *Simulador de Flujos de Agua de Cuencas Hidrográficas*, 2022, S.L, https://antares.inegi.org.mx/analisis/red_hidro/siatl/#

INEGI, *Censo de Población y Vivienda* 2020. https://www.inegi.org.mx/programas/ccpv/2020/#Datos_abiertos

INSTITUTO MEXICANO DE LA COMPETITIVIDAD. (2020). Índice de competitividad urbana 2020. Ciudades resilientes, 2020, 1ª ed., IMCO. https://api.imco.org.mx/release/latest/vendor/imco/indices-api/documentos/Competitividad/%C3%8Dndice%20de%20Competitividad%20Urbana/2020-11-05_0900%20Ciudades%20resilientes/Documentos%20de%20resultados/ICU%202020%20Libro%20completo.pdf

IZU BELLOSO, M. J. «De la protección civil a la gestión de emergencias. La evolución del marco normativo». *Revista Aragonesa de Administración Pública*, 2009, 35, 301–370. https://dialnet.unirioja.es/servlet/articulo?codigo=3215864

JOHANSEN BERTOGLIO. (1993). *Introducción a la teoría general de sistemas* (Primera Edición). LIMUSA. https://www.academia.edu/8345344/1._Introduccion_a_la_Teoria_General_de_Sistemas_-_Oscar_Johansen?auto=download

LEY GENERAL DE PROTECCIÓN CIVIL, *Diario Oficial de la Federación México*, 2012, S.L https://www.gob.mx/cms/uploads/attachment/file/593503/LGPC_061120.pdf

LÓPEZ RICALDE, C., LÓPEZ HERNÁNDEZ, E., & ANCONA PENICHE, I. *Desarrollo sustentable o sostenible: Una definición conceptual. Horizonte Sanitario,* 2005, *4*(2). https://www.redalyc.org/articulo.oa?id=457845044002

MANZANARES GARMENDIA, G. «Desarrollo sostenible y políticas públicas: Enfoque de la ONU y ecología política». *Revista Ciencia Jurídica y Política, 3030*, 6(12), 73–87. http://portal.amelica.org/ameli/jatsRepo/446/4461920005/html/

MARTÍNEZ MÉNDEZ, A., TRAVIESO BELLO, A. C., & FRAUSTO MARTÍNEZ, O. «Resiliencia del sistema de drenaje pluvial ante inundaciones caso de estudio Chetumal, Quintana Roo, México». Antrópica: *revista de Ciencias Sociales y Humanidades*, 2018, S.L http://risisbi.uqroo.mx/handle/20.500.12249/2378

MORÁN ESCAMILLA, J. D. «Panorama del Sistema Nacional De Protección Civil en México». *Revista de El Colegio de San Luis*, 2017, 7(13), págs. 156–183. https://doi.org/10.21696/rcsl7132017717

PAMPLONA RANGEL, F. *Sustentabilidad y políticas públicas. Gaceta Ecológica,* 2000, *56*, 46–53, https://www.redalyc.org/pdf/539/53905604.pdf

ROJAS PAIVA, Y. «Estado del arte de la resiliencia comunitaria como un componente esencial en la prevención de riesgos de desastres (1995-2015)» en N. Novillo Rameix (Ed.), *Aproximaciones al estudio de la relación entre ciudades y cambio climático: Proyecto construyendo liderazgo en ciudades de América Latina y el Caribe frente al cambio climático* , 2018, págs. 43–83). FLACSO Ecuador. www.flacsoandes.edu.ec

RÓZGA-LUTER, R. E., & HERNÁNDEZ-DIEGO, C. «Los estudios regionales contemporáneos; legados, perspectivas y desafíos en el marco de la geografía cultural». *Economía Sociedad y Territorio*, 2010, X (34), págs. 583–623. https://doi.org/10.22136/est002010129

SANDOVAL-FORERO, E. A., & GÓMEZ-CARMONA, Y. G. «Desarrollo sostenible, sustentabilidad y neoinstitucionalismo en la gestión y las políticas públicas en la Latinoamérica y México». *Revista CoPaLa. Construyendo Paz Latinoamericana*, 2020, 9, 31–49. https://www.redalyc.org/articulo.oa?id=668170996003

SEGOB. (2020). Centro Nacional de Prevención de Desastres. https://www.gob.mx/cenapred

Suárez Lastra, M., Valdés González, C., Galindo Pérez, M. C., Salvador Guzmán, L. E., Ruiz Rivera, N., Alcántara-Ayala, I., López Cervantes, M., Rosales Tapia, A. R., Lee Alardin, W., Benítez Pérez, H., Juárez Gutiérrez, M. Del C., Bringas López, O. A., Oropeza Orozco, O., Peralta Higuera, A., & Garnica-Peña, R. J. *Vulnerabilidad ante COVID-19 en México*. 2029, 39.

Toledo Ocampo, A. «Hacia las políticas públicas para la sustentabilidad». En *Globalización, migración y ambiente*, 2010, 1ª. ed., págs. 81–109. Instituto Nacional de Administración Pública A. C. https://archivos.juridicas.unam.mx/www/bjv/libros/10/4528/7.pdf

UNESCO, *Manual de gestión de riesgos para comunicadores sociales.* «Una guía práctica para el comunicador social comprometido en informar y formar para salvar vida», 2011, S.L, http://repo.floodalliance.net/jspui/handle/44111/2151

Vergara Tamayo, C., & Ortiz, D. Desarrollo Sostenible*: Enfoques desde las ciencias económicas.* Apuntes del Cenes, 2016, 35(62), 15–52. https://doi.org/10.19053/22565779.4240

Von Bertalanffy, L. *Teoría general de los sistemas* (Primera edición en español, vigesimotercera reimpresión), 2019, S,L Fondo de Cultura Económica.

CAPÍTULO 8

INUNDACIONES PLUVIALES INTRAURBANAS EN CHETUMAL, MÉXICO: UN CONTEXTO PARA EVALUAR LA RESILIENCIA COMUNITARIA A ESCALA MICRO

José Manuel Camacho Sanabria
División de Ciencias, Ingeniería y Tecnología
Universidad Autónoma del Estado de Quintana Roo

Rosalía Chávez Alvarado
División de Ciencias, Ingeniería y Tecnología
Universidad Autónoma del Estado de Quintana Roo

Resumen: El estudio aborda la problemática de las inundaciones pluviales intraurbanas en Chetumal, México, con un enfoque en la resiliencia comunitaria a escala micro, específicamente en el barrio Proterritorio. El propósito es analizar cómo los factores ambientales, sociodemográficos y de gobernanza afectan la resiliencia comunitaria ante estos eventos. La metodología incluye el análisis de datos secundarios y la recopilación de datos primarios mediante entrevistas semiestructuradas. Entre los principales resultados, se identifican las principales amenazas que agravan las inundaciones, como la urbanización descontrolada, la deficiente infraestructura pluvial y la pérdida de cobertura vegetal. Además, se destaca la importancia de la acción comunitaria, aunque limitada, en la mitigación de los impactos de las inundaciones. Las conclusiones subrayan la necesidad de estrategias más efectivas que integren medidas estructurales y no estructurales, involucren a la comunidad y fomenten una gestión sostenible del riesgo en un contexto de cambio climático. El estudio sugiere que un enfoque holístico y colaborativo es esencial para fortalecer la resiliencia comunitaria frente a futuros eventos de inundación pluvial en la región.

Palabras clave: amenazas, estresores, impactos

1. Introducción

Las inundaciones representan un riesgo inminente para las sociedades de todo el mundo. Entre 2000 y 2019, se registraron pérdidas económicas que ascendieron a 651 millones de dólares debido a esta amenaza hidrometeorológica, impactando de manera directa a 1 600 millones de personas. Cabe destacar que, ningún otro peligro ha afectado a una cantidad significativa de personas a nivel global (UNDRR y CRED, 2020).

A lo largo de las décadas, la investigación, planificación y políticas acerca de las inundaciones urbanas se han centrado predominantemente en las inundaciones fluviales o costeras. Sin embargo, las inundaciones pluviales han emergido como un tema crítico en la gestión del agua urbana, lo cual demanda un mayor desarrollo tanto en la investigación como en la práctica (ROSENZWEIG y otros, 2018; SCHANZE, 2018).

Ante la creciente tendencia mundial de las inundaciones, es imperativo que las comunidades se preparen de manera eficaz para enfrentar los eventos futuros, contribuyendo así a mitigar las consecuencias devastadoras y fortalecer la resiliencia ante inundaciones (BINNS, 2022).

En este contexto, la resiliencia emerge como un concepto con un potencial significativo para integrar la gestión del riesgo de inundaciones, el desarrollo sostenible y las preocupaciones de adaptación al cambio climático (DEWWA y otros, 2022). La literatura subraya que la construcción de la resiliencia a nivel comunitario puede mejorar los resultados no solo a nivel individual o de hogar, sino también para el bienestar de la población en general (COTE Y NIGHTINGALE, 2012).

Los más recientes estudios de resiliencia comunitaria relacionada con las inundaciones han adoptado enfoques específicos, como la focalización de intervenciones en propiedades específicas de alto riesgo (WEBBER y otros, 2021), la estimación de beneficios económicos derivados de intervenciones comunitarias que promueven la resiliencia ante inundaciones (YARON Y WILSON, 2020), la consideración de factores contextuales a nivel vecindario para la planificación de la resiliencia comunitaria en zonas urbanas costeras (BUVICK y otros, 2021), el desarrollo de herramientas de gestión para impulsar acciones armonizadas hacia la resiliencia ante inundaciones en regiones europeas (KARRASH y otros, 2021), la medición y cartografía de la resiliencia ante inundaciones en áreas costeras (SATOUR y otros, 2021), así como la mejora de la resiliencia ante inundaciones urbanas mediante la participación pública (TAMBAL y otros, 2023).

Este estudio presenta un detallado análisis de las inundaciones pluviales en Chetumal, centrándose específicamente en el barrio Proterritorio. Se examinan minuciosamente los factores contextuales que ejercen influencia en la resiliencia comunitaria a escala micro (barrio y manzana), abordando aspectos ambientales, sociodemográficos y de gobernanza comunitaria. Asimismo, se exploran los estresores que intensifican las inundaciones, los impactos asociados a éstas y los mecanismos de afrontamiento implementados.

El estudio combina el análisis de datos secundarios procedentes de documentos institucionales, fuentes hemerográficas y estaciones meteorológicas, con la recopilación de datos primarios a través de entrevistas semiestructuradas durante el trabajo de campo. Los resultados obtenidos tienen como objetivo contribuir significativamente a la comprensión de los desafíos y oportunidades relacionados con las inundaciones pluviales, con el propósito de fortalecer la resiliencia comunitaria a una escala micro.

2. Metodología

2.1. Área de estudio

El presente estudio se centra en Chetumal, Quintana Roo (México), una ciudad costera afectada constantemente por fenómenos hidrometeorológicos extremos, como ciclones tropicales, tormentas e inundaciones (UQROO-CIG, 2011; CAPA-IMTA, 2013; CAPA-IMTA, 2016; Rodríguez, 2018; Hernández y otros, 2018; López y Hernández, 2021). Estas amenazas naturales han impactado diversos barrios de la ciudad, incluyendo Proterritorio que, desde el establecimiento de los primeros asentamientos humanos en el año 1990, hasta la fecha actual, este barrio ha experimentado de manera continua eventos de inundación pluvial causados por precipitaciones extremas asociadas a distintos sistemas meteorológicos sinópticos (Figura 1).

Figura 1. Ubicación del área de estudio

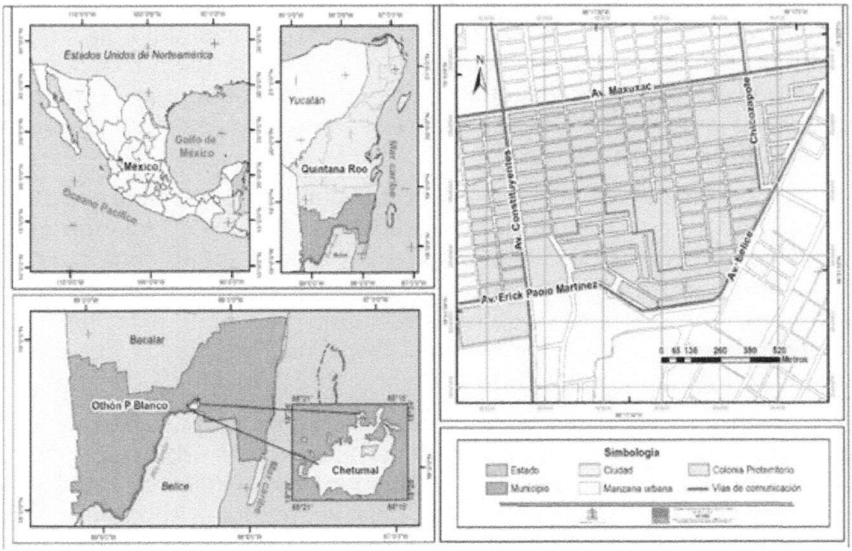

Fuente: elaboración propia con base en el INEGI (2020a)

2.2. Estrategia metodológica

Se aplicó un enfoque mixto que combina el análisis de datos secundarios y la recopilación de datos primarios para evaluar la resiliencia comunitaria ante inundaciones pluviales en el barrio Proterritorio. Se recopilaron documentos institucionales, fuentes hemerográficas y registros meteorológicos para identificar las principales amenazas, estresores y mecanismos de afrontamiento. Además, se realizaron entrevistas semiestructuradas con actores clave de la comunidad y representantes gubernamentales para obtener una comprensión más profunda de las dinámicas locales. Esta combinación de métodos permitió un análisis integral de los factores ambientales, sociodemográficos y de gobernanza que influyen en la resiliencia comunitaria a escala micro.

3. Resultados

3.1. Descripción ambiental

Desde el punto de vista físico-natural, la ciudad de Chetumal está delimitada espacialmente por dos principales elementos hidrológicos naturales: la bahía de Chetumal al este y el río Hondo al sur. Su estructura geológica y geomorfológica está compuesta, mayormente, por rocas sedimentarias, destacando principalmente las calizas, las cuales originan notables depresiones kársticas, como dolinas, poljes y uvalas de inundación temporal. En cuanto a su edafología, los suelos predominantes son Antrosols (Fragoso y Pereira, 2018).

Este territorio se caracteriza por su topografía prácticamente plana, con altitudes que varían entre 12 y 2 metros respecto al nivel del mar. Se identifican algunas depresiones asociadas a líneas de hundimiento, donde se encuentran ubicados humedales, cuerpos de agua permanentes, como el caso de La Sabana al nororiente de la ciudad, y áreas propensas a inundaciones temporales (Rodríguez, 2018).

El clima de Chetumal se clasifica como cálido, subhúmedo intermedio Ax´(w1) (i1) gw´. La temperatura media anual es de 26.7 °C, siendo mayo el mes más cálido. Respecto a la precipitación media anual, ésta alcanza los 1 356.4 mm, concentrándose el ciclo de lluvias entre los meses de mayo y noviembre. Con frecuencia, se registran precipitaciones extremas, principalmente influenciadas por los ciclones tropicales originados en el océano Atlántico (Ayuntamiento de Othón P. Blanco, 2021a).

En relación a la cobertura vegetal, ésta ha sido reemplazada por asentamientos humanos, vialidades y redes de infraestructura urbana. En los espacios adyacentes al área urbana y en ciertos terrenos baldíos dentro de la ciudad, se encuentra la asociación vegetal de selva mediana subperennifolia, la cual ha experimentado una notable perturbación. En este entorno se pueden identificar relictos de los estratos arbóreo, arbustivo y herbáceo originales (Ayuntamiento de Othón P. Blanco, 2021a).

3.2. Características sociodemográficas

Con base en los datos del censo de población y vivienda de 2020, el barrio de Proterritorio tiene una población total de 9 411 habitantes, distribuidos en 4 857 mujeres (51.6 %) y 4 554 hombres (48.4 %). Se identificaron como grupos de edad vulnerable a la población menor de 5 años y a la de 60 años y más, con 681 y 537 habitantes, respectivamente. Otros sectores de la población que requieren especial atención son aquellos con discapacidad (constituyen el 4.2 % del total), así como la población de 15 años y más que presenta analfabetismo (2.2 %), la población sin escolaridad en ese mismo rango de edad (3.2 %), la población que residía en otra entidad en marzo de 2015 (3.2 %), y aquellos sin afiliación a servicios de salud, que representan el 21.8 %.

Además, se consideran vulnerables las viviendas particulares habitadas que poseen automóvil o camioneta (47 %) o motocicleta o motoneta (21.1 %), especialmente cuando estos vehículos se encuentran en zonas propensas a inundaciones. Aunque los porcentajes de viviendas sin líneas telefónicas ni teléfono celular (2 %) y sin radio ni televisión (3.7 %) son mínimos, deben considerarse en las etapas de prevención, mitigación y preparación ante el riesgo de desastres por inundaciones pluviales. Destaca el 11.4 % de viviendas deshabitadas, mayormente vinculado a su ubicación en áreas propensas a inundaciones constantes.

Es relevante señalar que un porcentaje significativo de viviendas (12.7 %), especialmente aquellas ubicadas en zonas de riesgo de inundación, ha implementado la estrategia de construir una segunda planta como medida para prevenir y mitigar los daños y pérdidas ocasionados por las inundaciones recurrentes en sus hogares. Otro aspecto a destacar es que la mayoría de los residentes del barrio de Proterritorio se encuentran empleados, incluyendo a los jóvenes y adolescentes de 12 años (Tabla 1).

Tabla 1. Indicadores sociodemográficos del barrio Proterritorio. Fuente: elaboración propia con base en INEGI (2020b).

Variable	Total	Porcentaje (%)
Población total	9 411	100
Población femenina	4 857	51.6
Población masculina	4 554	48.4
Población de 0 a 18 años	2 676	28.5
Población de 18 a 60 años	6 198	65.8
Población de 60 años y más	537	5.7
Población menor de 5 años	681	7.2

Variable	Total	Porcentaje (%)
Población de 12 años y más	7 712	100
Población de 12 años y más económicamente activa	5 073	65.8
Población con discapacidad	394	4.2
Población de 15 años y más	7 269	100
Población de 15 años y más analfabeta	163	2.2
Población de 15 años y más sin escolaridad	230	3.2
Población de 5 años y más	8 730	100
Población de 5 años y más residente en otra entidad en marzo de 2015	276	3.2
Población sin afiliación a servicios de salud	2 052	21.8
Total de hogares	2 419	100
Total de viviendas particulares	3 052	100
Total de viviendas particulares habitadas	2 703	88.6
Viviendas particulares deshabitadas	349	11.4
Total de viviendas con dos plantas	389	12.7
Viviendas particulares habitadas que disponen de automóvil o camioneta	1 271	47
Viviendas particulares habitadas que disponen de motocicleta o motoneta	570	21.1
Viviendas particulares habitadas sin línea telefónica fija ni teléfono celular	53	2
Viviendas particulares habitadas sin radio ni televisión	99	3.7

4. Organizaciones y estructuras de gobernanza a nivel comunitario

En el área de estudio, se identificaron tres comités comunitarios ciudadanos, dos de ellos pertenecen al barrio de Proterritorio y uno al barrio de Arboledas 2. Este último, se encuentra activo y está integrado por tres comandantes, dos oficiales de caseta y 55 vecinos. Su principal objetivo es abordar los desafíos que afectan a la comunidad, centrándose especialmente en cuestiones como la violencia, los robos a viviendas y las inundaciones recurrentes que impactan a una sección específica de este barrio. En particular, alrededor de 10 personas, expuestas a estas amenazas hidrometeorológicas, participan activamente en actividades como la limpieza de rejillas y alcantarillas del sistema de drenaje pluvial, así como en la recolección de residuos sólidos antes, durante y después de los eventos de inundación. La coordinación y comunicación de estas acciones se realiza por medio de la plataforma WhatsApp.

En el caso de Proterritorio, anteriormente existían dos comités de vecinos encargados de atender las zonas críticas de inundación de este barrio. El primero se ocupaba del área de inundación y sus alrededores en las avenidas Erick Paolo Martínez y Constituyentes del 74; mientras que el segundo se enfocaba en la zona de inundación de la calle Chablé.

Desafortunadamente, la falta de respuesta por parte de las autoridades locales y estatales para atender esta problemática ha llevado a la desaparición de ambos comités. Sin embargo, ante los recientes eventos de inundación, un grupo reducido de personas de la calle Chablé ha asumido la iniciativa de participar en actividades de mitigación, principalmente se han dedicado a realizar el acordonamiento de la zona con el objetivo de evitar que el agua pluvial acumulada ingrese a sus viviendas, especialmente aquellos residentes más afectados por las inundaciones. Esta respuesta emergente destaca la importancia de la acción comunitaria frente a la falta de intervención institucional.

Respecto a las organizaciones gubernamentales, resulta pertinente resaltar las acciones emprendidas por entidades a nivel federal, estatal y local en respuesta a situaciones de emergencia o contingencia provocadas por inundaciones pluviales, como el caso del evento ocurrido en octubre de 2015.

En dicha ocasión, la Comisión Nacional del Agua (CONAGUA) y la Secretaría de Comunicaciones y Transporte (SCT), ambas instituciones federales, desplegaron equipos especializados para llevar a cabo tareas de desazolve y atención de las afectaciones. Adicionalmente, se sumaron esfuerzos de la Comisión Federal de Electricidad (CFE) en la restauración del servicio eléctrico en diez sectores del centro de Chetumal. La Comisión Federal para la Protección contra Riesgos Sanitarios (COFEPRIS) también desempeñó un papel crucial mediante brigadas especializadas, enfocadas en la aplicación de cloro, plata coloidal y cal. Estas acciones se realizaron principalmente en zonas de encharcamiento que representaban riesgos sanitarios, especialmente en sitios donde se mezcló el agua pluvial acumulada con aguas negras provenientes del drenaje sanitario, afectado por la saturación del sistema.

Además, el Ayuntamiento de Othón P. Blanco, en colaboración con la Secretaría de Seguridad Pública (SSP), la Comisión de Agua Potable y Alcantarillado (CAPA) de Quintana Roo, la Secretaría de Infraestructura y Transporte (SINTRA), la Coordinación Estatal de Protección Civil (COEPROC), la Protección Civil Municipal, la Secretaria de Marina (SEMAR) y el ejército mexicano, integraron 50 equipos de trabajo para llevar a cabo la limpieza del sistema de drenaje pluvial en distintos puntos críticos de la ciudad y brindar apoyo a las personas afectadas por la inundación para trasladarse a los albergues más cercanos. Por su parte, los Servicios Estatales de Salud (SESA), a través de las brigadas de la Jurisdicción Sanitaria Número Uno, realizó recorridos por las zonas más conflictivas de la ciudad de Chetumal con el objetivo de identificar posibles criaderos de mosquitos e implementar programas de fumigación para prevenir enfermedades como el dengue, chikungunya, paludismo, así como otras afecciones cutáneas o infecciones respiratorias agudas.

En esta colaboración conjunta, el sistema estatal y municipal del DIF, en coordinación con damas voluntarias de la Cruz Roja de la Delegación Chetumal, desempeñaron un papel fundamental, particularmente en el suministro de alimentos (desayuno y comida) y despensas a las familias más afectadas por las inundaciones. Asimismo, el gobierno estatal ofreció apoyo a estas personas a través de vales económicos para sufragar gastos relacionados con enseres domésticos. En lo que respecta a las tareas de desalojo del agua en las viviendas afectadas por las inundaciones, el traslado de muebles dañados y la limpieza de su entorno, participaron miembros del personal de la Subsecretaría de Desarrollo Indígena, especialmente del programa «Brigadas del Bienestar», trabajadores de CAPA y Servicios Públicos Municipales, sumando un total de 200 personas.

Actualmente, se continúan implementando acciones coordinadas que subrayan la importancia de la colaboración interinstitucional para abordar de manera integral las consecuencias de eventos extremos de inundación pluvial, como el ocurrido en agosto de 2022. En esta ocasión, participaron activamente la COEPROC, Protección Civil Municipal, Servicios Públicos Municipales, el Sistema Nacional para el Desarrollo Integral de la Familia (DIF) bomberos, policía municipal, la Secretaría de Defensa Nacional (SEDENA), SEMAR, CONAGUA, CAPA, Guardia Nacional, Policía del Estado de Quintana Roo, la Cámara Mexicana de la Industria de la Construcción (CMIC), en representación del sector empresarial y la ciudadanía voluntaria. Estos actores sumaron esfuerzos en trabajos de limpieza, desazolve de alcantarillas y recolección de árboles derribados, principalmente.

5. Planes y documentos disponibles a nivel comunitario

En el marco de la documentación vinculada con la evaluación de riesgo, mapas de amenazas y análisis de pérdidas en la comunidad objeto de estudio, se dispone del **Atlas de Riesgo de la ciudad de Chetumal** (UQROO-CIG, 2011).

Este instrumento comprende la identificación de riesgos, peligros y vulnerabilidad asociadas a fenómenos perturbadores de origen natural, con un enfoque especializado en eventos hidrometeorológicos como huracanes, tormentas tropicales e inundaciones. A esto, se suman el «Programa para el manejo pluvial de la ciudad de Chetumal y el Estudio geohidrológico en el acuífero de

Chetumal» (CAPA-IMTA, 2013, 2016). Estos informes contienen datos relacionados con la identificación de la infraestructura pluvial, zonas de encharcamiento, áreas de inundación con profundidades críticas, análisis hidrológicos e hidrográficos, un modelo (hidráulico) de simulación de la red de alcantarillado pluvial, así como mapas de peligro, vulnerabilidad y riesgo. A partir de estos últimos, se calcularon los costos asociados a los daños estructurales en las viviendas generados por la inundación para diferentes periodos de retorno.

Con respecto al «Plan Municipal de Desarrollo de Othón P. Blanco 2021-2024» y su relación con las inundaciones, destacan ciertas prioridades, estrategias y acciones que los servidores públicos deben atender. Entre estas destacan el establecimiento de un programa de construcción de rejas para alcantarillas, la promoción de la cultura de prevención de riesgos y el fortalecimiento de los sistemas de atención de emergencias para salvaguardar la vida de la población, y la prevención de zoonosis, arbovirosis y enfermedades transmitidas por vector, virus o bacterias en coordinación con la Secretaría de Salud y La Jurisdicción Sanitaria Número 1 (Ayuntamiento de Othón P. Blanco, 2021b).

En cuanto al plan de reducción de riesgo de desastres (RRD) o de gestión de riesgo de desastres (GRD), no se dispone de un documento con esta denominación. Sin embargo, existe el Programa de Mantenimiento (anual), gestionado por la Coordinación Municipal de Protección Civil. Este programa se enfoca principalmente en la ejecución de medidas orientadas a prevenir y mitigar inundaciones ocasionadas por fenómenos hidrometeorológicos durante la temporada de precipitaciones. Entre las acciones contempladas en dicho programa, se destaca la realización de labores de limpieza y mantenimiento en alcantarillas, rejillas, colectores pluviales, registros, así como la inspección y sondeo de tuberías y canales de desagüe. El objetivo primordial es garantizar la eficaz operatividad de la infraestructura de drenaje pluvial, contribuyendo así a la reducción de riesgos asociados a inundaciones pluviales.

En referencia a los planes uso de tierra y manejo de recursos naturales, conviene mencionar que no existen documentos con esta designación en la comunidad. No obstante, se encuentra disponible el Programa de Ordenamiento Ecológico Local del municipio de Othón P. Blanco *(POEL)*, así como el Programa de Desarrollo Urbano Chetumal, Calderitas, Subteniente López, Huay-pix y Xul-há, Othón P. Blanco (Ayuntamiento de Othón P. Blanco, 2015, 2021a).

En relación con el plan de contingencias, el Ayuntamiento de Othón P. Blanco implementa de manera recurrente el «Programa Operación Tormenta», el cual tiene como objetivo principal brindar respuestas inmediatas a los reportes ciudadanos relacionados con las afectaciones causadas por lluvias asociadas a la temporada de huracanes. Dichas precipitaciones suelen generar encharcamientos e inundaciones pluviales en distintos sitios de la ciudad de Chetumal. Este programa se centra, específicamente, en la ejecución de labores de limpieza en elementos clave de la infraestructura pluvial urbana, alcantarillas, rejillas, registros, pozos de absorción y canales de desagüe.

Estas acciones se realizan en colaboración con diversas instituciones, como CAPA, CONAGUA, SEDENA, la Guardia Nacional y SEMAR. Esta última, a su vez, implementa el Plan Marina, también conocido como «Plan General de Auxilio a la Población Civil en Zonas y Casos de Desastre o Emergencia», que se centra en acciones de prevención, auxilio y recuperación.

Respecto al Plan de Recuperación, destaca el fondo nacional de desastres naturales (FONDEN), un instrumento financiero implementado por el gobierno federal como respuesta para afrontar los desafíos que enfrenta la población afectada por desastres de origen natural. Su función principal es contribuir a la solución de los problemas derivados de dichos eventos, garantizando una atención eficaz y oportuna a los daños sufridos por la población damnificada y a la infraestructura física no susceptible de aseguramiento. El propósito fundamental del FONDEN es posibilitar que comunidades y regiones se recuperen en el menor tiempo posible (RODRÍGUEZ, 2004).

6. Análisis de los principales escenarios de riesgo

6.1. Amenazas

En el periodo comprendido entre 1993 y 2022 se documentaron un total de 61 inundaciones en el barrio de Proterritorio. De estos eventos, 46 fueron consecuencia de precipitaciones acumuladas en un lapso de 24 horas, 10 se originaron por acumulación de lluvia en 48 horas, tres por lluvias continuas durante 72 horas, y dos debido a un periodo de precipitación de 96 horas.

De los 46 eventos de inundación generados por precipitación acumulada en un solo día, se identificaron 21 causados por lluvias de intensidad muy fuerte, 20 por lluvias intensas, cuatro por lluvias torrenciales, y uno por lluvias fuertes. Cabe destacar que, dentro del conjunto total de eventos de inundación, 25 eventos se asociaron con ondas tropicales, diez con la influencia de frentes fríos, ocho con la presencia de ciclones tropicales, seis con tormentas tropicales, cuatro con fenómenos hidrometeorológicos asociados, dos con vaguadas prefrontales, dos con sistemas de baja presión, y uno se atribuyó a una zona de inestabilidad.

En relación con los meses que registraron la mayor frecuencia de ocurrencia de inundaciones, junio destacó con 17 eventos, seguido por septiembre con 10, y agosto y octubre con siete cada uno. Por el contrario, diciembre, enero y abril fueron los meses con el menor número de eventos de inundación. Respecto a los años que registraron la mayor frecuencia de inundaciones resaltan 2012 con siete eventos y 2014, 2015, 2020 y 2021 con cinco eventos cada uno (Tabla 2).

Tabla 2. Inundaciones pluviales urbanas en Proterritorio asociadas a precipitaciones extremas y fenómenos hidrometeorológicos. Fuente: elaboración propia

*Fenómenos hidrometeorológicos: Tormenta Tropical (TT), Ciclón Tropical (CT), Onda Tropical (OT), Depresión Tropical (DT), Frente Frío (FF), Zona de Inestabilidad (ZI), Vaguada Prefrontal (VP), Sistema de Baja Presión (SBP).

** La intensidad de la lluvia se clasificó con base en los parámetros establecidos del Centro nacional de prevención de desastres (CENAPRED, 2021): lluvias fuertes (20.1-50 mm), lluvias muy fuertes (50.1-70 mm), lluvias intensas (70.1-150 mm), y lluvias torrenciales (150.1-250 mm).

*** Los registros de los eventos de inundación se obtuvieron del periódico local *El Diario de Quintana Roo.*

Amenaza primaria			Amenazas secundarias	
Id	Evento (fecha)	Fenómeno hidrometeorológico*	Intensidad de precipitación en 24 horas (mm)**	Registro de eventos de inundación***
1	17/09/1993	TT Gert	120	Sí
2	10/10/1995	CT Roxana	125	Sí
3	23/06/1998	OT	63.1	Sí
4	5/09/1998	OT Núm. 22	55.5	Sí
	6/09/1998		55.5	
5	27/10/1998	CT Mitch	85	Sí
6	10/08/2000	OT Núm. 31	63.8	Sí
	11/08/2000		72.8	
7	14/09/2000	DT	58.2	Sí
8	1/10/2000	CT Keith	140	Sí
	2/10/2000		56.8	
9	25/05/2001	CT Adolfo	49.5	Sí
	26/05/2001		95.5	
	27/05/2001		48.3	
	28/05/2001		169.5	
10	20/08/2001	TT Chantal	128	Sí
	21/08/2001		196	
11	26/06/2003	OT Núm. 13 y 14	118	Sí
	27/06/2003		50.5	
	28/06/2003		49.8	
12	16/06/2005	OT Núm. 9	192.1	Sí

Amenaza primaria			Amenazas secundarias	
Id	Evento (fecha)	Fenómeno hidrometeorológico*	Intensidad de precipitación en 24 horas (mm)**	Registro de eventos de inundación***
13	30/05/2008	TT Arthur	72.4	Sí
	1/06/2008		166.6	
14	15/06/2009	OT Núm. 6	56	Sí
	16/06/2009		94.3	
	17/06/2009		60.8	
15	26/06/2010	DT Núm. 1	67.4	Sí
16	19/08/2010	OT Núm. 24	83.3	Sí
17	15/09/2010	CT Karl	186.4	Sí
18	18/06/2011	OT Núm. 3	72.8	Sí
19	6/07/2011	OT Núm. 6	47.6	Sí
20	17/04/2012	FF Núm. 14	67	Sí
	18/04/2012		116.7	
21	29/05/2012	ZI	82.5	Sí
22	16/06/2012	OT Núm. 1	70.3	Sí
	17/06/2012		49.7	
23	8/07/2012	OT Núm. 4	68	Sí
24	7/08/2012	CT Ernesto	155.8	Sí
25	15/08/2012	OT Núm. 11	140	Sí
	16/08/2012		113.1	
26	4/10/2012	FF Núm. 4	52.3	Sí
27	17/06/2013	OT Núm. 3	59	Sí
28	10/07/2013	VP	53.5	Sí
29	13/07/2013	OT Núm. 8	57.1	Sí
30	10/09/2013	OT Núm. 19	95	Sí
31	2/05/2014	FF Núm. 54	111.5	Sí
32	11/09/2014	OT Núm. 29	82	Sí
33	9/10/2014	OT Núm. 35	68.3	Sí
34	18/11/2014	FF Núm. 12	62.1	Sí
35	1/12/2014	FF Núm. 15	57.7	Sí
36	8/01/2015	FF Núm. 25	65	Sí
37	25/09/2015	VP	53	Sí

Amenaza primaria			Amenazas secundarias	
Id	Evento (fecha)	Fenómeno hidrometeorológico*	Intensidad de precipitación en 24 horas (mm)**	Registro de eventos de inundación***
38	16/10/2015	OT Núm. 44	211	Sí
	17/10/2015		92.1	
	18/10/2015		177.7	
	19/10/2015		90	
39	13/11/2015	OT Núm. 47 y 48	59.9	Sí
40	19/12/2015	FF Núm. 21	123	Sí
41	3/04/2016	FF Núm. 52	80	Sí
42	17/06/2016	OT Núm. 5	226	Sí
	18/06/2016		52.5	
43	3/08/2016	TT Earl	82	Sí
44	30/09/2016	OT Núm. 31	60	Sí
45	27/01/2018	FF Núm. 24	71.2	Sí
46	14/06/2018	OT Núm. 3-SBP	117	Sí
47	1/06/2019	ZI-SBP	50.3	Sí
48	31/05/2020	TT Amanda	81	Sí
49	4/06/2020	TT Cristóbal	73	Sí
50	18/06/2020	OT Núm. 5-SBP	67.1	Sí
51	4/11/2020	FF Núm. 11-DT Eta	60.2	Sí
52	18/11/2020	FF Núm. 13	62.9	Sí
	19/11/2020		82	
	20/11/2020		67.3	
53	12/06/2021	SBP	95.4	Sí
54	16/06/2021	SBP	66.2	Sí
55	3/09/2021	OT Núm. 26	65	Sí
56	10/09/2021	OT Núm. 29	105.2	Sí
57	20/10/2021	OT Núm. 38	67	Sí
58	29/05/2022	CT Agatha	71.2	Sí
	30/05/2022		56.5	Sí
59	18/06/2022	DT	70.7	Sí
60	18/08/2022	OT Núm. 23	179.8	Sí
	2 /11/2022	CT Lisa	91.4	Sí

Estresores

Las inundaciones pluviales urbanas en el barrio de Proterritorio se ven agravadas por diversos factores, entre los cuales destacan la rápida urbanización, la escasa planificación urbana, la insuficiente y deficiente infraestructura pluvial, la disminución de áreas verdes que conlleva a la reducción de zonas de infiltración, la saturación del manto freático por eventos de precipitaciones extremas continuas, y la acumulación de residuos sólidos que obstaculiza el adecuado funcionamiento del sistema de drenaje pluvial, afectando principalmente las rejillas, colectores pluviales y pozos de absorción. Cabe mencionar que estudios previos indican que los pozos de absorción no son una técnica recomendable para la mitigación de las inundaciones pluviales en el área de estudio (CAPA-IMTA, 2013).

A esto se suma la limitada gestión del riesgo de inundaciones, sustentada en el enfoque o paradigma tradicional «*protección o defensa contra inundaciones*» (SCHANZE, 2009), caracterizado por el uso de estrategias tradicionales, en su mayoría estructurales, que se centran en el control de inundaciones mediante infraestructura gris, específicamente a través de tuberías y alcantarillados subterráneos.

Impactos

Inundación octubre de 1995

El 10 de octubre de 1995 ocurrió este evento de inundación como consecuencia de las intensas lluvias asociadas al ciclón tropical Roxana. Este fenómeno generó inundaciones severas en alrededor de 50 viviendas del barrio de Proterritorio, con una acumulación de agua que superó los 0.5 metros.

Figura 2. Población afectada por la inundación de octubre de 1995. Fuente: Diario de Quintana Roo (1995)

La magnitud del evento dificultó el acceso a las viviendas, lo cual llevó a la evacuación de las personas afectadas. Como parte de las medidas de respuesta, se gestionó el alojamiento de la población afectada en el plantel dos del Colegio de Bachilleres. Durante este periodo crítico, se proporcionaron despensas, agua y cobijas para satisfacer las necesidades básicas de los evacuados (Diario de Quintana Roo, 1995).

6.1.1. Inundación octubre de 1998

La inundación, desencadenada por las lluvias asociadas al ciclón tropical Mitch, tuvo lugar el 27 de octubre de 1998, resultando en anegamientos en diversas viviendas y vías de comunicación del barrio de Proterritorio. Durante este evento se registraron niveles de agua que oscilaron entre 0.3 y 0.4 metros, lo que ocasionó la evacuación de aproximadamente 100 familias afectadas por la inundación. Es relevante señalar que, debido a la magnitud de este evento y a las lluvias continuas posteriores al mismo, distintas viviendas permanecieron inundadas, en promedio, durante un mes, especialmente aquellas ubicadas en zonas de baja altitud (Jiménez, 1998).

Figura 3. Población y viviendas afectadas por la inundación de octubre de 1995. Fuente: Jiménez (1998)

6.1.2. Inundación agosto 2012

Este evento ocurrió por los efectos de la onda tropical número 11, específicamente por las precipitaciones continuas registradas los días 16 y 17 de agosto de 2012, que acumularon 326 mm de lluvia, situación que ocasionó severas inundaciones en diversas áreas de Proterritorio. Uno de los puntos críticos con la máxima acumulación de agua (0.9 metros) se ubicó en el cruce de las avenidas Constituyentes del 74 con Erick Paolo Martínez, donde se ubican el plantel dos del Colegio de Bachilleres y el centro comercial Soriana. Otro sitio afectado significativamente fue la calle Dos Aguadas, donde se registró una altura de agua de 0.8 metros (CAPA-IMTA, 2013; Hernández y otros, 2012).

6.1.3. Inundación octubre de 2015

Los efectos de la onda tropical número 44 ocasionaron lluvias continuas durante cuatro días consecutivos, desde el 16 hasta el 19 de octubre de 2015, acumulando aproximadamente 600 mm de precipitación. Esta situación desencadenó graves inundaciones que afectaron diversas viviendas, comercios como Soriana y Bodega Aurrera, así como centros educativos, incluyendo el plantel dos Colegio de Bachilleres y el Centro de Actualización del Magisterio, en el barrio Proterritorio (MÁRQUEZ, 2015).

El área de inundación más crítica, que registró el mayor tirante de agua acumulada, se localizó en el cruce de las avenidas Erick Paolo Martínez con Constituyentes del 74, alcanzando una altura de 1.7 metros. Además, se reportaron zonas de encharcamientos que provocaron el cierre de distintas vialidades, como Chicozapote con Maxuxac, Chicozapote con Dos Aguadas y Constituyentes con Río Verde (CAPA-IMTA, 2016).

Figura 4. Avenida Erick Paolo con Constituyentes del 74, barrio Proterritorio. Fuente: Hernández y otros (2012)

6.1.4. Inundación agosto de 2022

El evento ocurrió el 18 de agosto de 2022 a causa de la onda tropical número 23, que provocó una precipitación acumulada de 160 mm en un periodo de siete horas. El cruce de las avenidas Erick Paolo con Constituyentes del 74 se destacó como el área con el mayor nivel de agua, alcanzando 0.7 metros (Torrero, 2022). También, se identificaron otras zonas de inundación con un menor nivel de acumulación de agua (0.5 metros), donde ingresó en algunas viviendas, específicamente las ubicadas en las calles Chablé entre 5 de febrero y Jacinto Pat, Chablé entre 10 de abril y Chicozapote, y en la intersección de las avenidas Chicozapote con Maxuxac. Cabe destacar que, a pesar de la inundación, no se reportaron daños en las viviendas, solo en algunos vehículos que quedaron varados en los sitios mencionados.

Figura 5. Sitios críticos del evento de inundación de octubre de 2015. Fuente: Márquez (2015) y trabajo de campo (2021)

Figura 6. Avenida Erick Paolo Martínez con Constituyentes del 74 Fuente: fotografías de Ediell Medina, cortesía del autor

6.2. Mecanismos de afrontamiento

Como parte de las medidas formales implementadas por las instituciones gubernamentales locales y estatales para el control de las inundaciones pluviales en el barrio Proterritorio, se destaca la ejecución de infraestructura pluvial que incluye un sistema de alcantarillado y pozos de absorción. En el año 1999, en respuesta a los efectos del ciclón tropical Mitch, el gobierno estatal asignó una inversión de 4 millones 680 mil pesos para la construcción del drenaje pluvial en Proterritorio. Específicamente, se llevó a cabo la construcción de un colector pluvial diseñado para atender uno de los puntos críticos de inundación en este barrio: el cruce de las avenidas Erick Paolo Martínez con Constituyentes del 74 (Jiménez, 1998).

Sin embargo, esta obra no fue suficiente para controlar las inundaciones pluviales en la zona. Por tanto, en el año 2020, el gobierno estatal asignó nuevamente una inversión significativa de 137 millones de pesos para la construcción de otro colector pluvial principal, con una longitud de 1.5 km, así como 1.9 km de colectores secundarios que incorporan más de 30 bocas de tormenta o captadores de agua pluvial. Esta infraestructura se construyó con el propósito de contribuir a mitigar las zonas de inundaciones y encharcamientos identificados en los barrios de Proterritorio, Solidaridad y del Bosque (Torrero, 2021) (Figura 7).

Figura 7. Zonas de inundación e infraestructura pluvial en Proterritorio. Fuente: elaboración propia con base en trabajo de campo (2021).

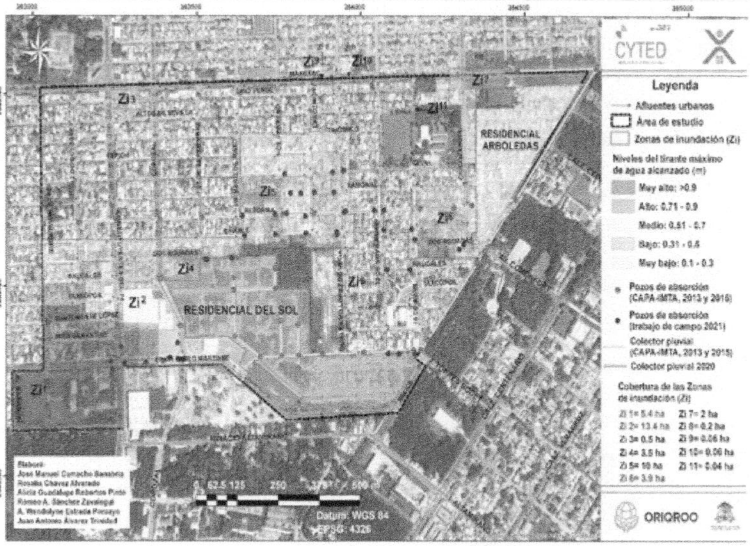

Adicionalmente, las instituciones locales y estatales llevan a cabo acciones coordinadas, como el previamente mencionado «Operativo Tormenta», enfocado en la limpieza del alcantarillado pluvial, desazolve de pozos de absorción y canales de desagüe. Este operativo también se encarga del cierre de vías de comunicación en puntos críticos inundados y, en situaciones de emergencia, implementa medidas de auxilio para la población afectada por desastres asociados a las inundaciones pluviales, contribuyendo así a la preservación de sus bienes y entorno (Figura 8).

Figura 8. Operativo Tormenta: acciones de Protección Civil Municipal. Fuente: fotografía de Ediell Medina, cortesía del autor.

En un contexto similar, los habitantes del barrio Proterritorio han emprendido acciones (informales) para hacer frente a las inundaciones pluviales. Entre estas iniciativas destacan las adaptaciones estructurales en sus viviendas para prevenir la entrada del flujo del agua, la recolección de residuos que obstruyen el sistema de alcantarillado y la delimitación de zonas críticas de inundación para evitar la infiltración del agua acumulada en sus viviendas, especialmente considerando el efecto de ola generado por la circulación vehicular en áreas anegadas (Figura 9).

Figura 9. Acciones informales implementadas por los residentes de Proterritorio. Fuente: fotografía de Efrén Magaña, cortesía del autor.

7. Conclusiones

El estudio de las inundaciones pluviales en Chetumal, México, destaca la exposición continua de la ciudad a fenómenos hidrometeorológicos extremos, como ondas tropicales, frentes fríos y ciclones tropicales que generan inundaciones pluviales. Estas, a su vez, generan impactos sociales y económicos a escala micro, afectando específicamente a barrios como el de Proterritorio. La rápida urbanización, la escasa planificación urbana y la insuficiente infraestructura pluvial contribuyen de manera significativa a la magnitud de las inundaciones. Además, la pérdida de la cobertura vegetal y la gestión del riesgo tradicional, centrada en el control de inundaciones, han agravado considerablemente esta problemática.

Las organizaciones y estructuras de gobernanza comunitaria desempeñan un papel importante en el control y mitigación de las inundaciones pluviales. Aunque han surgido algunas iniciativas en respuesta a la falta de intervención institucional, es evidente que la colaboración interinstitucional y las acciones coordinadas son esenciales para abordar de manera integral los desafíos asociados a las inundaciones pluviales en el barrio de Proterritorio.

Aun cuando existen planes y documentos que proporcionan un marco para la gestión del riesgo, destacando la importancia de la prevención, la mitigación y la preparación, se hace evidente la necesidad de estrategias más efectivas y sostenibles, así como la implementación adecuada de infraestructura pluvial. A pesar de los avances experimentados en el sistema de drenaje pluvial, se requieren mejoras continuas y un mantenimiento adecuado para garantizar su eficacia a largo plazo.

En resumen, el análisis revela la complejidad de los desafíos asociados a las inundaciones pluviales a escala micro, evidenciado la necesidad de proponer estrategias que integren medidas estructurales y no estructurales, involucren activamente a la comunidad y promuevan una gestión sostenible del riesgo en el contexto de un clima cambiante. La adopción de enfoques holísticos, inclusivos y colaborativos se sugiere como una alternativa fundamental para el logro, fortalecimiento y empoderamiento de la resiliencia comunitaria del barrio Proterritorio ante futuros eventos de inundaciones pluviales.

8. Referencias bibliográficas

AYUNTAMIENTO DE OTHÓN P. BLANCO, *Programa de Ordenamiento Ecológico Local del Municipio de Othón* P. Blanco. México: autor, 2015, S.L.

AYUNTAMIENTO DE OTHÓN P. BLANCO, *Plan Municipal de Desarrollo 2021-2024 de Othón* P. Blanco. México: autor, 2021b, S.L.

BINNS, A., «Sustainable development and flood risk management». *Journal of Flood Risk Management*, 2022, 15(2), https://doi.org/10.1111/jfr3.12807

BUKVIC, A. y otros, «Exploring neighborhood-level resilience to flooding: Why the context and scale matter». *J Flood Risk Management*, 14: e12698, 2021, S.L, https://doi.org/10.1111/jfr3.12698

CENTRO NACIONAL DE PREVENCIÓN DE DESASTRES (CENAPRED), *Serie Fascículos. Tormentas Severas. México: Secretaría de Seguridad y Protección Ciudadana*, 2021, S.L, https://www.cenapred.unam.mx/es/Publicaciones/archivos/189-FASCCULOTORMENTASSEVERAS.PDF

COMISIÓN DE AGUA POTABLE Y ALCANTARILLADO DE QUINTANA ROO – Instituto Mexicano de Tecnología del Agua (CAPA-IMTA), *Programa para el manejo del agua pluvial de la ciudad de Chetumal*, Quintana Roo. México, 2013, S.L

COMISIÓN DE AGUA POTABLE Y ALCANTARILLADO DE QUINTANA ROO – Instituto Mexicano de Tecnología del Agua (CAPA-IMTA), *Estudio Geohidrológico en el Acuífero de Chetumal, Quintana Roo*. México, 2016, S.L.

Cote, M. y Nightingale, A. J., «Resilience thinking meets social theory: Situating social change in socio-ecological systems (SES) research». *Progress in Human Geography*, 2012, 36(4), págs. 475-489, https://doi.org/10.1177/0309132511425708

Dewa, O., Makoka, D. y Ayo-Yusuf, O. A., «Measuring community flood resilience and associated factors in rural Malawi», *Journal of Flood Risk Management*, 16(1), e12874, 2023, https://doi.org/10.1111/jfr3.12874

Fragoso-Servón, P. y Pereira-Corona, A., «Suelos y karst, origen de inundaciones y hundimientos en Chetumal, Quintana Roo, México». *European Scientific Journal*, 2018, 14(14), págs. 33-52, https://doi.org/10.19044/esj.2018.v14n14p33

Hernández, S., Maldonado, M., y Ortiz, A. (2012, 17 de agosto). «"Ernesto" resultó un bebé Onda tropical 11 pone en jaque a chetumaleños ante severas inundaciones: intensas lluvias desatan caos». *Diario de Quintana Roo*, p. A4-5.

Hernández, M., Carreño, M. y Castillo, L., «Methodologies and tools of risk management: Hurricane risk index (HRi)». *International Journal of Disaster Risk Reduction*, 31, 926-937, 2018, https://doi.org/10.1016/j.ijdrr.2018.08.006

INSTITUTO NACIONAL DE ESTADÍSTICA Y GEOGRAFÍA (INEGI) (2020b). Censo de Población y Vivienda 2020. *Principales resultados por AGEB y manzana urbana.* México: autor. https://www.inegi.org.mx/programas/ccpv/2020/#microdatos

Jiménez, B., «Millonaria inversión para salud y comunicaciones. Pasó el peligro». *Diario de Quintana Roo*,1998, pág. A1 (18 de octubre).

Karrasch, L., Restemeyer, B. y Klenke, T., «The 'Flood Resilience Rose': A management tool to promote transformation towards flood resilience», *Journal of Flood Risk Management*, 2021,14, e12726, https://doi.org/10.1111/jfr3.12726

López, G.D. y Hernández, M.L., «Generación de mapas de riesgo por inundación en zonas urbanas de Quintana Roo», *En O. Frausto y otros, Cambio Climático y Turismo en las costas Caribe y Pacífico de México*, México: Editorial Universidad de Matanzas, 2021, págs. 87-101, https://www.researchgate.net/publication/353720148_Generacion_de_mapas_de_riesgo_por_inundacion_en_zonas_urbanas_de_Quintana_Roo

MÁRQUEZ, J., «Dispone Beto Borge ante intensas lluvias y ordena a su gabinete mantenerse alerta. Acciones concretas». *Diario de Quintana Roo*, 2015, pág. A2, (18 de octubre).

RODRÍGUEZ-ESTEVES, J.M., *Los desastres de origen natural en México: el papel del FONDEN.* Estudios Sociales, 2004, 12(23), págs. 74-96 https://www.redalyc.org/pdf/417/41751458004.pdf

RODRÍGUEZ-ALARCÓN, M.N. «Entre huracanes e inundaciones: riesgo y vulnerabilidad en la ciudad de Chetumal frente a las amenazas hidrometeorológicas», en R. Altez e I. Campos (eds.), *Antropología, Historia y Vulnerabilidad: miradas diversas desde América Latina, México: El Colegio de Michoacán.* A.C, 2018, págs. 21-57, https://www.academia.edu/39783137/Entre_huracanes_e_inundaciones_Riesgo_y_vulnerabilidad_en_la_ciudad_de_Chetumal_frente_a_las_amenazas_hidrometeorol%C3%B3gicas

ROSENZWEIG, B.R. y otros, *Pluvial flood risk and opportunities for resilience* WIREs Water, 20185(6), 1-18, https://doi.org/10.1002/wat2.1302

SATOUR, N. y otros, «Spatialized flood resilience measurement in rapidly urbanized coastal areas with a complex semi-arid environment in northern Morocco». *Natural Hazards and Earth System Sciences*, 2018, 21(3), págs. 1101-1118, https://nhess.copernicus.org/articles/21/1101/2021/nhess-21-1101-2021.html

SCHANZE, J., «Journal of Flood Risk Management». *Journal of Flood Risk Management*, 2019, 2(3), págs,149-150, https://doi.org/10.1111/j.1753-318X.2009.01038.x

SCHANZE, J., *Pluvial flood risk management: an evolving and specific field, Journal of Flood Risk Management*, 201811(3), págs. 227-229. https://doi.org/10.1111/jfr3.12487

TAMBAL, S., y otros, «Increasing urban flood resilience through public participation: A case study of Tuti Island in Khartoum, Sudan». *Journal of Flood Risk Management*, 2024, S.I, e12966. https://doi.org/10.1111/jfr3.12966

TORRERO, M., «Inaugura el Gobernador en Chetumal emblemáticas obras». *Diario de Quintana Roo,* 2021, pág. 12A, (19 de enero).

TORRERO, M., «Ante efectos de la onda tropical 23 Chetumal quedó bajo el agua». *Diario de Quintana Roo*, 2022, pág. 3A (19 de Agosto).

UNDRR y CRED, Human cost of disasters – an overview of the last 20 years 2000-2019. UN Office for Disaster Risk Reduction, 2020.

UNIVERSIDAD DE QUINTANA ROO – Centro de Información Geográfica (UQROO – CIG), *Atlas de Riesgo de la ciudad de Chetumal, Municipio de Othón* P. Blanco, Quintana Roo, 2011, S.L, México: autor.

WEBBER, J. y otros, «Targeting property flood resilience in flood risk management» , *J Flood Risk Management*. 2021, 14, e12723. https://doi.org/10.1111/jfr3.12723

YARON, G., WILSON, D., «Estimating the economic returns to community-level interventions that build resilience to flooding». *J Flood Risk Management*, 2020, 13: e12662. https://doi.org/10.1111/jfr3.12662

INSTITUTO NACIONAL DE ESTADÍSTICA Y GEOGRAFÍA (INEGI), Marco Geoestadístico. Censo de Población y Vivienda 2020, 2020a, S.L, México: autor. https://www.inegi.org.mx/app/biblioteca/ficha.html?upc=889463807469

AYUNTAMIENTO DE OTHÓN P. Blanco, Actualización del Programa de Desarrollo Urbano Chetumal, Calderitas, Subteniente López, Huay-pix, Xul-há. 2021a, S.L, México: autor.

CAPÍTULO 9

RESILIENCIA COMUNITARIA DE LA COMUNIDAD RURAL EL PORCAL, MADRIZ, NICARAGUA: EVALUACIÓN DEL CONTEXTO Y CARACTERÍSTICAS

Marjorie Isabel Toruño Álvarez
Instituto de Geología y Geofísica
UNAN-Managua

Keila Saraí Ballestero Laguna
Instituto de Geología y Geofísica
UNAN-Managua

Rolando José Gutiérrez Corea
Centro Universitario Regional de Somoto (CUR-Somoto)
UNAN-León

Karolina de los Ángeles D´Trinidad Almanza
Instituto de Geología y Geofísica
UNAN-Managua

Elliet del Carmen Pérez Romero
Instituto de Geología y Geofísica
UNAN-Managua

Carlos Ariel Rubí Téllez
Instituto de Geología y Geofísica
UNAN-Managua

Horacio Alejando Ulloa López
Instituto de Geología y Geofísica
UNAN-Managua

Resumen: Este capítulo presenta la evaluación del contexto general de la comunidad El Porcal, en Madriz, Nicaragua. Este se llevó a cabo a través de 8 secciones: las características sociodemográficas, las organizaciones y estructuras de gobernanza presentes, los planes existentes a nivel comunitario, la descripción de las características ambientales, los grupos más vulnerables en la comunidad y finalmente la identificación de los escenarios de riesgos que más afecta a los habitantes de área en estudio. Se utilizaron diferentes instrumentos para recopilar la información: la guía principal fue la Parte A del kit de herramienta conocida como Análisis de la Resiliencia Comunitaria ante Desastres (ARC-D) propuesta por GOAL en 2016. Esta metodología fue adoptada por la Red Iberoamericana para la Formación de Comunidades Resilientes antes Riesgos y Desastres por Eventos Naturales Extremos (RIFOREDEx) para llevar a cabo su plan de trabajo y de la cual forma parte este trabajo. Se incorporó de manera complementaria una guía para caracterizar aspectos biogeográficos y económicos, una guía para entrevistas semiestructuradas a pobladores claves de la comunidad y se desarrolló un grupo focal. Como resultado se determinó que la Sequía es el escenario de riesgo que más afecta a la comunidad.

Palabras clave: Resiliencia, comunitaria, desastres, contexto, características, El Porcal.

1. Introducción

Este capítulo presenta la evaluación del contexto general de la comunidad El Porcal seleccionada por el Grupo Nacional de Nicaragua miembro de RIFOREDEx. Este trabajo se lleva a cabo a través de 8 secciones en las que aborda el análisis de las características sociodemográficas de la comunidad, las organizaciones y estructuras de gobernanza presentes, se hace una revisión de planes existentes a nivel comunitario, la descripción de las características ambientales, como la identificación de los grupos más vulnerables en la comunidad, y finalmente la identificación de los escenarios de riesgos a los que se enfrenta la comunidad y cuál de ellos es el más devastador para la población.

Para ello se utilizaron diferentes instrumentos para recopilar la información la guía principal fue la Parte A del kit de herramienta propuesta por Mccaul y Mitsidou (2016); «Análisis de la Resiliencia Comunitaria ante Desastres» (ARC-D). Esta fue adoptada por la Red Iberoamericana para la Formación de Comunidades Resilientes antes Riesgos y Desastres por Eventos Naturales Extremos (RIFOREDEx). Se complementa con una guía de observación para caracterizar aspectos biogeográficos y económicos, además de entrevistas semiestructuradas a pobladores claves de la comunidad. Adicionalmente, se desarrolló un grupo focal, lo que permitió acercarse más con los pobladores y conocer otros aspectos no contemplados en el cuestionario de contextualización.

Este estudio es relevante para reducir el riesgo de desastres y fortalecer la resiliencia comunitaria ante eventos extremos, ya que marca un punto de partida hacia la resiliencia, revela las fortalezas y debilidades de la comunidad, lo que permitirá desarrollar estrategias de fortalecimiento para el proceso y dar salida a las prioridades del Marco de Sendai y a los Objetivos de Desarrollo

Sostenible (ODS), en particular el ODS 11, relacionado con ciudades resilientes desde distintos aspectos, como vivienda, transporte, suministro de agua, energía, comunicaciones, servicios de salud; todos interconectados para resistir. Se aporta a cumplimiento que marcan los lineamientos 10 y 11 del Plan Nacional de Lucha contra la Pobreza y Desarrollo Humano (2022-2026) vigente en nuestro país, que se refieren a construir ciudades inclusivas y resilientes y a mitigar los impactos de la variabilidad y cambio climáticos, por los efectos significativos de estos fenómenos en el medio ambiente, la economía y la sociedad. Por ello, este lineamiento se centra en la protección del medio ambiente, la seguridad alimentaria, la protección de la salud humana y la reducción de la pobreza y desigualdad; ejes fundamentales que ayudan a fomentar buenas prácticas sostenibles que aportan a la resiliencia.

Los temas abordados en este trabajo recogen cifras básicas de población y subgrupos de población, la existencia y actividades de grupos de gobernanza local, la existencia y uso de planes a nivel comunitario, la descripción del entorno físico y natural, la identificación de los grupos más vulnerables, las principales amenazas y estresores que afectan a la comunidad, y un análisis de cómo éstos se interrelacionan e interactúan para formar «escenarios de riesgo».

2. Método de investigación

2.1. Área de estudio

Para este análisis se seleccionó la comunidad El Porcal por ser una comunidad típica entre las comunidades que forman parte de la ecorregión del Corredor Seco de Nicaragua, además de ser una comunidad de los pueblos originarios de Nicaragua de la Tribu de los Chorotegas, Villalta Orozco, (2018) lo que le da valor cultural. Otro punto de relevancia es que es parte del territorio del Río Coco Geoparque Mundial de la UNESCO. Se ubica en el municipio de San Lucas, en el departamento de Madriz, al norte del país, entre las coordenadas UTM 541000 O – 148600 N y 54500 E – 1480000, con una extensión territorial 3.8km^2 y a 228 km de la capital Managua y 8 km de Somoto. Colinda al este con la comunidad El Volcán, al sur con la ciudad de San Lucas y Comunidad El Guaylo, al oeste con la comunidad Los Canales y al norte con la comunidad Unile.

2.2. Materiales y métodos

El estudio de la resiliencia comunitaria puede ser abordado desde diferentes enfoques. Autores de diferentes disciplinas ha propuesto una variedad de métodos, índices, herramientas para logar este cometido (Toruño, Ballestero y Gutiérrez, 2024). De entre toda esa gama de instrumentos esta investigación retoma la herramienta conocida como Análisis de la Resiliencia Comunitaria de las comunidades ante Desastres (ARC-D) propuesta por MCCAUL Y MITSIDOU (2016), la que se divide en dos partes, enfocándose en la Parte A.

Esta parte tiene como alcance el análisis del contexto general de la comunidad seleccionada como objeto de estudio que corresponde a la comunidad El Porcal, ver Figura1. El contexto general se aborda a través de 8 aspectos, sin embargo, en este trabajo se presentan a través de 6 acápites: Características Sociodemográficas, las estructuras organizativas a nivel comunitario (interna y externas), los planes y documentos elaborados a nivel comunitario, las características ambientales, los grupos más vulnerables, los escenarios de riesgos identificados.

El instrumento principal para esta investigación es la guía metodológica de recopilación de información que propone la parte A de ARC-D. Esta guía propone llenar un cuestionario a través del cual se abordan los 8 aspectos mencionados antes. Este proceso de recolección de información primaria se llevó a cabo durante el desarrollo de un grupo focal como lo indica la guía. Se diseñó una guía para dirigir el grupo focal, una guía de entrevistas semiestructuradas y una guía de observación. En el grupo focal participaron 11 actores claves de la comunidad con representación de líderes comunitarios, representantes de cooperativas de mujeres, brigadistas de salud, de educación, entre otros.

Esta última se retomó y adaptó del trabajo elaborado por Romero Arrechavala, López Briceño y Villalta Orozco (2020). Está estructurada a través de bloques; el primero aborda los datos generales de la comunidad, el segundo los datos biofísicos y el tercero los datos económicos. Adicionalmente se realizó un análisis morfométrico e hipsométrico con base un Modelo de Elevación Digital ALOS PALSA de 12.5 m que fue descargado de la plataforma Earth Data Search. Para llevar a cabo este análisis se utilizó una serie de índices como el perímetro de la cuenca, la longitud del río principal, el factor de forma, histograma de altitudes, pendiente media de la cuenca, densidad de drenaje y la curva hipsométrica. Todos estos índices se calculan a través de las ecuaciones que se muestran en la Tabla 1.

Tabla 1. Lista de ecuaciones requeridas para el análisis morfométrico. Fuente. Elaborada por los autores con base en la bibliografía existente

No	Ecuación	Descripción	Parámetros
E.1	$K_f = \frac{A}{L^2}$	Factor de forma de Horton	R_f: Factor de forma de Horton A: área de la cuenca en km^2 L: Longitud de máximo recorrido

No	Ecuación	Descripción	Parámetros
E.2	$K_c = \frac{P_{cuenca}}{2\pi \left(\frac{A_{cuenca}}{\pi}\right)^{\frac{1}{2}}}$	Índice de compacidad	Kc: índice de compacidad P: Perímetro de la cuenca (km) A: Área de la cuenca (km^2)
E.3	$H_a = \frac{P_{C\ max-min}}{F}$	Histograma de altitudes	H_a: Histograma de Altitudes $P_{Cmax,min.}$: Promedio de cotas máximas y mínimas F: Frecuencia del área
E.4	$C_h = \frac{P_{C\ max-min}}{F_{Ac}}$	Curva Hipsométrica	C_h: Curva Hipsométrica $P_{Cmax,min.}$: Promedio de cotas máximas y mínimas F_{Ac}: Frecuencia acumulada del área
E.5	$S_m = \frac{L * D}{A}$	Pendiente media de la cuenca	S_m: Pendiente media de la cuenca D: Diferencia entre curvas de nivel L: Longitud total de las curvas de nivel A: Área de la cuenca
E.6	$P_c = \frac{C_{max} - C_{min}}{L}$	Pendiente media del cauce	P_c: Pendiente media del cauce C_{max}: Cota máxima C_{min}: Cota Mínima L: Longitud del cauce
E.7.	$D = \frac{\sum Lc}{A}$	Densidad de Drenaje	D: Densidad de drenaje $\sum$Lc: Suma de las longitudes de los cursos que integran la cuenca. A: Área de la cuenca

3. Resultados

Con base en los procesos de recopilación de información y procesamiento de información, se presentan los resultados obtenidos.

3.1. Características Sociodemográficas

La comunidad El Porcal se ubica en el municipio de San Lucas, en el departamento de Madriz, al norte del país, entre las coordenadas 541000 O – 148600 N y 54500 E – 14810 (UTM), con una extensión territorial 3.8km^2 a 228 km de la capital Managua y 8km de Somoto. Colinda al este con la comunidad El Volcán, al sur con la ciudad de San Lucas y Comunidad El Guaylo, al oeste con la comunidad Los Canales y al norte con la comunidad Unile. Además, esta comunidad se subdivide en 4 sectores, lo que favorece su organización. Un dato importante es que la principal vía de acceso es la carretera que une a Somoto con San José de Cusmapa. Ver Figura 1.

El Porcal forma parte de la microrregión III del municipio de San Lucas, de acuerdo con el informe PRESANCA II & PRESISAN (2015), a la vez es parte de la Reserva Tepesomoto-La Patasta y del Corredor Seco de Nicaragua. Esta comunidad integra gran parte de la unidad hidrográfica del Río Inalí, de la misma manera al territorio del Río Coco Geoparque Mundial de la UNESCO, integrado en 2020 a la Red de Geoparques Globales (UNESCO, 2020).

Figura 1. Mapa de ubicación del área de estudio. Fuente. Mapa de Ubicación de la comunidad El Porcal en el municipio de San Lucas, Departamento de Madriz, Nicaragua. Elaborado en ArcGIS PRO, con Capa de datos de la Base Cartográfica de INETER 1989. Mapa Base Charter Territory y Sombreado Mundial de ArcGIS Pro. UTM WGS84. Zona 16 N

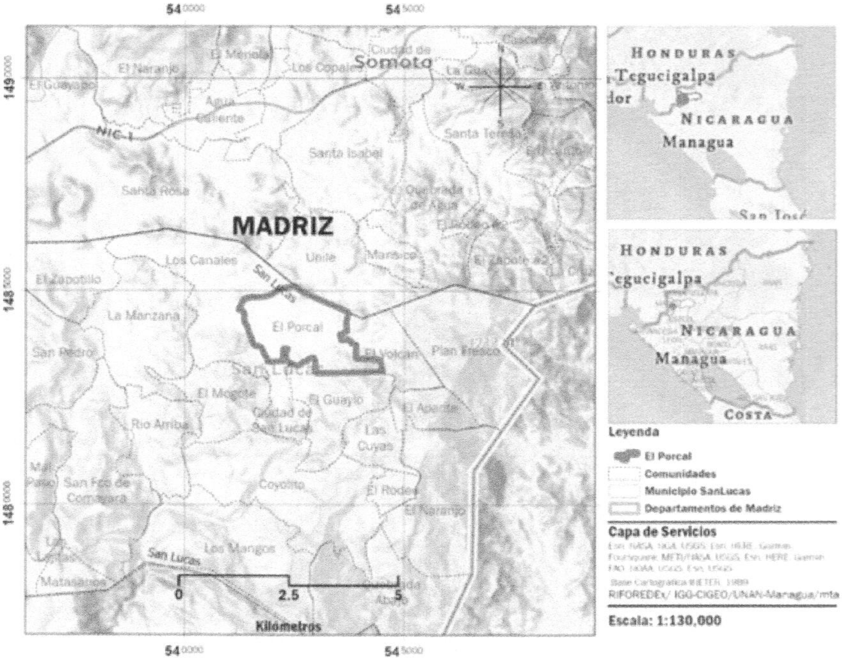

Población

La población de la comunidad El Porcal hasta 2022 está compuesta por 546 habitantes y se caracteriza por estar constituida en más del 60 % por el grupo etario entre los 18 y 60 años (ver Figura 2), los que representan a población económicamente activa y forman parte de cooperativas dirigidas y compuestas por mujeres entre este rango de edad, también están son representantes ante entidades de gobierno como es el caso de El Ministerio de la Familia, Adolescencia y Niñez (MIFAM) como enlace, en el Ministerio de Salud como Brigadistas de Salud, en el Ministerio de Educación (MINED) en posiciones de directores de núcleos educativos que atienden la escuela y preescolar en El Porcal.

Este grupo simboliza una fortaleza para el desarrollo de la comunidad desde el punto de vista del involucramiento temprano en aspectos de preparación, respuesta, gobernanza y conocimiento del riesgo para la comunidad; es decir, para la construcción de la resiliencia comunitaria ante desastres, además de que figura la fuerza económica del presente y del futuro en unión al 31 % de la población que corresponde a los niños y jóvenes menos de 18 años, ver Figura 2.

Figura 2. Composición etaria de la población de la comunidad El Porcal. Fuente. Elaborada con base a los datos recopilados en abril del 2022 proveniente del registro llevado por los líderes comunitarios

Por otro lado, el 9 % de la población supera los 60 años y ocupa mayoritariamente cargos de líderes comunitarios en diferentes estructuras, por ejemplo, en los Comités de Agua Potable y Saneamiento (CAPS) y en Comités Locales de Prevención, Mitigación y Reducción de Desastres (COLOPRED), entre otras organizaciones comunales. Esto fortalece a la comunidad pues con su experiencia van aportando a la formación de nuevos líderes que vienen emergiendo en el seno de la comunidad.

3.2. Origen de la comunidad

En esta sección se aborda el origen y fundación, afiliaciones religiosas, la tenencia de la tierra, y el grado de analfabetismo de la comunidad en estudio. Estas características se lograron determinar a través de entrevistas con líderes comunitarios y pobladores de la comunidad, además de la revisión bibliográfica pertinente. De acuerdo con estas entrevistas, el nombre de la comunidad se debe a una planta que había en el lugar; esta se encontraba en chagüites de agua y era usada para vender productos orgánicos. Según explica doña Francisca Ruiz, inicialmente fue conocida como «El Puercal», pero en el año 1980 tuvo un cambio, dado que la planta se perdió al pasar de los años, adoptando así el nombre de El Porcal, decisión tomada por los líderes comunitarios (Ruiz Pérez, 2022).

Entre los fundadores se cuentan las familias de: Juan José Rivas, Heriberto Rivas, María Esther Rivas Jiménez, Eugenia Gutiérrez, Rivas Velásquez, Rivas Rivera, Muñoz, Gómez Melgara y Miranda. Por otro lado, don Luis Alfonso Rivas comentó que «El Porcal ya estaba fundado en el año 1945», (K.S. Ballestero, comunicación personal, 04 de abril 2022).

Referente al origen de la comunidad, en entrevistas realizadas a pobladores, se menciona que la comunidad El Porcal es parte del pueblo de los Chorotegas, uno de los siete pueblos indígenas de Nicaragua mencionado por Iwgia (2021) y también en el estudio de Villalta Orozco (2018), sobre el caso de los cinco pueblos indígenas de Madriz y Nueva Segovia, en el que se valida que El Porcal es parte de los Chorotegas. «Los pueblos chorotegas de la región de Nueva Segovia se asientan de forma dispersa en cinco territorios: Mozonte, en el departamento de Nueva Segovia, Telpaneca, Totogalpa, San Lucas y San José de Cusmapa, en el departamento de Madriz (Villalta Orozco, 2018)». Sobre la tenencia de la tierra, El Porcal es una comunidad 100 % rural y agrícola. Según Gómez Rivera (2003) al menos el 85 % de las familias de la comunidad contaban con títulos de propiedad. En cuanto al culto religioso, la población es mayoritariamente católica con un 65 % y evangélica un 35 %, y acerca de la escolaridad, según los registros de los líderes comunitarios solo se cuenta con un 2 % de analfabetismo.

3.3. Estructuras organizativas a nivel comunitario (interna y externas)

Desde el año 2000 Nicaragua cuenta con la Ley N.° 337 (2000), la cual creó el Sistema Nacional para la Prevención, Mitigación y Atención de Desastres (SINAPRED). Esta Ley articula instituciones gubernamentales, no gubernamentales y la sociedad civil a través de comisiones de trabajo intersectoriales; a su vez, define los niveles de organización desde el nivel nacional a través de SINAPRED, hasta el nivel más pequeño que corresponde a las comunidades o barrios. Esta organización se hace por medio de comités que permiten enlazarse con otras estructuras de manera horizontal, con el fin de prevenir, mitigar y reducir el riesgo de desastres. En la comunidad El Porcal se trabaja con el Comité Local para la Prevención, Mitigación y Atención de Desastres (COLOPRED), que posibilita la gestión de los factores de riesgo, acciones de reducción de desastres, enlazado con el nivel municipal.

En esta comunidad, el nivel de organización está estructurado en cuatro sectores. Cada uno representa un conjunto específico de intereses, necesidades y desafíos, al trabajar de esta forma, los líderes pueden abordar de manera más efectiva los problemas y oportunidades específicas que surgen en cada área. Como principal medio de gestión comunitaria, «la gobernanza es una propuesta de expansión que debe tener su base en el desarrollo social y es particularmente atribuible a las crecientes o cambiantes interdependencias sociales» (Kooiman, 2005). Al respecto, los pobladores de El Porcal participan en la toma de decisiones sobre los asuntos vinculados a las temáticas de seguridad escolar, salud, agua potable, saneamiento y alimentación. El alcalde de San Lucas por su parte, resalta la buena estructura organizativa que existe en la comunidad, lo que es favorable para la gobernanza y desarrollar proyectos de mejora continua (Altamirano, 2022).

En el proceso de investigación participativa, se ha comprobado que en cada comité hay presencia e interacción de diversos actores o líderes comunitarios que colaboran en la ejecución y seguimiento de acciones de interés colectivo, con el objetivo de mejorar la calidad de vida en su territorio. La experiencia involucra a personas encargadas de las siguientes áreas: coordinador de comité, responsable de puesto de mando e información, responsable de puesto de monitoreo y alerta, responsable de brigada, responsable de suministros, y responsable de albergues; estos roles se han asignado en igualdad de género.

En relación con el tema forestal no existe un comité en la comunidad; sin embargo, los líderes comunitarios juegan un rol importante en el comité municipal referente a estos temas, ya que se requiere de su aprobación para autorizar el corte de un árbol, por ejemplo. De tal manera que deben saber las razones y conocen las necesidades del lugar, además de las responsabilidades que deben cumplir los solicitantes, en caso de que se les brinde el permiso.

Debido a las quemas y al despale que los pobladores hacían en años anteriores, se han brindado capacitaciones para concienciar y reducir el daño causado por la deforestación. Actualmente varios de los pobladores han iniciado unas prácticas de reforestación de las zonas de recarga hídrica, buenas prácticas de conservación de suelo y agua a través de barreras vivas en las que intercalan especies frutales, musáceas o medicinales, como el caso de la valeriana, con apoyo de entidades no gubernamentales en articulación con gubernamentales.

De manera constante se desarrollan proyectos que aportan a la resiliencia comunitaria, con los cuales se promueve y fortalecen otros medios de vida para los pobladores y dan espacio al liderazgo femenino, dado que en El Porcal las mujeres han encontrado un medio de vida a través de la apicultura, así como en otros roles de tomas de decisión a nivel comunitario. Los proyectos se desarrollan con el apoyo de instituciones gubernamentales, del sector privado, religiosas y ONG, las que han tenido presencia en la comunidad en el transcurso del tiempo y han contribuido a la construcción de capacidades de respuesta y resiliencia; a continuación, se mencionan algunas:

- Instituto Nacional de Tecnología Agropecuaria (INTA): trabaja con productores en apoyo agrícola.

- Ministerio de Economía Familiar Comunitaria Cooperativa y Asociativa (MEFCCA): da microcrédito, sirve de apoyo a las cooperativas y abre acceso a mercados para los pequeños y medianos productores.
- Ministerio Agropecuario (MAG): hace inseminación artificial porcina y bovina.
- Instituto Nacional Forestal (INAFOR): prepara viveros y apoya en reforestación.
- Ministerio de Salud (MINSA): realiza jornadas de vacunación y atención a la comunidad.
- Ministerio de Educación (MINED): da seguimiento y actualización del currículo y capacitación de los docentes. También se encarga de velar por la merienda escolar.
- El Instituto de Protección y Sanidad Agropecuaria (IPSA): capacita en apicultura, evalúan higiene y registro sanitario.
- NICAVIDA: apoya a los productores con bancos de semilla y herramientas para trabajar en el campo.
- El Instituto de Promoción Humana (INPRHU): trabaja con huertos caseros, les facilitan semillas a la comunidad para que las familias cosechen hortalizas, haciendo uso de abono orgánico, y brindan capacitaciones.
- Movimiento Comunal Nicaragüense: apoya a las mujeres apicultoras de la comunidad, brindan capacitaciones de conocimiento apícola, temas de género y autoestima.
- Asociación de Liderazgo y Desarrollo en Madriz (ALDEMA): trabaja con huertos caseros, les facilitan semillas a la comunidad para que las familias cosechen hortalizas, haciendo uso de abono orgánico.
- Ayuda en Acción: apoya a las mujeres apicultoras de la comunidad, brinda capacitaciones de conocimiento apícola, temas de género y autoestima.
- ONGAWA: gestiona proyectos de agua potable y realizan revisiones periódicas sobre estado de la infraestructura de los pozos que abastecen de agua a la comunidad.
- Escuelas radiofónicas de Nicaragua: el 16 de noviembre de 1992, el padre Bonifacio Echarri gestionó apoyo a escuelas radiofónicas de Nicaragua. La comunidad recibió apoyo en la construcción tres aulas en ese año y culminó el 8 de octubre del 2003. También capacitaron a los pobladores en el consumo de alimentos que aportaban un alto contenido nutritivo.
- Proyecto Cosecha de Agua, CATIE Nicaragua-COSUDE: aportó con capacitaciones y equipamiento en la comunidad apoyando las cosechas de agua y cultivos de patios.

- PRESANCA II Y PRESISAN SICA – UNIÓN EUROPEA: Apoyó en el fortalecimiento del proceso de planificación municipal y la formulación y ejecución de proyectos temáticos que surgen de la priorización de necesidades, analizados desde la asociación y en respuesta a los requerimientos de cada municipio.

3.4. Planes y documentos elaborados a nivel comunitario

Los documentos de planificación para la respuesta, con sus medios y recursos asociados, están interrelacionados entre los diferentes niveles institucionales, sectoriales y territoriales. Se derivan de una organización que parte desde el nivel nacional a través del Sistema Nacional para la Prevención, Mitigación y Atención de Desastres (SINAPRED) del cual se desarrolla la estructura municipal (COMUPRED), comisión de trabajo sectorial que recopila información para conocer sus principales amenazas y vulnerabilidades, con el fin de identificar necesidades y de esta forma incorporar las acciones de prevención, mitigación y atención de desastres. Esta estructura contempla para las comunidades la organización comunitaria a través del COLOPRED, donde se elaboran y ejecutan los planes de respuesta comunitaria.

Además, esta comisión se integra por miembros de otras comisiones de instituciones de gobierno presentes, como MINED, MINSA, Consejo Nacional de Universidades (CNU), estructuras políticas, Policía Nacional, facilitadores judiciales, entre otros actores, lo que facilita la toma inmediata de decisiones por el bienestar de las familias, sin dejar por fuera a los líderes comunitarios, SINAPRED & OPS/OMS, (2020). Como resultado de esta interacción en el municipio de San Lucas se cuenta con un Plan de Desarrollo; Diagnóstico del Plan municipal de San Lucas como parte del Plan de Ordenamiento Territorial Forestal, en el que también se contempla el Plan de Uso de Tierra, Plan Municipal de Gestión de Riesgo ante Sequía (PMGRAS) que está siendo actualizado por el SINAPRED en conjunto con la municipalidad y otras instancias pertinentes.

Como parte de esta articulación, desde los centros educativos se elaboran y ponen en práctica los Planes de Seguridad Escolar, SINAPRED & OPS/OMS (2020). La comunidad El Porcal, cuenta con su propio Plan de Respuesta Comunitario con Enfoque Multiamenazas, para la toma de decisiones ante amenazas y emergencias, lo que les permite resistir eventos de orígenes naturales como: huracanes, fuertes vientos, deslizamientos y movimientos sísmicos y sequía. De igual manera cuenta con su Plan de Seguridad Escolar nombrado Plan de Emergencia Multiamenazas (Escuela Profesor José Otilio Rivas, 2022). Contar con este tipo de documentos e instrumentos oficiales a diferentes niveles brinda fortaleza a los procesos de gobernanza del riesgo, por tanto, refuerza la construcción de la resiliencia comunitaria.

3.5. Características ambientales

En esta sección se presentan las características ambientales de la comunidad y sus alrededores. En principio se aborda el clima, las precipitaciones, las temporadas, su hidrografía y análisis morfométrico, geología, uso de suelos y pendientes presentes en la comunidad.

Clima y Precipitaciones de la comunidad El Porcal

La comunidad El Porcal del Municipio de San Lucas cuenta con un clima de tipo se torna húmedo en la parte más altas y montañosas. Tropical seco que de acuerdo con la precipitación media anual oscila entre los 1000 mm y 1400 mm. De acuerdo con la clasificación climática de Köppen, la región es definida como parte del corredor seco, que se caracteriza por ser subhúmedo con lluvias en el verano y otoño astronómico (Ruiz Pérez, 2021).

Según los registros de precipitaciones por las estaciones meteorológicas del Instituto de Estudios Territoriales (INETER), las precipitaciones acumuladas para el municipio de San Lucas oscilan entre 192 mm y 1894.9 mm, mostrando una precipitación media anual de 845.7 mm, como se puede apreciar en la Figura 3. Es importante señalar que, aunque se desarrollaron dos huracanes de gran magnitud a finales del año 2020, ETA e IOTA, que afectaron todo el país, para la zona de estudio solo representó una precipitación de 1310.4mm, y en contraposición para el año siguiente hubo una disminución de la precipitación anual muy notable con 555.80mm, lo que dio como resultado la pérdida total de los cultivos.

Figura 3. Precipitaciones acumuladas anuales (1970-2022). Fuente. Elaborado con base en el registro de precipitaciones de INETER en la estación meteorológica de San Lucas (1970-2022)

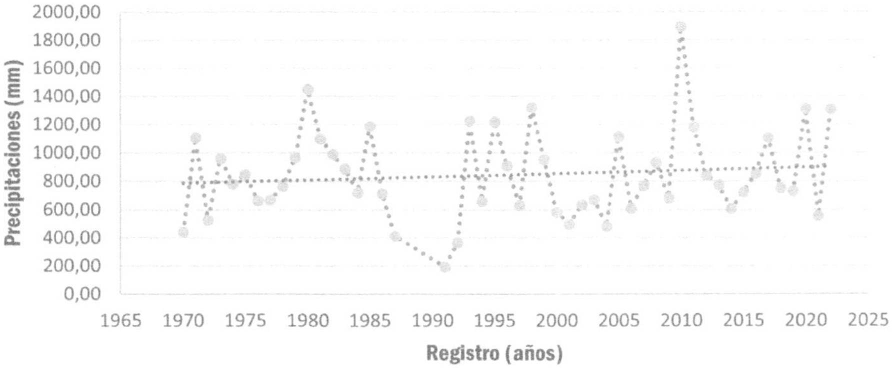

Según los registros de precipitaciones por las estaciones meteorológicas del Instituto de Estudios Territoriales (INETER), las precipitaciones acumuladas para el municipio de San Lucas oscilan entre 192 mm y 1894.9mm, mostrando una precipitación media anual de 845.7.1mm, como se puede apreciar en la Figura 3. Es importante señalar que, aunque se desarrollaron dos huracanes de gran magnitud a finales del año 2020, ETA e IOTA, que afectaron todo el país, para la zona de estudio solo representó una precipitación de 1310.4 mm, y en contraposición para el año siguiente hubo una disminución de la precipitación anual muy notable con 555.80 mm, lo que dio como resultado la pérdida total de los cultivos.

Temporadas

En todo el país se dan dos temporadas bien definidas, la estación lluviosa y la estación seca. La lluviosa comienza en mayo, finaliza en octubre. Dentro de este período lluvioso se da la canícula o se conoce también como Veranillo de San Juan, se da entre el 15 de junio al 15 de julio, aunque regularmente la canícula se registra en el periodo del 15 de julio al 15 de agosto (Ruiz Pérez, 2021). Otro dato importante es que en Nicaragua existen tres temporadas de cultivos de acuerdo con las características climáticas de las temporadas lluviosa y seca. Estas temporadas de cultivos se conocen como: Primera, que va de abril a agosto; Postrera, la que inicia en septiembre hasta noviembre y Apante que inicia en diciembre a marzo del siguiente año. En los últimos años estos ciclos de cultivos se han visto afectados por la disminución de precipitación en la zona. Como fue lo ocurrido en 2021, en el que se dio la pérdida total de la cosecha de todo el año, a pesar de que al finalizar el año anterior ocurrieron dos huracanes (ETA e IOTA) con menos de 15 días de diferencias entre ellos, pero que no tuvieron un efecto favorecedor para los cultivos del año siguiente.

En relación a la hidrología e hidrogeología de la comunidad, está conformada por un sistema de quebradas intermitentes, que fluyen en la estación lluviosa cuando hay precipitaciones. Estas quebradas forman parte de dos unidades hidrográficas, años atrás conocidas como subcuencas y corresponden a la Subcuenca Aguascalientes y la Subcuenca del Río Inalí (Benavides López, 2007; Gómez Rivera, 2003; Gutiérrez Corea, 2021; López Nolasco y Jiménez Otárola, 2008; Lorío Berríos, 2004; Obando Soriano, 2005; Palacios Ruiz, 2012; Toruño Álvarez *et al.*, 2022). Las fuentes de agua en esta comunidad son básicamente subterráneas y muchas de ellas disminuyen su caudal durante la Estación Seca, lo que dificulta la producción agrícola y el acceso al agua para consumo doméstico, ver Figura 4a.

Por otro, la geología de la zona, está compuesta por secuencias del Grupo Somoto, un complejo volcánico de edad Terciaria que aflora en Somoto, donde se encontraron rocas del tipo ignimbritas ácidas. Estratigráficamente este grupo es parte del Grupo Coyol que aflora regionalmente en la parte central del país. El *Grupo Somoto Parte Inferior* está compuesto por tres tipos litológicos básicos: aglomerados ácidos, ignimbritas de composición riolítica hasta dacítica e ignimbritas andesíticas oscuras del tipo «block and ash».

El Grupo Somoto Parte Superior tiene capas de gran espesor de ignimbritas y flujos de aglomerados acompañados de lavas basálticas y situado en la parte superior del Grupo Somoto. También se encuentran sedimentos cuaternarios como depósitos coluviales y sedimentos fluviales en forma de flujos montañosos y abanicos aluviales. Estos materiales forman capas de espesores variados de entre muy pocos a muchos metros, dispuestos desordenadamente, con una superficie de 10 a 20 msnm de la planicie actual (Hradecký *et al.,* 2004), ver Figura 4b.

Con relación al uso y cobertura del suelo en la comunidad, más del 40 % del área se utiliza para cultivo anual, seguido de pastizales en un 30 % y vegetación arbustiva con un 23 %, en menor medida, el resto de clases identificadas en el análisis corresponden a un 7 % compuesto por bosque latifoliado denso, bosque latifoliado ralo, cultivo permanente, tacotal y agua, lo que evidencia que esta comunidad es mayormente agrícola, ver Figura 4c.

En lo referido a la altimetría, El Porcal se encuentra entre 743 y 1147 msnm, en la que predominan las pendientes de entre 0° y 5° en el 46 % del área total de la comunidad, seguido de las pendientes entre 5° y 15° con un 38 % ubicándose del centro hacia el este de la comunidad, en menor porcentaje las pendientes en el rango de los 15° a 25° sobre todo en las laderas de los cerros notándose al norte y al sureste, ver Figura 4d. Los rangos de 25° a 35° y 35° a 45° se ubican al sureste de El Porcal sobre todo las laderas del Cerro Tepesomoto, puntualmente se determinaron pendientes mayores a 45°. En torno a los suelos, se abordan dos aspectos: orden de suelo y usos de suelo extraídos del Atlas de Nicaragua, (Ineter *et al.,* 2015).

Predominan los suelos Mollisoles, estos suelos suelen ser oscuros, enriquecidos con alto contenido de materia orgánica, son suaves y bien estructurados, y se mantienen así aún en estado seco, además tienen la característica de presentar alta fertilidad natural, INETER-DGOT (2021). En cuanto a los Subórdenes, Udolls (H): suelen permanecer secos menos de 90 días consecutivos en años normales durante la época lluviosa, lo que favorece a los cultivos debido a que no presentan déficit de agua durante el desarrollo del cultivo INETER-DGOT (2021), ver Figura 4e.

Figura 4. Características ambientales de la comunidad El Porcal. Fuente. Elaborado por los autores con la descripción siguiente. a) Mapa de hidrológico de la comunidad El Porcal; b) Mapa Geológico del municipio de la comunidad El Porcal y su entorno el municipio de San Lucas; c) Mapa de Coberturas y Uso de la Tierra en El Porcal; d) Mapa de Pendientes en grados de la comunidad; e) Mapa de Ordenes y Subórdenes de Suelo de la comunidad

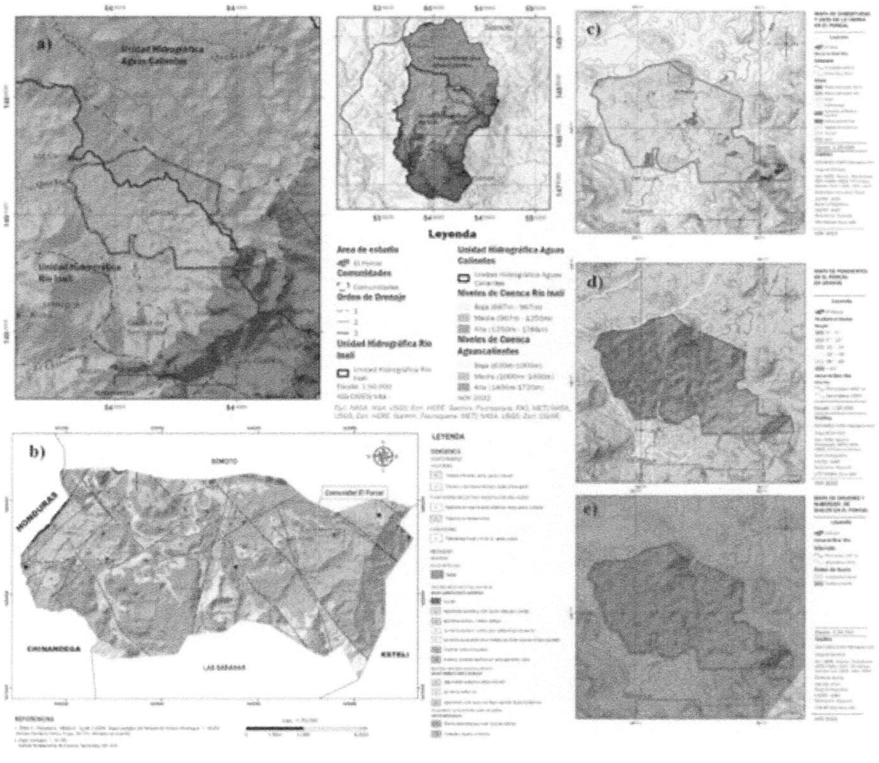

Respecto a la construcción de las viviendas, la comunidad cuenta con 136 viviendas, 6 de las cuales son construidas con paredes de concreto y techo de zinc; 47 viviendas con paredes de adobe y techo de tejas; 83 viviendas construidas con materiales mixtos como minifaldas, casas de mitad de concreto y madera, ripios y plástico, Ruiz Pérez (2021). Sin embargo, en el momento de llenar la encuesta la líder comunitaria confirmó que el número de viviendas en la comunidad en ese momento era de 146 viviendas, sin tener la estadística de los tipos de construcción. Por observación se pudo determinar que la mayoría de las viviendas es construida con bloques de ladrillos elaborados por los mismos pobladores, a las que les acomodan el sistema de techo de tejas o zinc, sin alguna técnica de construcción que fije un sistema al otro.

3.6. Análisis Morfométrico

Los resultados del cálculo de los índices que conlleva el análisis morfométrico se presentan en la Tabla 2.

Tabla 2. Índice Morfométricos de las cuencas del Río Inalí y Aguas Calientes. Fuente. Elaborado con base en el Modelo de Elevación Digital ALOS PALSAR aplicando las ecuaciones de la Tabla 1

Nombre de la Cuenca	Información Requerida	Morfometría	Unidad	Valor
Aguas Calientes	Cuenca	Área	Km^2	47.28
		Cota máxima	m.s.n.m.	1728
		Cota mínima	m.s.n.m.	633
		Centroide X	M	542100.700
		Centroide Y	M	1487454.408
		Centroide Z	m.s.n.m.	1180.500
	Forma	Perímetro	Km	46.92
		Longitud del cauce	Km	3.4
		Factor de forma de Horton	-	0.21
		Índice de Compacidad	-	4.9
	Relieve	Pendiente media de la cuenca	%	13.21
	Drenaje	Pendiente media del cauce	%	1.4
		Tiempo de Concentración	hrs.	9.21
		Densidad de Drenaje	Km	5.5
		N° de orden	-	3
Río Inalí	Cuenca	Área	Km^2	80.83
		Cota máxima	m.s.n.m.	1746
		Cota mínima	m.s.n.m.	667
		Centroide X	M	540201.116
		Centroide Y	M	1480056.525
		Centroide Z	m.s.n.m.	1206.500
	Forma	Perímetro	Km	60.12
		Longitud del cauce	Km	9.9
		Factor de forma de Horton	-	0.25
		Índice de Compacidad	-	4.7
	Relieve	Pendiente media de la cuenca	%	10.51

Nombre de la Cuenca	Información Requerida	Morfometría	Unidad	Valor
Río Inalí	Drenaje	Pendiente media del cauce	%	1.2
		Tiempo de Concentración	hrs.	4.53
		Densidad de Drenaje	Km	5.7
		N° de orden	-	3

En cuanto a la frecuencia de las altitudes correspondiente a cada una de las cuencas se presentan los resultados en la Figura 5.

Figura 5. Frecuencia de altitudes. Fuente. Elaboración propia

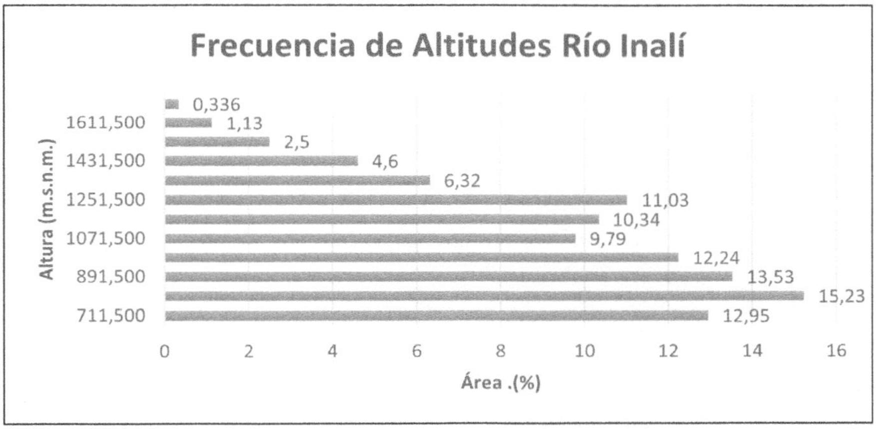

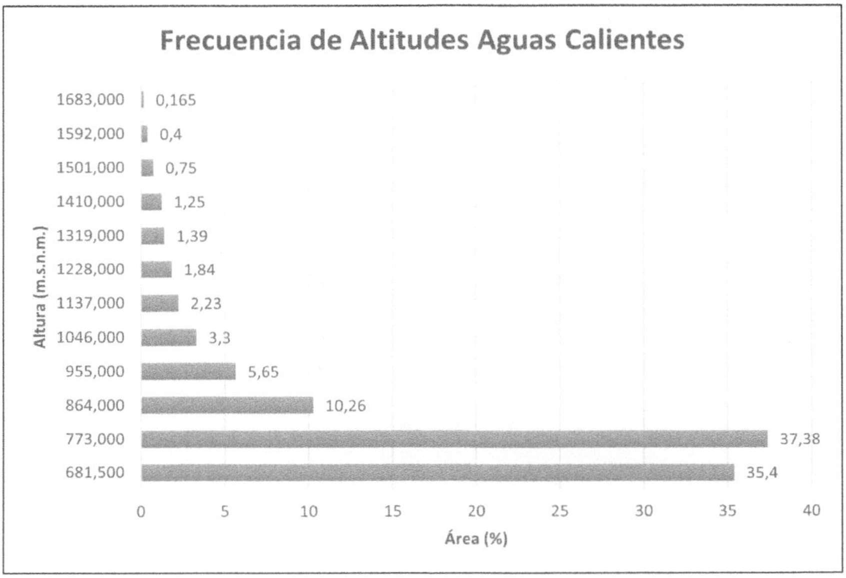

Curva Hipsométrica

Con la generación de las curvas hipsométricas se pretende determinar la madures que tienen los ríos que circulan en el área de la cuenca, ver Figura 6.

Figura 6. Curvas Hipsométricas de las subcuencas en estudios. Fuente. Elaboración propia

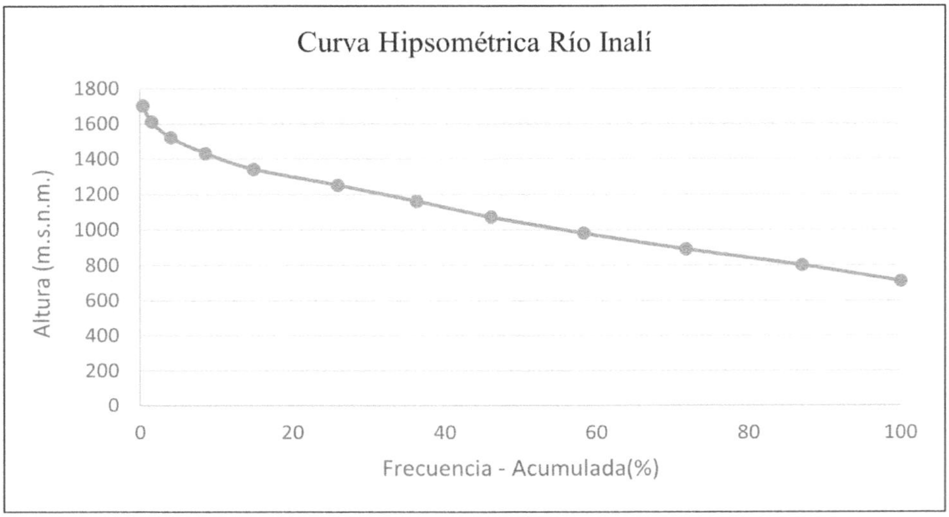

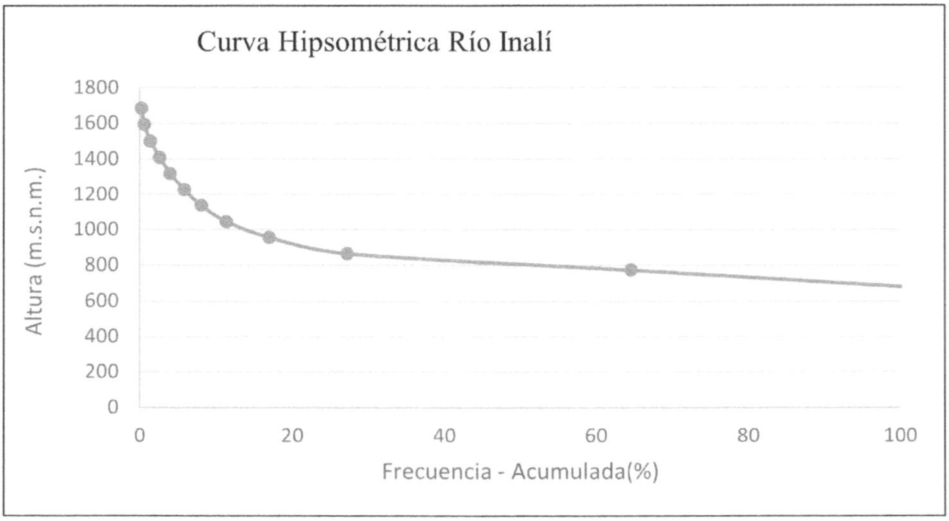

3.7. Grupos más vulnerables

Este apartado aborda uno de los elementos más importantes en el estudio de la Resiliencia comunitaria, los grupos vulnerables, prioritarios durante un evento y es importante identificarlos correctamente para protegerles y salvaguardar sus vidas. Para ello, se hace una descripción de estos grupos en la comunidad El Porcal. Ver la Tabla 3.

Tabla 3 Fuente. Elaborado con base a la información recogida durante el Grupo Focal.

Descripción de los grupos vulnerables presentes en la comunidad El Porcal.

Descripción	H	M
Niños/as y jóvenes extremadamente vulnerables (ej. niños/as trabajadores/as, huérfanos/as, etc.)	1	0
Niños menores de 5 años	39	25
Mujeres embarazadas y lactantes	0	3
Hogares encabezados por mujeres	0	10
Hogares encabezados por adultos mayores	78	37
Hogares encabezados por niños	0	0
Personas con enfermedad grave	0	1
Personas con discapacidad física	2	3
Personas con discapacidad sensorial	7	8
Personas con discapacidad intelectual	0	0
Personas LGBT (si debido al contexto se consideran en situación de vulnerabilidad)	0	0
Otro grupo más vulnerable (favor de especificar)	1	2
Otro grupo más vulnerable (favor de especificar)	-	-

Escenarios de riesgos identificados

La identificación de los escenarios de riesgos para la comunidad El Porcal se hizo con base en la información recopilada a través de la aplicación de la Parte A de la herramienta ARC-D (Mccaul y Mitsidou, 2016), por medio de grupo focal, entrevistas a líderes y pobladores de la comunidad, guía de observación y revisión bibliográfica. Como resultado de este análisis se presenta una tabla en la que se plasman los tipos de amenaza identificados, entre ellos: eventos repentinos, los niveles en que la comunidad lo percibe y los sectores potencialmente afectados, ver Tabla 4, como una adaptación de las diferentes fuentes de información.

Tabla 4. Análisis de las amenazas. Fuente. Adaptado de (McCaul & Mitsidou, 2016) y El Plan de Respuesta Comunitario con Enfoque Multiamenazas de El Porcal, (Ruiz Pérez, 2021).

Eventos repentinos que impactan en la vulnerabilidad de un sistema y sus componentes		Marque x	Frecuencia (ej. 1 terremoto en 25 años o 5 deslizamientos de tierra por cada temporada de lluvia)	Promedio de duración	Nivel de Amenaza	Sectores de la comunidad
Amenazas Geológicas	Terremotos	x	Sin antecedentes en la zona	Indeterminado	Baja	Sector 1
	Erupción Volcánica	x	Sin antecedentes en la zona	Indeterminado	Baja	Todos los sectores
	Deslizamiento de tierra	x	Cada año, en especial en temporada de lluvia	Indeterminado	Media	Sector 3 y 4
Amenazas Hidrometeorológicos	Inundación	x	Cada año, en especial en temporada de lluvia	6 meses	Baja	Sector 1
	Ciclón/ Huracán/Tifón	x	Cada dos años aproximadamente	1 día	Baja	Todos los sectores
	Sequía	x	Cada año, en especial en temporada seca (verano)	6 - 8 meses	Alta	Todos los sectores
	Ola de calor	x	sin frecuencia registrada	4 meses	Media	Todos los sectores
	Otro: Ventarrones	x	Cada dos años aproximadamente	30 minutos	Baja	Sector 3 y 4
Amenazas causadas por seres humanos	COVID 19	x	Sin precedente	3 años hasta la actualidad		
	Crisis económica / de mercado (fluctuación de precio severo, interrupción severa del Mercado)	x	Cada año en dependencia de la temporada seca	Época seca (4 a 6 meses)		
	Violencia de pandillas, disputas sobre recursos naturales, etc.)	x	Hechos eventuales del pasado	Indeterminado		
	Conflicto que involucre al Estado	x	Un hecho eventual registrado hace 5 años, conflicto político social considerado intento de golpe de estado	3 meses		
	Propagación de incendio (incluyendo incendio forestal)	x	Hechos eventuales del pasado	Indeterminado		

3.8. Discusión

Los parámetros generales de una cuenca nos proporcionan información relevante de nuestra área de estudio, con estos podemos calcular y evidenciar la forma y las características del relieve y de la red de drenaje de nuestras cuencas, en la Tabla 2 encontraran los datos relativos a: área, perímetro, cota máxima y mínima, centroides X, Y, Z, etc.

3.8.1. Factor de forma

Con base en cálculo del factor de forma establecido por Horton, ambas cuencas tienen una forma muy alargada. De acuerdo al índice de compacidad ambas cuencas son Oval-oblonga a rectangular-oblonga.

3.8.2. Histogramas de frecuencia de altitudes

Los Histogramas de frecuencias representan las altitudes de mayor elevación y con mayor ocurrencia en toda la cuenca, para el río Inalí la frecuencia de altitudes mayor es de 801.5 m.s.n.m. y para Aguas Calientes es de 773 m.s.n.m. Con base en el análisis de la Curva Hipsométrica para cada uno de las subcuencas analizadas que se muestran en la Figura 5, se puede interpretar que los ríos que le dan forma, son ríos viejos, tomando por la forma de su curva.

3.8.3. Pendiente

Según el método de Alvord las cuencas en estudio presentan una pendiente media que van en los rangos de 7-12 % con una clasificación del relieve medianamente accidentado para la cuenca río Inalí y en el rango de 12-20 % con una clasificación de accidentado para la cuenca Aguas Calientes.

3.8.4. Grupos vulnerables

De acuerdo con información proporcionada por la delegación municipal del MINSA, la estadística de niños menores de 5 años asciende a 64, entre niños y niñas. Relacionado con mujeres embarazadas y lactantes, al recoger información solo se registraron 3 mujeres. Las mujeres embarazadas en sus últimas semanas se atienden en la casa materna del municipio y permanecen durante el puerperio.

La migración ha aumentado el número de hogares liderados por adultos mayores; se contabilizan 115 en esa condición. No se registran familias lideradas por niños, lo que es coherente con el Ministerio de la Familia (MIFAM) porque no permite que niños tengan esa responsabilidad. Entre las familias lideradas por mujeres, destaca el liderazgo con al menos 10 líderes de las jefas de familias, algunas organizadas en cooperativas de apicultura; para ellas es un medio de vida alternativo a la agricultura.

En cuanto a los problemas de salud, se reportan 21 pobladores que padecen enfermedades graves, discapacidades físicas, sensoriales e intelectuales. En adición a este grupo, se registran al menos 2 adultos mayores que han perdido sus facultades para valerse por sí mismos, por los que se incluyen en los grupos vulnerables. Desde otro punto, no se registran miembros de la comunidad LGBT que pudieran encontrarse en situación vulnerable.

Según lo expresado por la delegada del MIFAN en San Lucas, Madriz, en esta comunidad no existe un alto riesgo de vulnerabilidad para niños y jóvenes pese a que enfrentan división del hogar, ya que sus padres emigran fuera del país, y los dejan bajo custodia de sus abuelos o parientes cercanos para el cuidado y protección. También hay que mencionar que algunos niños trabajan temporalmente en el campo, por comunidades agrícolas; esto ayuda a sus familiares para alimentar, con trabajos menores que no dañan la integridad del niño y los adolescentes, y fortalecer sus habilidades en prácticas agropecuarias. Sin embargo, se tiene reportado de un niño que trabaja en labores de campo en la una tabacalera.

3.8.5. Escenario de riesgos

Como se puede apreciar en la Tabla 4, la amenaza que afecta a toda la población y de acuerdo con la percepción de la comunidad corresponde a la Amenaza por Sequía con un nivel de amenaza alta, es coherente el contexto del Corredor Seco en Nicaragua y está directamente relacionada con las precipitaciones durante la época lluviosa (invierno) como factor principal de la Sequía. Esto los convierte en el escenario de riesgo que más afecta a la comunidad. A través de los años se ha visto afectada por una sequía severa, lo que repercute en una producción de granos básicos escasa y por lo cual muchos agricultores han tenido que buscar otras alternativas productivas; este fenómeno se ha mantenido en los años subsiguientes y se ha visto afectado los escases de agua, ya que disminuyen los niveles en los pozos sobre todo en la época seca, Ruiz Pérez (2021). Toda esta situación se deriva de la variabilidad climática relacionada con el fenómeno del Niño o la Niña en dependencia de la ocurrencia de estos fenómenos (Cosude, 2013).

Aunque es difícil definir con precisión el comportamiento de la sequía, en general se puede considerar como una situación en la que falta agua suficiente para satisfacer las necesidades de plantas, animales y humanos, de su modo de vida y del aprovechamiento de las tierras. Este fenómeno no repercute inmediatamente en pérdidas de vidas humanas, sus efectos indirectos a mediano y largo plazo pueden impactar negativamente en la vida humana al crear condiciones de escasez de alimentos y de desnutrición, lo cual conlleva al deceso de las personas que viven en condiciones de pobreza y que representan altos porcentajes de la población total (COSUDE, 2013). Los eventos con repercusiones económicas y sociales importantes aparecen registrados en 1926, 1936, 1945-46, 1956-57, 1965, 1972-73, 1982-83, 1992-94, 1997-98, según ALVARADO, L., (2012) citado en (GWP Y COSUDE, 2014). Sin embargo, en la comunidad no se tiene contabilizado a cuánto ascienden las pérdidas económicas producidas por el impacto de la variabilidad climática a través de la sequía.

En cuanto al segundo factor favorable a la sequía, la actividad humana está ligada a cambios de uso de suelo, por prácticas agrícolas inadecuadas, como monocultivos intensivos, pastoreo, deforestación y falta de técnicas de conservación del suelo. Según el Programa de Acción Nacional de Lucha contra la Desertificación y la Sequía, Nicaragua experimenta un grave proceso de degradación de sus suelos ocasionado por la acción desordenada del hombre en la explotación de los recursos naturales y por los catastróficos efectos de los continuos embates de la sequía en gran parte del territorio. Un indicador de este proceso de desertificación es la tasa actual de deforestación que asciende a 120,000 hectáreas por año y que está provocando la pérdida acelerada de recursos naturales, la disminución de agua superficial y subterránea; y la erosión definitiva de los suelos (COSUDE, 2013). De acuerdo con un estudio de GWP Y COSUDE (2014), en un reporte de la Organización de las Naciones Unidas para la Alimentación y la Agricultura (FAO) de 2012 posiciona a Nicaragua con un 51,5 % Sequía Baja, 36,9 % Sequía Alta y un 11,5 % de Sequía Severa.

En el año 2021 las precipitaciones alcanzaron un poco más 500 mm en ese periodo, lo que generó una situación estresante para los pobladores debido a la escasez de alimentos y aunque el gobierno central entregó paquetes alimenticios a las familias más necesitadas, tuvieron la necesidad de ocupar raciones del banco de semillas destinados al cultivo, para disminuir la crisis de suministro de alimentos. Esta situación representa un escenario de estrés, expresado por el impacto no directo que trae la sequía para la comunidad, por ejemplo la degradación ambiental, especialmente de los suelos durante los periodos secos y que a la llegada de una lluvia intensa se desplaza la superficie a través de las escorrentías a las zonas más bajas, otro estresor es el desempleo que se deriva de la falta de producción agrícola como medio de vida principal en la comunidad, lo que repercute en la seguridad alimentaria.

Entre los mecanismos que los pobladores han implementado para enfrentar la situación provocada por la sequía está la migración; pero hay que decir que se han desarrollado distintos proyectos desde el Estado o también de organismos no gubernamentales para promover y desarrollar emprendimientos o generar empleo. Otros proyectos se han enfocado en crear capacidades de adaptación al cambio climático como cosechas de agua, sistemas de riesgo, manejo de suelos, entre otros que han ayudado a disminuir los impactos negativos en la comunidad producto de la variabilidad climática. Por ejemplo, la creación de cooperativas de apicultura, especialmente entre las mujeres, lo que trae beneficios a cada familia, igualmente contar con los espacios de acceso a mercado que el gobierno central a través de los gobiernos municipales ha creado, como los parques de ferias donde los pobladores pueden ofrecer directamente al consumidor sus productos tradicionales y no tradicionales.

4. Conclusiones

La posición geográfica de la comunidad El Porcal brinda un contexto de beneficios desde el punto de vista cultural y turístico por ser parte de los pueblos originarios chorotegas y estar dentro del territorio del Geoparque Río Coco. Sin embargo, representa una adversidad ambiental y de seguridad alimentaria, relacionada con su ubicación en la ecorregión del Corredor Seco de Nicaragua sumado a que no cuenta con hidrografía superficial que favorezca la producción agrícola rural, sin dejar por fuera la actividad humana.

También cuenta con fortalezas en cuanto a la constitución de población, ya que la mayoría es joven, con capacidad de emprender, de representar a la comunidad en diferentes entornos que favorecen la preparación y la respuesta ante las amenazas presentes, apoyado en la experiencia que traen consigo los líderes comunitarios, quienes poco a poco van cediendo la estafeta del liderazgo en la comunidad a través de las prácticas inclusivas que se desarrollan en la comunidad.

En cuanto a las estructuras y organizaciones de gobernanza, en El Porcal la gobernanza ha seguido un proceso colaborativo con las autoridades locales y otras partes interesadas, puesto que los líderes toman decisiones y gestionan los asuntos que se presentan en su comunidad. Tienen una participación activa, de transparencia y decisiones democráticas con cada responsable de comité. Todo ello brinda muchos beneficios de mejora al acceso de los servicios básicos, el fomento de la participación ciudadana, el aumento de resiliencia comunitaria y promover la inclusión social. Pero es necesario enfrentar retos y desafíos, como la necesidad de recursos y mejora capacidades, seguimiento continuo a la representatividad y trabajar en función de la resistencia al cambio. Asimismo, se destaca un avance hacia el camino de la Resiliencia comunitaria, por contar con planes comunitarios articulados y respaldados por los planes municipales y nacionales, en especial los planes de respuesta Multiamenazas familiar, comunitario, municipal y el Plan Nacional de Lucha contra la Pobreza y Desarrollo Humano (2022-2026).

Otro de los aspectos principales de este capítulo es identificar qué amenaza representa el fenómeno más devastador y estresante para la comunidad, la que a partir del análisis de las fuentes de información disponibles y de la percepción expresada por la comunidad, se determinó que es la amenaza por sequía, la que es difícil de gestionar en el contexto de la variabilidad climática y afecta al país en general. Sin embargo, se están haciendo los esfuerzos desde el SINAPRED para poder desarrollar planes y estrategias de cara a esta amenaza que ayude a las comunidades como El Porcal a gestionar los factores de riesgo. Por lo antes mencionado, es importante resaltar que para la población esta amenaza representa pérdida de empleo, migración, inseguridad alimentaria, pérdida de la calidad del suelo por erosión hídrica cuando se presentan las lluvias después de un periodo largo de ausencia, entre otras repercusiones que esta comunidad enfrenta.

La población reconoce otro tipo de fenómenos que representan amenazas, como vientos fuertes que han ocasionado la caída de techos y destrucción parcial en algunas viviendas que son construidas con bloques de adobe fabricados por los mismos poblados. Las inundaciones, los deslizamientos, los huracanes y los terremotos son considerados amenazas de nivel bajo para los diferentes sectores de la comunidad, y por parte del equipo investigador se agregó erupción volcánica, no por influencia directa, sino por el contexto volcánico del país y por el impacto de gran extensión que pudieran tener las erupciones de algunos volcanes de gran peligrosidad, como es el caso del Volcán Apoyeque, considerado por expertos en el tema como el segundo volcán más peligroso a nivel de Latinoamérica.

5. Referencias bibliográficas

ALTAMIRANO, M., *La comunidad El Porcal en San Lucas de cara la Reducción de Riesgos de Desastres.* Entrevistador Keila Ballestero, 2022, págs. 1–4, https://unanmanagua-my.sharepoint.com/:b:/g/personal/heyddy_calderon_igg_unan_edu_ni/EX0pP7Nf44pCgA91OSC7QHgB_FAEYEU-S9MMtyy8HPSsUow?e=K1uTBB

BENAVIDES LÓPEZ, D. N. *Escalamiento de los procesos y experiencias de cogestión de cuencas en la subcuenca del río Aguas Calientes a la subcuenca del río Inalí y la subcuenca del río Musunce, Nicaragua* [CATIE], 2007, S.L, http://www.sidalc.net/repdoc/A1723e/A1723e.pdf

COSUDE, *Recomendaciones técnicas para la elaboración de mapas de amenazas por sequía meteorológica*, 2013, S.I.

GÓMEZ RIVERA, S. N, *Análisis de vulnerabilidad con énfasis en Sequía en la subcuenca del Río Aguas Calientes, Somoto, Nicaragua* [CATIE], 2003, S.L https://repositorio.catie.ac.cr/bitstream/handle/11554/4501/Analisis_de_vulnerabilidad_con_enfasis_en_sequia.pdf?sequence=1&isAllowed=y

GUTIÉRREZ COREA, R. J., «Disponibilidad y adaptabilidad de los recursos hídricos en la Subcuenca Aguas Calientes» (Somoto-San Lucas), Madrid. *Revista Científica de FAREM-Estelí,* 2021, págs. 153–165. https://doi.org/10.5377/farem.v0i0.11615

GWP, & COSUDE, *Patrones de sequía en Centroamérica.,* 2014, S.L, www.gwpcentroamerica.org

Hradecký, P., y Novák, Z., Babůrek, J., Havlíček, P., Havlín, A., Kycl, P., Mlčoch, B., Přichystal, A., Šebesta, J., Ševčík, J., Žáček, V., & Álvarez, A. *Investigaciones de los riesgos geológicos naturales en los alrededores de la ciudad de Somoto, Nicaragua.* Praga-Nicaragua, 2004, S.L.

INETER-DGOT. *Primer Altas Nacional de Suelos*, 2021, S.L, https://www.ineter.gob.ni/flipatlassuelo-Ord/publicacionflip/atlassuelo.html

INETER, MARENA, MAG, INAFOR, UNA, & REED CCAD GIZ, *Atlas de Nicaragua, 2015,* Vol. 21, Issue 1, http://journal.um-surabaya.ac.id/index.php/JKM/article/view/2203

IWGIA, El *Mundo Indígena 2020: Ecuador - IWGIA - International Work Group for Indigenous Affairs*, 2021, S.L, https://www.iwgia.org/es/nicaragua/4154-mi-2021-nicaragua.html

Coliman, J., «Gobernar en gobernanza». In *La gobernanza hoy: 10 textos de referencia,* 2005, Estudios G, Vol. 16, págs. 57–181, Instituto de Administración Pública.

López Nolasco, N., & Jiménez Otárola, F., «Financiamiento del manejo de cuencas hidrográficas en Nicaragua». 3. Situación del *financiamiento para el manejo de la subcuenca del río Aguas Calientes, Somoto, Nicaragua*. Recursos Naturales y Ambiente, 2008, *56–57*, págs. 27–34.

Lorío Berríos, A. L. *Procesos organizativos, regulación y tecnologías para el manejo y conservación del recurso hídrico y mitigación de la sequía, subcuenca del rìo Aguas Calientes, Nicaragua* [CATIE], 2004, S.L https://repositorio.catie.ac.cr/bitstream/handle/11554/3275/Procesos_organizativos_regulacion_y_tecnologias.pdf?sequence=1&isAllowed=y

Mccaul, B., & Mitsidou, A., *Análisis de la Resiliencia de las comunidades ante Desastres* (Segunda Ed). GOAL, 2016, S.L, http://resiliencenexus.org/wp-content/uploads/2020/05/ARC-DToolkitUserManualB01_SPANISH_Version_A03.pdf

Obando Soriano, F. O., *Situación del recurso hídrico subterráneo de la subcuenca del río Aguas Calientes, Nicaragua*, 2005, S.L http://orton.catie.ac.cr/repdoc/A0662e/A0662e.pdf

Palacios Ruiz, E. J., *Sistematización de la experiencia, implementación de un modelo de cogestión adaptativa de cuencas hidrográficas en la subcuenca bimunicipal Aguas Calientes, Nicaragua* Por: [Centro Agronómico Tropical de Investigación y Enseñanaza. CATIE], 2012, S.L, http://orton.catie.ac.cr/repdoc/A10776e/A10776e.pdf

PRESANCA II, & PRESISAN, «Municipio de San Lucas, Departamento de Madriz República de Nicaragua, Centroamérica. Características, logros y avances», *en Fortalecimiento de la Asociación de Municipios de Madriz -AMMA- en Seguridad Alimentaria y Nutricional*, 2015, S.L, https://www.sica.int/documentos/caracterizacion-logros-y-avances-del-municipio-de-san-lucas-nicaragua_1_104081.html

ROMERO ARRECHAVALA, J., LÓPEZ BRICEÑO, T., & VILLALTA OROZCO, M., *Municipio de San Miguelito: Historia, identidad y cultura* (Editorial Universitaria (ed.)). UNAN-Managua, 2020, S.L.

RUIZ PÉREZ, F., *Plan de respuesta comunitario con enfoque multiamenazas, comunidad* El Porcal, 2021, S.L.

RUIZ PÉREZ, F., «Contexto General de la Comunidad El Porcal, San Lucas, Madriz, Nicaragua». *Entrevista realizada por Keila Ballestero*, 4 de abril de 2022.

TORUÑO, M., BALLESTERO, K., & GUTIÉRREZ, R., Resiliencia comunitaria de El Porcal, San Lucas, Madriz, Nicaragua. Evaluación preliminar. In M. de las O. Palma García & D. Ponvert Delisles (Eds.), *Resiliencia comunitaria en contextos vulnerables. Un enfoque social y ambiental desde Iberoamérica*, Tirant Humanidades, 2024, págs. 191-212, https://editorial.tirant.com/es/libro/resiliencia-comunitaria-en-contextos-vulnerables-un-enfoque-social-y-ambiental-desde-iberoamerica-maria-de-las-olas-palma-garcia-9788411833783?busqueda=resiliencia&

TWIGG, J., «Características de una Comunidad Resiliente ante los Desastres Nota Guía», en *Natural Hazards Review*, 2007, Primera versión, S.L, ttps://www.eird.org/newsroom/Spanish_Characteristics_disaster_high_res.pdf

UNESCO, *Río Coco, el primer Geoparque Mundial de la UNESCO en Centroamérica*, UNESCO, 2020, S.L https://www.unesco.org/es/articles/rio-coco-el-primer-geoparque-mundial-de-la-unesco-en-centroamerica

VILLALTA OROZCO, M. A., *Los Pueblos Chorotegas: actualidad y cambios* (1992-2016). *El caso de los cinco pueblos indígenas de Madriz y Nueva Segovia,* 2018 S.L https://repositorio.unan.edu.ni/10789/1/9240.pdf

CAPÍTULO 10

ESTIMACIÓN DEL RIESGO DE DESASTRES EN LA COMUNIDAD DEL CONSEJO POPULAR GUANABO, HABANA DEL ESTE, CUBA. METODOLOGÍA, HERRAMIENTAS Y RESULTADOS

Jorge Luis Martín Chiroldes
Instituto Superior de Diseño
Universidad de La Habana

Dámaso Ramón Ponvert Delisles Batista
Facultad de Geografía
Universidad de La Habana

Obdulio Nilo Coca Rodríguez
Facultad de Arquitectura
Universidad Tecnológica de La Habana

Pablo Bayón Martínez
Facultad de Geografía
Universidad de La Habana, Cuba

Resumen: Por ser la comunidad del Consejo Popular Guanabo del tipo urbana, asumieron los principios sobre cómo desarrollar ciudades más resilientes en el marco de la Campaña Mundial «Desarrollando ciudades resilientes», promovida por la Estrategia Internacional para la Reducción de Desastres de las Naciones Unidas. La estrategia metodológica consistió en hacer una estimación rápida del escenario de riesgo de la comunidad, y así, obtener criterios para fundamentar la etapa ulterior de evaluación de la resiliencia. Se llevó a cabo con la Herramienta de Estimación Rápida del Riesgo (QRE) de la Oficina de las Naciones Unidas para la Reducción del Riesgo de Desastres. Como resultado, se pudo caracterizar el escenario de riesgos crítico actual de la comunidad del Consejo Popular Guanabo, el cual, fue denominado como un «escenario de riesgo combinado», que integra varios peligros de dos familias: Hidrológicos y Meteorológicos. Lo anterior, facilitó diseñar un plan de medidas que representan las «respuestas» para reducir las vulnerabilidades existentes y fortalecer las capacidades resilientes deficitarias de la comunidad. Dicho Plan de Medidas para la Reducción de Riesgos Hidrometeorológicos constituye una herramienta para la gestión más eficiente del riesgo, tanto por el gobierno local, como por los actores de la comunidad.

1. Introducción

El camino hacia el logro de la resiliencia por las comunidades es arduo y continuo, arduo porque se requiere realizar muchas tareas coordinadas entre diversos actores de la comunidad que exigen dedicación en tiempo y compromiso de dichos actores gubernamentales, líderes de la comunidad y los propios miembros. Continuo, porque siempre habrá que estar atentos a las violaciones que se cometen y generan la exposición de los sistemas humanos, y dispuestos a corregir y/o minimizar las vulnerabilidades que se «construyen» durante todo el ciclo de gestión del desastre, no solo durante la respuesta como equivocadamente muchas veces se entiende.

De aquí que los autores de este trabajo han fundamentado y promovido lo que se ha llamado «el camino hacia la resiliencia comunitaria», que no es más que la cadena de acciones que hay que desarrollar, para que, de conjunto con los miembros de la comunidad, lograr que se fortalezcan sus capacidades para ejercer la gestión del riesgo de desastres y la adaptación al cambio climático de la manera más eficiente y sostenida posible.

De acuerdo con esta concepción, el primer paso de esa cadena es la estimación del riesgo de desastres en la comunidad objeto de estudio (el Consejo Popular Guanabo, Habana del este, Cuba) que es precisamente el contenido de este trabajo. El objetivo de este estudio es obtener una valoración anticipada del escenario de riesgos crítico de dicha comunidad y con esta información obtener insumos para la evaluación ulterior de la resiliencia.

La estimación del riesgo se realizará utilizando la herramienta QRE (Quick Rapid Estimation o Estimación Rápida del Riesgo) creada a solicitud de la Oficina de las Naciones Unidas para la Reducción del Riesgo de Desastres (UNISDR, 2017). En su esencia es una aplicación diseñada en formato Excel programada para calcular el riesgo a partir de la formulación general del riesgo.

Esta formulación considera la amenaza, la exposición, la vulnerabilidad y la capacidad como factores conducentes al riesgo. La amenaza está representada por las familias, subfamilias y eventos de peligros que actúan en el territorio de la comunidad que se estudia. La exposición se introduce a través de una escala cualitativa que considera cuan expuesta a un determinado peligro se encuentran los sistemas humanos y naturales de la comunidad meta. Un aspecto complejo resulta el de la valoración de la vulnerabilidad, que también utiliza una escala cualitativa que califica los factores y circunstancias que conducen a distintos grados de vulnerabilidad de la infraestructura, los servicios productivos, las instalaciones básicas y los aspectos sociales y humanos. Otro elemento de la formulación son las medidas adoptadas para hacer frente a los desastres provocados por cada evento de peligro, basadas en una escala cualitativa que va desde ninguna medida aplicada hasta medidas de control completo del desastre.

Para obtener los datos e informaciones de cada uno de estos aspectos, se utilizó la estrategia de discusión con un Grupo Focal Comunitario, formado por líderes comunitarios y actores clave de la comunidad que tuvieran conocimiento de los peligros y desastres ocurridos en el territorio y conocimiento de las medidas y acciones de prevención y enfrentamiento adoptadas. La discusión se llevó a cabo mediante un taller comunitario participativo planificado, preparado y organizado por un grupo de facilitadores del proyecto que llevó a cabo la investigación.

Posterior a la realización del taller, el equipo de facilitadores analizó y sistematizó los datos e informaciones y los introdujo en la herramienta QRE. La herramienta realizó el cálculo y devolvió un conjunto de resultados que son portadores de la condición de riesgo. Los más importantes son la estimación de la probabilidad de ocurrencia de los eventos de peligros, que, conjuntamente con la valoración de la gravedad, permiten estimar los niveles de riesgos de cada peligro y a su vez, llegar a conclusiones sobre el escenario de riesgos en el que se encuentra la comunidad.

Este es el resultado principal que proporciona la herramienta y tiene un significado importante para la futura evaluación de la resiliencia por cuanto una comunidad que tenga bajos niveles de riesgo implica mejor condición de resiliencia y por tanto exige menor inversión en el fortalecimiento de sus capacidades. Por el contrario, una comunidad con un nivel alto de riesgo, significa que sus niveles de exposición y el grado de vulnerabilidades de sus sistemas naturales y humanos, requieren de costosas inversiones para llevar estos parámetros a niveles aceptables de riesgo. Igualmente representa que las capacidades de afrontamiento son ineficaces y habrá que incrementar estos niveles tomando acciones y medidas de fortalecimiento que también implican gastos e inversiones en tiempo y recursos.

El estudio realizado permitió fundamentar cada una de estas acciones y resultados brindando como conclusión, una definición del escenario de riesgo crítico de la comunidad del Consejo Popular Guanabo, aspectos que se describen a continuación.

2. La herramienta QRE

Según la Oficina de las Naciones Unidas para la Reducción del Riesgo de Desastres (UNISDR), la herramienta rápida de estimación del riesgo (QRE,

Quick Risk Estimation) ha sido diseñada con el propósito de identificar y entender los riesgos/presión/impactos y exposición actual y futuros de los activos físicos y humanos. La herramienta rápida de estimación del riesgo no es una evaluación completa del riesgo, sino un proceso de compromiso de los actores clave para establecer una base de entendimiento común.

Tomando en cuenta las acciones y las medidas correctivas realizadas, la herramienta generará una evaluación de riesgo en forma de panel de control, asesorando los riesgos y amenazas a activos físicos y humanos, impacto de los principales riesgos identificados y peligros asociados a un lugar o activo específicos (UNISDR, 2017).

La herramienta rápida de estimación del riesgo utiliza la clasificación de peligros definidos por la Oficina de las Naciones Unidas para la Reducción del Riesgo de Desastres (UNISDR). Los indicadores incluidos en la herramienta se encuentran alineados con los 10 Aspectos Esenciales de la Campaña Mundial Desarrollando Ciudades Resilientes, en el contexto del Marco de Sendai para la Reducción del Riesgo de Desastres 2015-2030 y en los Objetivos de Desarrollo Sostenible.

Subyacente a la herramienta rápida de estimación del riesgo, un marco para la toma de decisiones (Decision Making Framework, DMF) ha sido desarrollado con el propósito de proveer al usuario con las guías necesarias para evaluar y calificar la exposición y vulnerabilidad de los peligros relevantes, así como el nivel actual de respuestas y acciones realizadas con respecto a estos peligros. El DMF, se encuentra incluido en la herramienta rápida de estimación del riesgo, incluye un conjunto de instrucciones, definiciones (i.e. Diccionario) y una Matriz de Riesgo subyacente que guía al usuario para la captura de información en la herramienta rápida de estimación del riesgo, proveyendo al usuario criterios de calificación indicativos y escalas de medida descritas en la sección de «Assumptions» (Supuestos).

La herramienta rápida de estimación del riesgo se encuentra disponible para su implementación por parte de las ciudades participando en la Campaña Mundial Desarrollando Ciudades Resilientes (2010-2020) y Desarrollando Ciudades Resilientes 2030 (MCR2030), Sin embargo, los autores han considerado la viabilidad y pertinencia de la herramienta para ser implementada en escenarios no estrictamente citadinos por cuanto sus principios son perfectamente extrapolables a comunidades peri-urbanas como es el caso de la comunidad objeto de estudio (Consejo Popular Guanabo, Guanabo, Habana del Este, Cuba).

El estudio ha sido desarrollado por un equipo de investigadores especializados en gestión de riesgos de desastres, procedentes de instituciones académicas de Cuba, que pertenecen a la Red Iberoamericana para la Formación de Comunidades Resilientes ante Riesgos y Desastres por Eventos Naturales Extremos (RIFOREDEx) adscrita al Programa Iberoamericano de Ciencia y Tecnología para el Desarrollo (CYTED).

3. La metodología Quick Rapid Estimation (QRE)

La Metodología de Estimación Rápida de Riesgos (QRE) es una metodología diseñada con el propósito de identificar y comprender los riesgos/estrés/choques actuales y futuros y las amenazas de exposición a los activos humanos y físicos.

Esta metodología QRE no es una metodología de evaluación de riesgos a gran escala, sino un proceso de participación de múltiples partes interesadas para establecer un entendimiento común.

Teniendo en cuenta las acciones o medidas correctivas, esta metodología QRE producirá una evaluación de riesgos que informa acerca de los riesgos y peligros, y de los impactos de los riesgos principales identificados y los peligros asociados en la ubicación especificada.

Esta Metodología QRE, utiliza la clasificación de riesgos descrita por la Oficina de las Naciones Unidas para la Reducción del Riesgo de Desastres (UNISDR) cuyo funcionamiento y aplicación es el siguiente:

1. Definir las Familias de Peligros.
2. Definir los eventos de Peligro.
3. Seleccionar la Clasificación de la Exposición al riesgo.
4. Seleccionar la Clasificación de la Vulnerabilidad al riesgo,
5. Definir el Grado de Respuesta al riesgo.
6. Analizar los resultados.
7. Introducir los resultados en la 'Matriz de Riesgos' (Figura 7).
8. Confeccionar el Informe de resultados.

Figura 1. Matriz de Riesgos (referencial). Fuente. EIRD-ONU (2012)

Herramienta Rápida de Estimación del Riesgo
Risk Matrix

Escala de Probabilidad *Calificación de Probabilidad*			Muy Baja *0 - 2*	Baja *2 - 4*	Moderada *4 - 6*	Alta *6 - 8*	Muy Alta *8 - 10*
Gravedad Puntaje de gravedad promedio ponderado (basado en las respuestas proporcionadas para las medidas de vulnerabilidad, exposición y respuesta)	Insignificante	*0 - 10*	VL1	VL2	L3	L4	M5
	Menor	*11 - 25*	VL2	L3	L4	M5	M6
	Moderado	*26 - 50*	L3	L4	M5	M6	H7
	Mayor	*51 - 75*	L4	M5	M6	H7	H8
	Catastrófico	*76 - 100*	M5	M6	H7	H8	VH9

A continuación, se describe y discute cada uno de los pasos de la metodología.

3.1. Definir las familias de peligros

Las familias y subfamilias de peligros se basan en la clasificación de peligros adoptada por la UNISDR para el Marco de Sendai. Un glosario completo que contiene definiciones de peligros ha sido incluido en la pestaña «Hazard Glossary» (Glosario de Amenaza) de la herramienta. Además, en la pestaña «Assumptions» (Supuestos) se puede encontrar un resumen de las familias de amenaza, subfamilias, peligros principales y eventos peligrosos del Marco de Sendai. Este resumen, junto con el glosario de peligros, guiará la entrada de datos a través de los pasos 2, 3 y 4. La asociación de peligros con familias y subfamilias es únicamente una sugerencia de esta metodología, y sólo tiene fines de claridad; algunos peligros pueden cambiar su asociación de la familia basada en cómo se produzcan los eventos de peligros y en los posibles eventos que actúen como «disparadores» de posibles pérdidas. A modo de ejemplo, La familia de Peligros Meteorológicos está formada por las subfamilias: Ciclón tropical, Tormenta convectiva, Tormenta extratropical, Temperatura extrema y Niebla.

3.2. Definir los eventos de peligro

Para cada Familia y Subfamilia de Peligros identificada, se debe seleccionar el Evento de Peligro asociado relevante para la ubicación específica del área de estudio. Por ejemplo, para la Subfamilia de Peligros Meteorológicos, los posibles Eventos de Peligros pueden ser varios: Lluvia, Viento, Tornado, Congelación, Granizo, Nieve (Hielo), Ola de calor, Ola fría, Oleada de tormenta, relámpagos, Tormenta de arena, Tormenta invernal.

En el caso de la comunidad del Consejo Popular Guanabo, durante la discusión con el Grupo Focal comunitario, se identificaron las familias, subfamilias y peligros que ocurrieron en el territorio de la comunidad. Para ello, se tomó como datos de partida, la clasificación de peligros elaborada por la Oficina de Naciones Unidas para la Reducción del Riesgo de Desastres (UNISDR, 2017) para el Marco de Sendai (EIRD, 2015).

Basado en este criterio, se identificaron cuatro familias de peligros: Hidrológicos, Meteorológicos, Biológicos y Antropogénicos. Las subfamilias identificadas dentro de cada familia y los peligros dentro de cada tipo de subfamilia se muestran en la Tabla 1.

Tabla 1. Familias, subfamilias y peligros identificados en el territorio del Consejo Popular Guanabo, Habana del Este, Cuba. Fuente. Elaboración propia a partir de la adaptación de UNISDR, 2017.

Familia de peligros	Subfamilia de peligros	Peligros
1. Hidrológicos	1.1 Inundaciones	1.1.1 Erosión costera
		1.1.2 Inundación costera
		1.1.3 Inundación repentina

Familia de peligros	Subfamilia de peligros	Peligros
		1.1.4 Desbordamiento de ríos
	1.2 Acción de olas	1.2.1 Erosión costera
2. Meteorológicos	2.1 Tormenta convectiva	2.1.1 Relámpagos
	2.2 Tormenta extratropical	2.2.1 Lluvia
	2.3 Ciclón tropical	2.3.1 Lluvia
		2.3.2 Viento
		2.3.3 Tornado
3. Biológicos	3.1 Incidente de animales	3.1.1 Enfermedad parasitaria
	3.2 Enfermedades	3.2.1 Enfermedad viral
		3.2.2 Enfermedad bacteriana
	3.3 Infestación por insectos	3.3.1 Enfermedad viral
4. Antropogénicos	4.1 Peligros tecnológicos	4.1.1 Derrame de petróleo
	4.2 Accidente de transporte	4.2.1 Accidente aéreo
		4.2.2 Accidente de tráfico

Los peligros identificados en el territorio del Consejo Popular Guanabo según la clasificación de la UNISDR (2017), basadas en la Tabla 1, se describen a continuación:

1.1.1 Erosión costera: la pérdida temporal o permanente de sedimentos o masas terrestres en márgenes costeros debido a la acción de olas, vientos, mareas o actividades antropogénicas.

1.1.2 Inundación costera: niveles de agua más altos de lo normal a lo largo de la costa causados por cambios de marea o tormentas eléctricas que resultan en inundaciones, que pueden durar de días a semanas.

1.1.3 Inundación repentina: precipitaciones fuertes o excesivas en un corto período de tiempo que producen escurrimiento inmediato, creando condiciones de inundación en cuestión de minutos o pocas horas durante o después de la lluvia.

1.1.4 Desbordamiento de ríos: un tipo de inundación resultante del desbordamiento de agua de un arroyo o canal de río sobre terreno normalmente seco en la planicie de inundación adyacente al canal.

1.2.1 Erosión costera: la pérdida temporal o permanente de sedimentos o masas terrestres en márgenes costeros debido a la acción de olas, vientos, mareas o actividades antropogénicas.

2.1.1 Relámpagos: una descarga eléctrica de alta tensión, visible producida por una tormenta y seguida por el sonido del trueno.

2.2.1 Lluvia: el vapor de agua se condensa en la atmósfera para formar gotitas de agua que caen a la Tierra.

2.3.1 Lluvia: ídem 2.2.1

2.3.2 Viento: diferencias en la presión del aire que resultan en el movimiento horizontal del aire. Cuanto mayor es la diferencia en la presión, más fuerte es el viento. El viento se mueve de la alta presión hacia la baja presión.

2.3.3 Tornado: una columna de aire que gira violentamente y llega al suelo o al agua abierta (tromba de agua).

3.1.1 Enfermedad parasitaria: la exposición a un parásito —un organismo que vive en un huésped— causa un aumento inusual en el número de incidentes. La exposición a parásitos ocurre principalmente a través de agua contaminada, comida o contacto con insectos, animales (zoonóticos), mascotas, etc. Ejemplos son la malaria, la enfermedad de Chagas, la giardiasis y la triquinosis.

3.2.1 Enfermedad viral: es causada por un virus y suele ser la causa de una enfermedad leve.

3.2.2 Enfermedad bacteriana: un aumento inusual en el número de incidentes causados por la exposición a las bacterias ya sea por contacto con la piel, ingestión o inhalación. Los ejemplos incluyen salmonella, MRSA, y cólera, entre otros.

3.3.1 Enfermedad viral: es causada por un virus, que, por lo general, causa muchos síntomas distintos, que a menudo aparecen con rapidez (en un período de unas horas a un día o dos) sin enfermedad previa. En otras palabras, es la suma de los efectos sobre el anfitrión causados por la reproducción del virus y la posterior respuesta inmune del anfitrión.

4.1.1 Derrame de petróleo: conocido también como marea negra, es un vertido de hidrocarburos que se produce debido a un accidente o práctica inadecuada que contamina el medio ambiente, especialmente el mar, situación que puede darse en la zona costera de la comunidad de Guanabo por su cercanía a instalaciones de extracción de petróleo.

4.2.1 Accidente aéreo: es un accidente de aviación que ocurre con cualquier aeronave, ya sea en tierra o en vuelo. Es un suceso en el que, está asociada la operación de una aeronave que afecta o podría afectar a la seguridad de las operaciones.

4.2.2 Accidente de tráfico: ocurre cuando un vehículo colisiona contra uno o más sectores de la vialidad u otra obstrucción estacionaria como un poste, un edificio, un árbol, entre otros.

3.3. Seleccionar la clasificación de la exposición al riesgo

La exposición se refiere a personas, propiedades, bienes, sistemas u otros elementos presentes en zonas peligrosas que, por lo tanto, están sujetas a pérdidas potenciales (UNISDR, 2009). Esto incluye población, edificaciones, instalaciones esenciales e infraestructura crítica. La infraestructura crítica se refiere a las principales estructuras físicas, instalaciones técnicas y sistemas que son, social, económica u operacionalmente esenciales para el funcionamiento de una sociedad o comunidad, tanto en circunstancias de rutina como en circunstancias extremas de una emergencia (UNISDR, 2009).

En esta metodología, para cada evento de peligro seleccionado, se debe evaluar y anotar la exposición de la ubicación que se está evaluando, utilizando valores de «Descartable a Inevitable» según la escala siguiente:

0. Descartable
1. Extremadamente improbable
2. Muy poco probable
3. Poco probable
4. Improbable
5. Posible
6. Muy posible
7. Probable
8. Muy probable
9. Extremadamente probable
10. Inevitable

De acuerdo con la Estrategia Internacional para la Reducción de Desastres (EIRD), la población, las propiedades, los sistemas u otros elementos presentes en las zonas donde existen amenazas pueden estar expuestos a experimentar pérdidas potenciales. En otras palabras, significa estar ubicados en el área de influencia del peligro, en cuyo caso, su grado de exposición dependerá no solo del lugar específico donde el medio o sistema se encuentre ubicado, sino también, del grado de vulnerabilidad específica de ellos.

A partir de este concepto, en el territorio del Consejo Popular Guanabo, los niveles de exposición consensuados en la discusión del grupo focal comunitario se apreciaron según la escala provista en la herramienta QRE, para cada tipo de peligro como muestra la Tabla 2.

Tabla 2. Grado de exposición de los sistemas naturales y humanos del Consejo Popular Guanabo ante los distintos peligros identificados. Elaboración propia a partir de la adaptación de UNISDR, 2017

Peligros	Exposición
1.1.1 Erosión costera	Muy probable
1.1.2 Inundación costera	Muy probable
1.1.3 Inundación repentina	Probable
1.1.4 Desbordamiento de ríos	Probable

Peligros	Exposición
1.2.1 Erosión costera	Posible
2.1.1 Relámpagos	Muy probable
2.2.1 Lluvia (Tormenta Tropical)	Muy probable
2.3.1 Lluvia (Ciclón tropical)	Extremadamente probable
2.3.2 Viento	Inevitable
2.3.3 Tornado	Probable
3.1.1 Enfermedad parasitaria	Probable
3.2.1 Enfermedad viral	Posible
3.2.2 Enfermedad bacteriana	Posible
3.3.1 Enfermedad viral	Probable
4.1.1 Derrame de petróleo	Posible
4.2.1 Accidente aéreo	Posible
4.2.2 Accidente de tráfico	Probable

Como se puede apreciar, la mayor atención debe prestarse a los medios de vida expuestos ante eventos de lluvia y viento originados por ciclones tropicales, así como a los ubicados en la zona costera por la acción de la erosión y por la inundación por penetración del mar.

3.4. Seleccionar la clasificación de la vulnerabilidad al riesgo

La Vulnerabilidad se refiere a las características y circunstancias de una comunidad, sistema o activo que lo hacen susceptible a los efectos dañinos de un peligro (UNISDR, 2009). Hay muchos aspectos de la vulnerabilidad, que surgen de diversos factores físicos, sociales, económicos y ambientales. Algunos ejemplos pueden ser el diseño deficiente y la construcción de edificios, la protección inadecuada de los activos, la falta de información y concienciación pública, el reconocimiento oficial limitado de los riesgos y las medidas de preparación y el desconocimiento de una gestión ambiental prudente. La vulnerabilidad varía significativamente dentro de una comunidad y con el tiempo. Esta definición identifica la vulnerabilidad como una característica del elemento de interés (comunidad, sistema o activo) que es independiente de su exposición.

De acuerdo con la metodología, estimar la vulnerabilidad mediante la herramienta significa para cada evento de peligro seleccionado, evaluar la vulnerabilidad en cada una de las cuatro categorías usando valores de «Descartable» a «Inevitable» (según la escala anteriormente expuesta para la Exposición).

Las cuatro categorías de vulnerabilidad a evaluar incluyen: a). Infraestructuras (todo tipo - carreteras, transportes, barandas, puertos, puentes, viviendas, etc.); b) Sectores productivos (específicamente subsistencia / mercado laboral indirectamente); c). Servicios esenciales o básicos (salud, telecomunicaciones, agua, energía, etc.); y d). Aspectos humanos y sociales (desplazamiento, seguridad, etc.).

Igual que en los casos anteriores es adecuado registrar la justificación adoptada para cada puntaje de evaluación en la Columna «Comentarios», lo que permitirá la validación, así como las revisiones futuras y el seguimiento del progreso.

En el caso del Consejo Popular Guanabo, esta valoración del grupo focal consideró los niveles de vulnerabilidad como se expresan en las Tablas de la 3 a la 6.

Tabla 3. Escala de la vulnerabilidad de la Infraestructura de la comunidad del Consejo Popular Guanabo ante los distintos eventos de peligros identificados. Elaboración propia a partir de la adaptación de UNISDR, 2017

Peligros	Vulnerabilidad de la Infraestructura
1.1.1 Erosión costera	Muy probable
1.1.2 Inundación costera	Probable
1.1.3 Inundación repentina	Probable
1.1.4 Desbordamiento de ríos	Muy poco probable
1.2.1 Erosión costera	Probable
2.1.1 Relámpagos	Muy poco probable
2.2.1 Lluvia (Tormenta Tropical)	Probable
2.3.1 Lluvia (Ciclón tropical)	Probable
2.3.2 Viento	Extremadamente probable
2.3.3 Tornado	Posible
3.1.1 Enfermedad parasitaria	Descartable
3.2.1 Enfermedad viral	Descartable
3.2.2 Enfermedad bacteriana	Descartable
3.3.1 Enfermedad viral	Descartable
4.1.1 Derrame de petróleo	Poco probable
4.2.1 Accidente aéreo	Muy poco probable
4.2.2 Accidente de tráfico	Probable

Tabla 4. Escala de la vulnerabilidad de los Sectores Productivos de la comunidad del Consejo Popular Guanabo ante los distintos eventos de peligros identificados. Elaboración propia a partir de la adaptación de UNISDR, 2017

Peligros	Vulnerabilidad de los Sectores Productivos
1.1.1 Erosión costera	Muy probable
1.1.2 Inundación costera	Probable
1.1.3 Inundación repentina	Probable
1.1.4 Desbordamiento de ríos	Muy poco probable
1.2.1 Erosión costera	Muy poco probable
2.1.1 Relámpagos	Muy poco probable
2.2.1 Lluvia (Tormenta Tropical)	Probable
2.3.1 Lluvia (Ciclón tropical)	Probable
2.3.2 Viento	Extremadamente probable
2.3.3 Tornado	Posible
3.1.1 Enfermedad parasitaria	Probable
3.2.1 Enfermedad viral	Probable
3.2.2 Enfermedad bacteriana	Probable
3.3.1 Enfermedad viral	Probable
4.1.1 Derrame de petróleo	Poco probable
4.2.1 Accidente aéreo	Muy poco probable
4.2.2 Accidente de tráfico	Muy poco probable

Tabla 5. Escala de la vulnerabilidad de los Servicios Básicos o Esenciales de la comunidad del Consejo Popular Guanabo ante los distintos eventos de peligros identificados. Elaboración propia a partir de la adaptación de UNISDR, 2017

Peligros	Vulnerabilidad de los Servicios Básicos
1.1.1 Erosión costera	Muy probable
1.1.2 Inundación costera	Probable
1.1.3 Inundación repentina	Probable
1.1.4 Desbordamiento de ríos	Muy poco probable
1.2.1 Erosión costera	Muy poco probable

Peligros	Vulnerabilidad de los Servicios Básicos
2.1.1 Relámpagos	Probable
2.2.1 Lluvia (Tormenta Tropical)	Probable
2.3.1 Lluvia (Ciclón tropical)	Probable
2.3.2 Viento	Extremadamente probable
2.3.3 Tornado	Posible
3.1.1 Enfermedad parasitaria	Probable
3.2.1 Enfermedad viral	Probable
3.2.2 Enfermedad bacteriana	Probable
3.3.1 Enfermedad viral	Probable
4.1.1 Derrame de petróleo	Poco probable
4.2.1 Accidente aéreo	Muy poco probable
4.2.2 Accidente de tráfico	Muy poco probable

Tabla 6. Escala de la vulnerabilidad de los Aspectos Sociales y Humanos de la comunidad del Consejo Popular Guanabo ante los distintos eventos de peligros identificados. Elaboración propia a partir de la adaptación de UNISDR, 2017

Peligros	Vulnerabilidad de los Aspectos sociales y humanos
1.1.1 Erosión costera	Probable
1.1.2 Inundación costera	Probable
1.1.3 Inundación repentina	Probable
1.1.4 Desbordamiento de ríos	Muy poco probable
1.2.1 Erosión costera	Probable
2.1.1 Relámpagos	Muy poco probable
2.2.1 Lluvia (Tormenta Tropical)	Muy poco probable
2.3.1 Lluvia (Ciclón tropical)	Probable
2.3.2 Viento	Probable
2.3.3 Tornado	Posible
3.1.1 Enfermedad parasitaria	Probable
3.2.1 Enfermedad viral	Probable
3.2.2 Enfermedad bacteriana	Probable

Peligros	Vulnerabilidad de los Aspectos sociales y humanos
3.3.1 Enfermedad viral	Probable
4.1.1 Derrame de petróleo	Probable
4.2.1 Accidente aéreo	Muy poco probable
4.2.2 Accidente de tráfico	Muy poco probable

3.5. Definir el grado de respuesta al riesgo

Las Actuaciones o Medidas actuales emprendidas, son las actividades y medidas implementadas para evitar y / o hacer frente a los riesgos de desastres existentes y nuevos (UNISDR, 2009). Indican el nivel actual de resiliencia ante desastres de la locación especificada.

En esta metodología para cada evento de peligro seleccionado, hay que evaluar el nivel de las acciones y medidas vigentes tomadas por los gobiernos y actores locales para tratar y mitigar el evento de peligro en el lugar que se está evaluando usando valores de «No hay medidas en vigor» a «Control completo del desastre» según la escala disponible en la herramienta:

0. No hay medidas en vigor
1. Extremadamente pocas medidas en vigor
2. Muy pocas medidas en vigor
3. Pocas medidas en vigor
4. Algunas medidas en vigor
5. Medidas razonables en vigor
6. Buenas medidas en vigor
7. Medidas elevadas en vigor
8. Medidas extremadamente altas en vigor
9. Inmensas medidas en vigor
10. Control completo del riesgo.

Al revisar esta información disponible, evaluar su efectividad actual, consultar a las partes interesadas pertinentes y comprender las acciones y medidas que aún deben emprenderse para mejorar la preparación en el territorio de la comunidad del Consejo Popular Guanabo, la discusión del Grupo Focal Comunitario, introdujo el puntaje relevante sobre las medidas que se han tomado como respuestas ante cada uno de los eventos identificados, como se muestra en la Tabla 7.

Para realizar esta evaluación se utiliza una escala que va desde «no hay medidas en vigor» (que significa que no se ha aplicado ninguna de las medidas posibles para enfrentar la respuesta), hasta «Control completo del desastre» (que implica que se han aplicado medidas que resultaron efectivas para el afrontamiento al desastre y la superación de las consecuencias del mismo).

Tabla 7. Valoración del alcance de las Medidas de Respuesta ante eventos de peligros identificados en la comunidad del Consejo Popular Guanabo. Elaboración propia a partir de la adaptación de UNISDR, 2017.

Peligros	Vulnerabilidad de los Aspectos sociales y humanos
1.1.1 Erosión costera	Muy pocas medidas en vigor
1.1.2 Inundación costera	Extremadamente pocas medidas en vigor
1.1.3 Inundación repentina	No hay medidas en vigor
1.1.4 Desbordamiento de ríos	No hay medidas en vigor
1.2.1 Erosión costera	No hay medidas en vigor
2.1.1 Relámpagos	No hay medidas en vigor
2.2.1 Lluvia (Tormenta Tropical)	Algunas medidas en vigor
2.3.1 Lluvia (Ciclón tropical)	Algunas medidas en vigor
2.3.2 Viento	Algunas medidas en vigor
2.3.3 Tornado	No hay medidas en vigor
3.1.1 Enfermedad parasitaria	Medidas razonables en vigor
3.2.1 Enfermedad viral	Medidas razonables en vigor
3.2.2 Enfermedad bacteriana	Medidas razonables en vigor
3.3.1 Enfermedad viral	Medidas elevadas en vigor
4.1.1 Derrame de petróleo	Buenas medidas en vigor
4.2.1 Accidente aéreo	Buenas medidas en Vigor
4.2.2 Accidente de tráfico	Buenas medidas en vigor

La tabla denota como solamente en el caso del evento de «Enfermedad viral» el gobierno local ha aplicado «medidas elevadas», y esto se refiere a las medidas orientadas por el gobierno central, y aplicadas en todo el territorio nacional para enfrentar la pandemia de Covid-19. De igual manera el análisis permite apreciar que en los casos de los eventos de «Inundación costera», «Erosión costera»; así como en «Lluvias» por tormentas tropicales y ciclones, las medidas adoptadas en todos los casos son muy poco efectivas.

Esta situación se hace más crítica debido a que aquellos, son eventos que se producen con bastante periodicidad en el escenario de la comunidad del Consejo Popular Guanabo, por su condición de comunidad costera, muy afectada por estos tipos de eventos extremos climáticos.

3.6. Resultados, análisis y discusión

Basándose en su evaluación a través de los pasos anteriores, la herramienta calculará y rellenará automáticamente tres resultados importantes: 1. Puntuación de probabilidad y 2. Puntuación de gravedad (ambos valores numéricos finales); y 3. La Clasificación de Riesgo para el Peligro basada en las clasificaciones identificadas en la pestaña «Risk Matrix» (Matriz de Riesgo).

1. La Evaluación de la probabilidad: se refiere a la probabilidad de que ocurra el evento en comparación con los otros eventos evaluados en la locación especificada. Este resultado se produce en base a la Exposición de la ubicación y la Vulnerabilidad a ese evento, y a las acciones y medidas actuales emprendidas. Cuanto menor sea el puntaje, menor será el requisito potencial para la acción. Cuanto mayor sea el puntaje, mayor el requisito de mayor potencial para la acción. Téngase en cuenta, que, este puntaje no es una medida estadística de probabilidad, sino una puntuación de clasificación para permitir la priorización de peligros / eventos de peligro en todos los riesgos evaluados.

2. Evaluación de la gravedad: se refiere al nivel de impacto y de consecuencia que un peligro tendría en el lugar de estudio y su comunidad, que van de 1 a 100, siendo 1 la menor gravedad y 100 la más alta.

Una calificación de gravedad (negativa) indicaría que está fuera del umbral para invertir en una respuesta a un riesgo material. Por otra parte, la obtención de una clasificación de gravedad de cero o (negativa) puede indicar una puntuación poco realista del nivel de acciones y medidas vigentes para responder al peligro específico.

3. Evaluación del riesgo: se refiere a la asignación de una clasificación de riesgo que varía de muy baja a catastrófica alineada con la «matriz de riesgos», que depende de la clasificación de probabilidad y la clasificación de gravedad calculada.

Con los datos de Probabilidad y Gravedad, se procede a personalizar la Matriz de Riesgos para el caso específico, en otras palabras, el usuario debe rellenar la matriz de riesgo de referencia con los valores reales obtenidos de probabilidad y gravedad. El nivel de riesgo para cada escenario identificado puede determinarse utilizando la Matriz de Riesgos incluida en la pestaña «Risk Matrix» (Matriz de Riesgos). A cada escenario se le asigna una prioridad basada en el nivel de riesgo determinado. Esto ayudará a identificar los riesgos que requieren acción prioritaria y los que sólo requieren una supervisión y revisión continua. En la matriz se muestra una tabla de «Guía de Probabilidad» la cual está diseñada para ayudar al usuario a comprender la probabilidad y las definiciones alineadas con las categorías de calificación.

1. La Vulnerabilidad en el Consejo Popular Guanabo

El reporte de vulnerabilidad que devuelve la herramienta como un resultado de la aplicación de la fórmula del riesgo implementada en su interior, contiene cuatro gráficas:

1.1 Exposición y vulnerabilidad de la Infraestructura

1.2 Exposición y vulnerabilidad de los Sectores productivos

1.3 Exposición y vulnerabilidad de los Servicios básicos o esenciales

1.4 Exposición y vulnerabilidad de los Aspectos humanos y sociales

A continuación, se analizan y discuten cada uno de los resultados.

1.1. Exposición y vulnerabilidad de la Infraestructura

La gráfica de la Figura 2 resulta interesante, pues hay un grupo de eventos (relámpagos, desbordamiento de ríos y Accidente aéreo), que, aunque muestran niveles de exposición relativamente altos, los niveles de vulnerabilidad de la infraestructura son bajos, por lo que no se esperaría una interacción desfavorable de esos eventos.

Figura 2. Gráfica de Exposición versus Vulnerabilidad de la infraestructura del Consejo Popular Guanabo, Habana del Este, Cuba. Fuente. Elaboración propia con los resultados devueltos por la aplicación

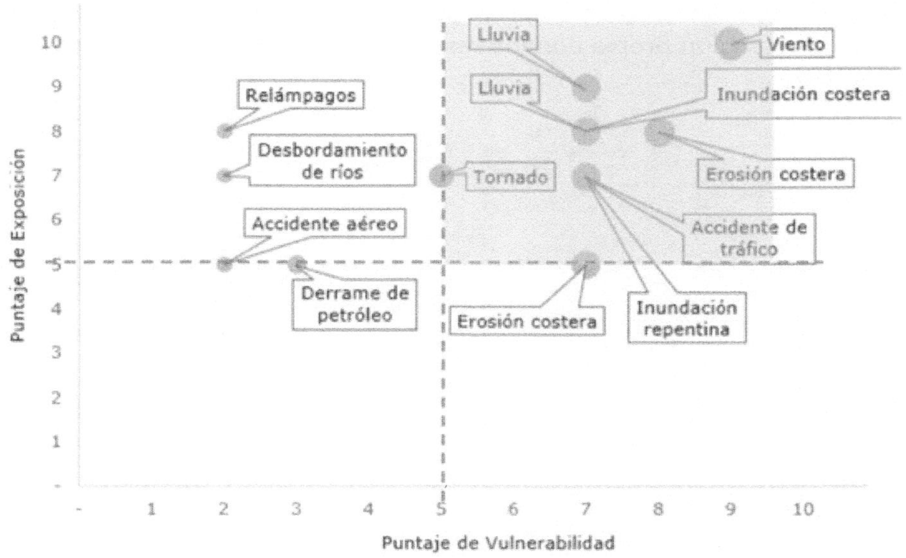

Más preocupante resulta el clúster formado a la derecha, donde hay un grupo de peligros que se configuran con altos puntajes de exposición y de vulnerabilidad, los cuales, si pueden impactar fuertemente sobre la infraestructura de viviendas, edificaciones e instalaciones expuestas y con mayor fragilidad de la comunidad. Entre ellos el evento que resulta más peligroso obviamente (a juzgar por el tamaño del círculo que lo representa) es el Viento, y luego hay un grupo donde destacan la Erosión costera, seguida de las Lluvias y la Inundación repentina, que se consideran con mayores opciones de causar daño a la infraestructura expuesta y vulnerable.

1.2. Exposición y vulnerabilidad de los Sectores Productivos

Este gráfico (Figura 3) permite apreciar que los sectores productivos del Consejo Popular Guanabo, díganse Instalaciones de producción manufacturera, talleres de servicios, mercados, etc.), pueden ser afectados por eventos de diferentes orígenes: Meteorológicos, Hidrológicos y Biológicos.

El más peligroso resulta el Viento debido a ciclones y tormentas tropicales que pueden ser desastrosos para los sectores productivos con alta exposición y altos niveles de vulnerabilidad (mayores a 8).

Otro grupo de eventos como la Inundación costera, Lluvias y Erosión costera también resultan peligrosos cuando interactúan con condiciones de vulnerabilidad y exposición superiores a 7, aunque un poco menos que los vientos.

Figura 3. Gráfica de Exposición versus Vulnerabilidad de los Sectores Productivos del Consejo Popular Guanabo, Habana del Este, Cuba. Fuente. Elaboración propia con los resultados devueltos por la aplicación.

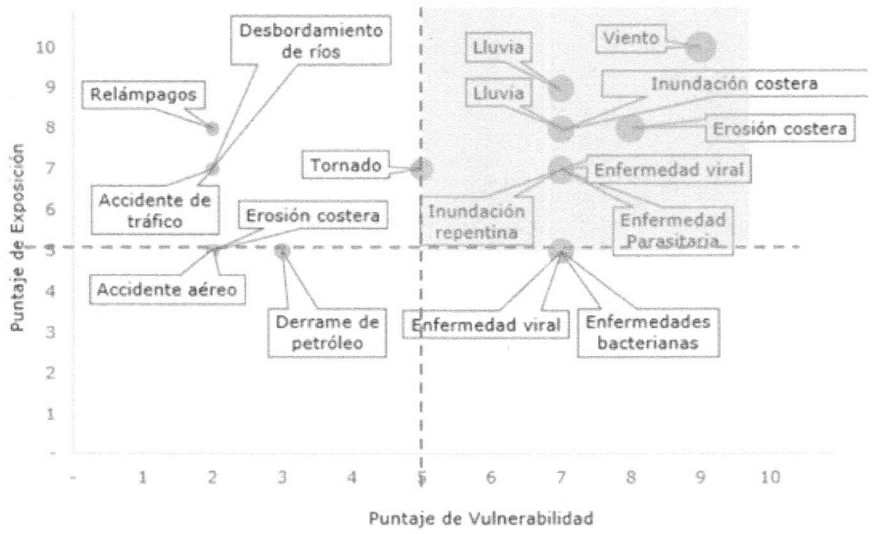

Y destacan eventos de tipo biológicos como las Enfermedades bacterianas y virales que también pueden causar impactos no tanto por los niveles de exposición, pero sí por los niveles de vulnerabilidad de las instalaciones. Esto puede estar dado por el consumo de agua contaminada, la presencia de vectores como el mosquito *Aedes Aegypti,* la presencia de basureros, y condiciones higiénicas sanitarias deficitarias, en sentido general.

1.3. Exposición y vulnerabilidad de los Servicios básicos o esenciales

Para los Servicios básicos o esenciales (Internet, telefonía, telecomunicaciones, agua, energía, etc.), la situación es bastante similar que para el caso de los Sectores productivos. Continúa siendo el Viento el evento más peligroso cuando hay altos niveles de exposición y vulnerabilidades de este tipo de servicios. Y también los peligros asociados con Inundación costera, Lluvias, Erosión costera e Inundación repentina (Figura4).

Figura 4. Gráfica de Exposición versus Vulnerabilidad de los Servicios básicos o esenciales del Consejo Popular Guanabo, Habana del Este, Cuba. Fuente. Elaboración propia con los resultados devueltos por la aplicación.

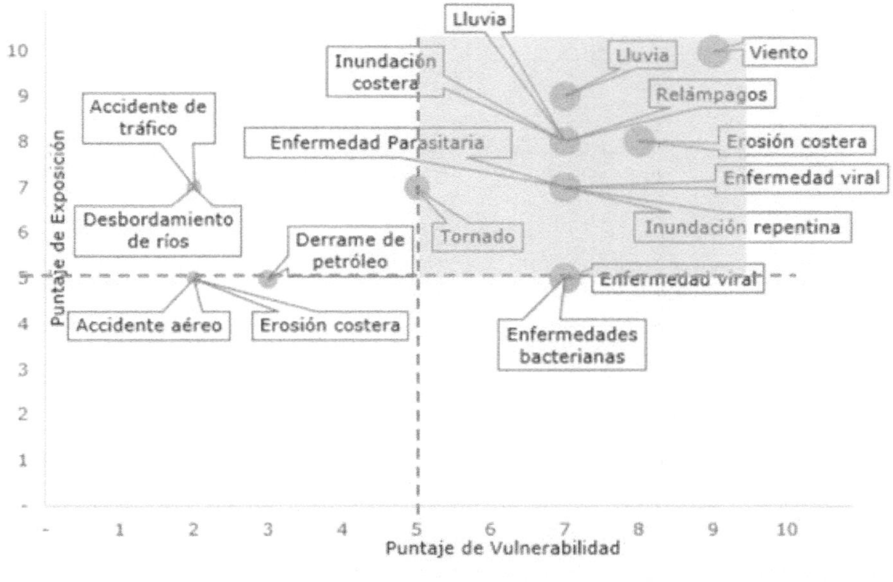

1.4. Exposición y vulnerabilidad de los Aspectos humanos y sociales

Los Aspectos humanos y sociales (desplazamientos, seguridad, migración, educación, salud), con altos niveles de exposición y de fragilidad (7 o mayores) son afectados en primer lugar por los eventos de Vientos, que resultan los más peligrosos, seguidos de otro grupo donde están la Lluvia y las Inundaciones (costera y repentina). Esto se aprecia en la Figura 4, en el recuadro sombreado en color naranja.

También destacan, en este grupo, las enfermedades virales y bacterianas, precisamente por la naturaleza de este componente humano y social, pero en un grado menor.

Desde el punto de vista práctico, este resultado permite enfocar la atención de los actores gubernamentales y también de los actores comunitarios en sentido general, en estos eventos y las consecuencias que pueden traer para la población de la comunidad, así como para el sistema natural.

Figura 4. Gráfica de Exposición versus Vulnerabilidad de los Aspectos humanos y sociales del Consejo Popular Guanabo, Habana del Este, Cuba. Fuente. Elaboración propia con los resultados devueltos por la aplicación

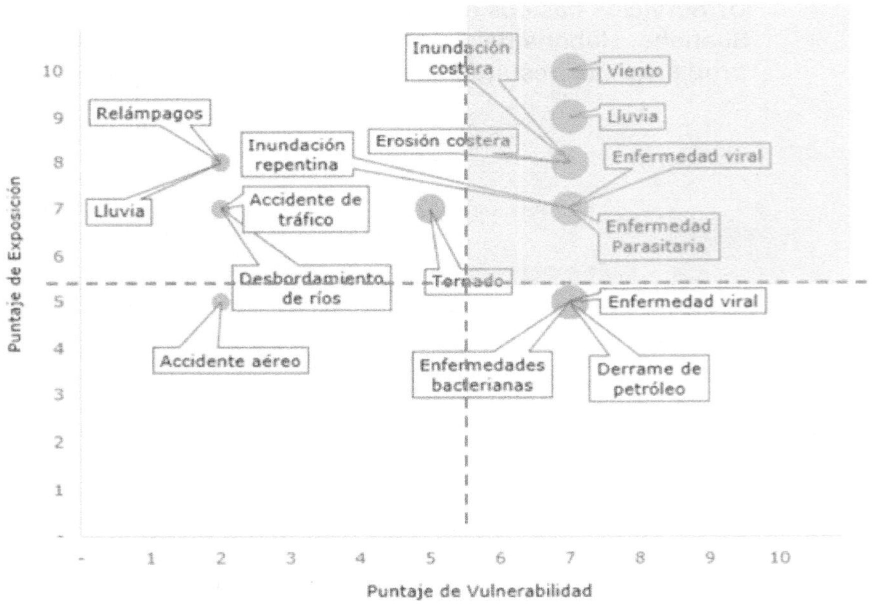

4. El Riesgo en la comunidad del Consejo Popular Guanabo

El reporte del riesgo, se muestra en dos gráficas: 1. Puntaje de probabilidad versus Puntaje de Gravedad y 2. Nivel de Exposición versus Clasificación de la Vulnerabilidad, y 3. La Matriz de Riesgos.

4.1. Puntaje de probabilidad versus Puntaje de gravedad

En esta gráfica se aprecia que el evento que puede generar mayor nivel de daño en los sistemas natrales y humanos del territorio de la comunidad del Consejo Popular Guanabo, y que presentan una probabilidad de ocurrencia entre 6 y 7 y puntaje de gravedad de 60 %, es la Inundación costera (Figura 5). Es lógico que así sea, por tratarse de una comunidad costera donde este evento extremo es típico para comunidades que se ubican en ambientes de ese tipo.

También resultan peligrosas la Inundación repentina y la Erosión costera, que presentan niveles de gravedad entre 50 y 60 % bastante similares que la Inundación costera y una probabilidad entre 6 y 7, lo que presupone un posible impacto en el territorio de la comunidad, caso de producirse.

Un grupo de eventos no resultarían tan dañinos si se presentaran, a pesar de que sus niveles de probabilidad de ocurrencia resultan bastante altos. Son los casos de Lluvia (6); Lluvia (7) y Viento (8), pero sus puntajes de gravedad son relativamente bajos (20, 30 y 38 respectivamente).

Figura 5. Gráfica de Probabilidad versus Gravedad de los eventos de peligro actuantes en el Consejo Popular Guanabo, Habana del Este, Cuba. Fuente. Elaboración propia con los resultados devueltos por la aplicación

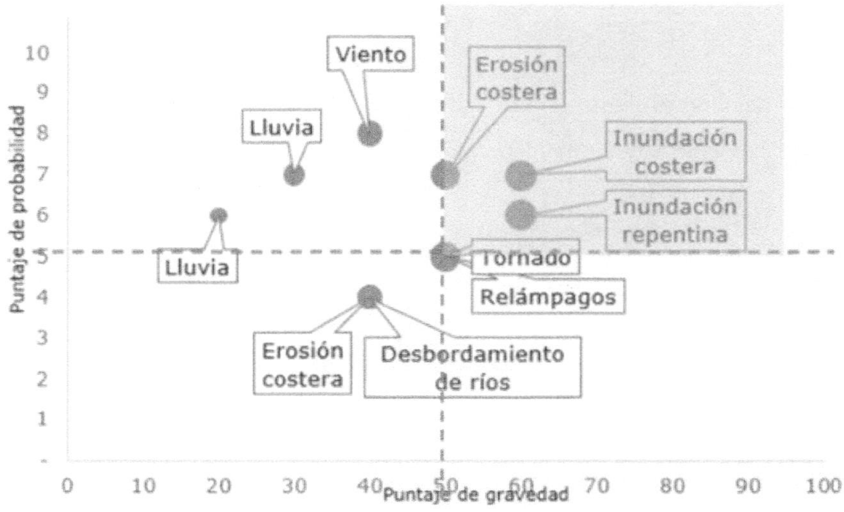

El resto de los eventos (Tornado, relámpagos, Desbordamiento de ríos y Erosión costera) no tienen mayor significación por la baja probabilidad de ocurrencia y los relativamente bajos puntajes de gravedad, lo que permite concluir que resultarían pocos posibles los impactos que puedan producir.

4.2. Nivel de Exposición versus Clasificación de la Vulnerabilidad

Este gráfico denota que a juzgar por los niveles de exposición de los sistemas humanos y naturales de la comunidad del Consejo Popular Guanabo, todos los eventos podrían resultar peligrosos. Sin embargo, solo un grupo de ellos podrían resultar realmente efectivos por presentar altos puntajes en la clasificación de vulnerabilidad y altos valores de exposición de los sistemas. Estos últimos son: Inundación repentina, Inundación costera, Erosión costera, Lluvia y Vientos.

De todos ellos el evento con mayor probabilidad de ocurrencia y mayor impacto al interactuar con altos niveles de vulnerabilidad, es el Viento (Figura 6).

Figura 6. Gráfica de Nivel de Exposición versus Clasificación de vulnerabilidad de los Sistemas naturales y humanos del Consejo Popular Guanabo, Habana del Este, Cuba. Fuente. Elaboración propia con los resultados devueltos por la aplicación.

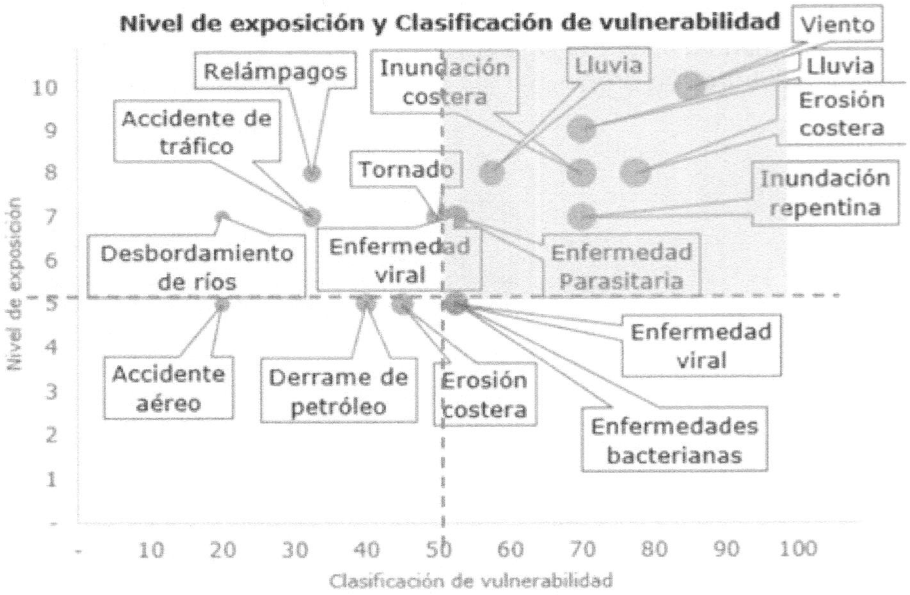

5. El escenario de riesgos de la comunidad del Consejo Popular Guanabo

Para llegar a la definición del escenario o de los escenarios de riesgo de la comunidad del Consejo Popular Guanabo se siguió el procedimiento siguiente.

5.1. Determinar los niveles de riesgo por cada tipo de evento de peligro

Para las dos familias de eventos más peligrosos (Hidrológicos y Meteorológicos), se tomaron los datos e informaciones disponibles en la Tabla «Datos de Entrada de Amenazas» (Hazard Data Entry) que devuelve la herramienta, y se volcaron en la Tabla 8.

Tabla 8. Determinación de los Niveles de Riesgo por cada evento de peligro de las familias Hidrológicos y Meteorológicos. Fuente. Elaboración propia con los resultados devueltos por la aplicación.

Familia de Peligros	Subfamilia de Peligros	Eventos de peligros	Resultado de la Matriz de Riesgo	Nivel de Riesgo
Hidrológicos	Inundaciones	Erosión costera	M6	Moderado
		Inundación costera	H7	Alto
		Inundación repentina	M6	Moderado
		Desbordamiento de río	L4	Bajo
	Acción de olas	Erosión costera	L4	Bajo
Meteorológicos	Tormenta convectiva	Relámpagos	M5	Moderado
	Tormenta extratropical	Lluvia	L4	Bajo
	Ciclón Tropical	Lluvia	M6	Moderado
		Viento	M6	Moderado
		Tornado	M5	Moderado

Las siglas M, H, L, significan los valores cualitativos del nivel del riesgo (Moderado (Moderate), Alto (High) y Bajo (Low); su color es el que se toma de la Matriz Referencial del Riesgo (Figura 1); mientras que el número que le acompaña es el nivel cuantitativo correspondiente que se toma de la intersección de las variables de Probabilidad y Gravedad.

5.2. Determinación de los valores de probabilidad y gravedad por tipos de eventos de peligros

Los datos de la matriz del riesgo y los niveles de riesgo correspondientes a cada evento de peligro se cotejaron a partir de los parámetros de Probabilidad y Gravedad que se dan en la Matriz de Riesgo de referencia que se ofrece en la herramienta (pestaña Risk Matrix). Esta tabla opera como un espacio bidimensional donde en las columnas se muestran los valores de Probabilidad por rangos: Muy Baja (0-2), baja (2-4), Moderada (4-6), Alta (6-8) y Muy Alta (8-10); y en las filas, se exponen los valores de Gravedad, también en rangos: Insignificante (0-10), Menor (11-25), Moderado (26-50), Mayor (51-76) y Catastrófico (76-100). Tales valores pueden ser observados en la Tabla 9.

Tabla 9. Puntajes de Probabilidad y de Gravedad por tipos de eventos de peligros. Fuente. Elaboración propia con los resultados devueltos por la aplicación

Escenario	Nivel de Riesgo	Puntaje de Probabilidad	Promedio Probabilidad	Puntaje de Gravedad	Promedio Gravedad	Nivel del riesgo medio	Nivel de Riesgo Integrado
1. Hidrológico	M6	7	5,6	50	50	M5	MODERADO
	H7	7		60			
	M6	6		60			
	L4	4		40			
	L4	4		40			
2. Meteorológico	M5	5	6,2	50	38	M6	
	L4	6		20			
	M6	7		30			
	M6	8		40			
	M5	5		50			

5.3. Determinación de los escenarios de riesgos del Consejo Popular Guanabo

Se determinaron los puntajes de probabilidad promedios para cada uno de los escenarios (Hidrológicos y Meteorológicos), resultando las coordenadas (5,6 y 50) para el primero (lo que lo categoriza con un nivel de riesgo M5 (Moderado); y (6,2 y 38) para el escenario Meteorológico (M6) también Moderado.

Considerando los niveles de riesgo que se presentan y siendo consecuentes con la metodología UNISDR (2017), se ha considerado asumir un **Escenario de Riesgo Combinado: Hidrometeorológico**, que combina los peligros más relevantes de las dos familias: Hidrológicos y Meteorológicos y cuya categoría es **MODERADO**, como muestra la Tabla 9.

6. Conclusiones

El Marco de Sendai (UNISDR, 2015), en la Prioridad 1 «Fortalecer la gobernanza del riesgo de desastres para gestionar dicho riesgo», hace referencia a que las políticas y prácticas para la gestión del riesgo de desastres deben basarse en una comprensión del riesgo de desastres en todas sus dimensiones de vulnerabilidad, capacidad, grado de exposición de personas y bienes, características de las amenazas y entorno. Señala además que esos conocimientos se pueden aprovechar para la evaluación del riesgo previo a los desastres, para la prevención y mitigación y para la elaboración y aplicación de medidas adecuadas de preparación y respuesta eficaz para casos de desastre.

Según el propio documento, para lograr lo anterior, uno de los aspectos a tener en cuenta, consiste en aplicar la información sobre riesgos en todas sus dimensiones de vulnerabilidad, capacidad y grado de exposición de las personas, comunidades, y bienes, así como las características de las amenazas, para elaborar y aplicar políticas de reducción del riesgo de desastres.

La presente investigación se ha desarrollado como parte de los criterios planteados en los párrafos anteriores, y como resultado final, se ha podido definir y caracterizar el escenario de riesgos crítico actual de la comunidad del Consejo Popular Guanabo. Este escenario, ha sido definido como un escenario de riesgo combinado, como resultado de la integración de varios peligros principales de dos familias de peligros: Hidrológicos y Meteorológicos.

Dentro de la Familia de Peligros Hidrológicos principales se han considerado los peligros «Inundación costera» como el de mayor relevancia (Riesgo Alto –H7), junto con «Inundación repentina» y «Erosión costera», ambos categorizados como Riesgos Moderados (M6). Por su arte, la «Familia de Peligros Meteorológicos» se conformó con los peligros «Viento», «Tornado», «Relámpagos» y «Tornados», todos con niveles de riesgos medios (M5 y M6). De la síntesis entre ambos escenarios, emergió como el resultante para esta comunidad el «Escenario de riesgos hidrometeorológicos».

La importancia de este escenario, está dada porque ayudará a diseñar las medidas que deben implementarse de modo prioritario y las que sólo requieren una supervisión y revisión continua, consistentes en las «respuestas para reducir las vulnerabilidades existentes, la exposición de los medios de vida, así como el fortalecimiento de las capacidades resilientes deficitarias en la comunidad, todo ello, tomando como premisa fundamental las exigencias del nivel de probabilidad moderada definida en la matriz de riesgos: «Puede ocurrir al menos una vez en cinco año».

Estos elementos, datos e informaciones se utilizaron posteriormente como insumos para la confección del Plan de Medidas para la Reducción de Riesgos Hidrometeorológicos del Consejo Popular Guanabo, Habana del Este, Cuba el cual fue propuesto a las autoridades del gobierno local del Consejo Popular Guanabo, como una herramienta básica para la supervisión y control del cumplimiento de las medidas incluidas en el mismo, las cuales conducirán a un incremento en a resiliencia de la comunidad

7. Referencias bibliográficas

Coca, O., y Rodríguez L., «Sector Playa Guanabo. Readaptación participativa y resiliente ante el cambio climático». *Arquitectura y Urbanismo,* 2021, 42(1), págs. 94-104 ISSN 1815-5898.

ECURED, Guanabo, *La Habana del Este*, 2021, S.L,, http://www.ecured.cu

EIRD, *Terminología sobre Reducción del Riesgo de Desastres, Estrategia Internacional para la Reducción del Riesgo de Desastres (EIRD)*, Ginebra, Suiza, 2009, S.L, https://www.unisdr.org/files/7817_UNISDRTerminologySpanish.pdf

UNISDR, *Marco de Sendai para la reducción del riesgo de desastres* 2015-2030, 2015, UNISDR/GE/2015 - ICLUX ES 1ra ed., pág. 40, https://www.unisdr.org/files/43291_spanishsendaiframeworkfordisasterri.pdf

IGT, *Informe final. Propuesta para la cuenca río Guanabo como base para la conservación de la biodiversidad*. 2016, págs. 069-114. http://repositorio.geotech.cu/jspui/handle/1234/3926

IPCC, *Cambio Climático 2001. Informe de Síntesis. Contribución de los Grupos de Trabajo I, II y III al Tercer Informe de Evaluación del OMM Grupo Intergubernamental de Expertos sobre el Cambio Climático*, 2001, S.L, https://www.ipcc.ch/site/assets/uploads/2018/08/TAR_syrfull_es.pdf

IPF, *Actualización Plan de Ordenamiento Polo Turístico Playas del Este*, 2015, S.L, Dirección Provincial Planificación Física La Habana, La Habana, Cuba.

McCaul, B. y Mitsoudi, A., «Análisis de la resiliencia de las comunidades ante desastres». *Caja de herramientas ARC-D.* Manual de guía de usuarios. GOAL, 2016, S,L https://resiliencenexus.org/wp-content/uploads/2020/05/ARC-DToolkitUserManualB01_SPANISH_Version_A03.pdf

Renda, E., Rozas, M., Moscardini, O., y Torchia, M.P., *Manual para la elaboración de mapas de riesgo*, 1a ed. ilustrada. Buenos Aires: Programa Naciones Unidas para el Desarrollo (PNUD) Argentina, 2017, S.L. ISBN 978-987-1560-75-2

Turnbull, M., Sterrett Ch., y Hilleboe, A., *Hacia la Resiliencia. Una Guía para la Reducción del Riesgo de Desastres y Adaptación al Cambio Climático*, Catholic Relief Services – United States Conference of Catholic Bishops, 2013, S.L, https://www.crs.org/sites/default/files/tools-research/hacia-la-resiliencia-una-guia-para-la-reduccion-del-riesgo-de-desastres-y-adaptacion-al-cambio-climatico.pdf

TWIGG, J. *Características de una comunidad resiliente ante los desastres.* Nota guía. Primera versión (a probar en campo), 2007, S.L, https://www.eird.org/newsroom/Spanish_Characteristics_disaster_high_res.pdf

TWIGG, J., «Characteristic of a Community Resilient to Disasters». *Disaster Risk Reduction Interagency Coordination Group* del Departamento para el Desarrollo Internacional del Gobierno del Reino Unido, 2009, S.L, http://www.benfieldhrc.org/disaster_studies/projects/communitydrrindicators/community_drr_indicators_index.htm

UNISDR, *Herramienta de Autoevaluación para la Resiliencia frente a Desastres a Nivel local*. Evaluación Preliminar, 2017, S.L, https://eird.org/camp-10-15/docs/herramienta-evaluacion.pdf

WIKIPEDIA, «Guanabo, La Habana del Este, Cuba», *Wikipedia la enciclopedia libre*, 2021, visita Google 11de octubre 2021, http://www.wikipedia.com

CAPÍTULO 11

INNOVACIONES Y APRENDIZAJES PARA TRANSFORMAR LAS CRISIS EN RESILIENCIA

Gabriela Cáceres Flores[1]
Organización GOAL
Honduras

Bernard McCaul[2]
Organización GOAL
Honduras

Resumen: En la actualidad el mundo enfrenta múltiples crisis, que cada vez son más complejas y afectan de manera desproporcionada a las poblaciones más vulnerables y excluidas. Además, las mega tendencias globales como el cambio climático, la desigualdad, el desplazamiento forzado, entre otros, están provocando un aumento de las crisis. Hoy más que nunca, es necesario encontrar nuevas formas de afrontar y superar estas crisis. El presente trabajo propone pilares y pasos concretos para ayudar a las poblaciones afectadas por las crisis a transformar éstas en resiliencia, en base a más de 40 años de experiencia de la agencia humanitaria internacional GOAL. También, se comparten innovaciones y aprendizajes que la organización ha ido desarrollando a lo largo de la última década en cuanto a la aplicación de un enfoque en sistemas locales como factor clave para transformar crisis en resiliencia. Para ilustrar mejor todo estos se comparten ejemplos y estudios de caso de varios programas de GOAL en Honduras y Siria.

Palabras clave: innovación, sistemas, localización y asociación.

---

1 *Máster en Demografía y Desarrollo*, GOAL, ORCID: https://orcid.org/0009-0008-5807-2310

2 *Master en Ciencias de la Ingeniería en Tecnologías Innovadoras*, GOAL, ORCID: https://orcid.org/0009-0002-2862-6825

1. Introducción

Durante los últimos dos décadas, la población mundial ha sufrido el colapso del sistema financiero global, una pandemia y perturbaciones significativas en el sistema alimentario en todo el mundo, así como el aumento de los efectos de la crisis climática y ambiental (GOAL, 2023a, p.7). En 2024, casi 300 millones de personas necesitarán asistencia humanitaria por conflictos, crisis climática y otros factores como las crisis económicas y brotes de enfermedades infecciosas que se sobreponen a los conflictos armados y la crisis climática (OCHA, 2023, p.4). Actualmente, 258 millones de personas sufren de inseguridad alimentaria aguda, 1 de cada 5 niño(a)s huye de un conflicto y 1 de cada 73 personas se ve forzada a desplazarse, cuya cifra total, es la más alta desde principios de siglo (OCHA, 2023, p.5).

En tanto, las crisis humanitarias están aumentando en número, magnitud y complejidad en todo el mundo y un número creciente de estados y regiones se caracterizan por ser aún más frágiles y afectados por conflictos (GOAL, 2023a, p.7). Las crisis ocurren cuando los sistemas socioeconómicos, que conforman la sociedad y que son indispensables para el bienestar de las personas, colapsan y dejan de proveer sus bienes y servicios. El colapso en los sistemas locales conduce a comportamientos negativos que profundiza el ciclo de las crisis (GOAL, 2023a, p.26).

Los sistemas socioeconómicos, por ejemplo, sistemas de servicios de salud o sistemas de mercado, pueden entenderse como un conjunto de personas y organizaciones, interconectadas y colaborando juntas, intencionalmente o no, para lograr un objetivo común (GOAL, 2019, p.84). Lamentablemente, esta colaboración a menudo no está bien estructurada o es ineficiente, provocando que los sistemas no funcionen bien, o no funcionen en absoluto, resultando en *explotación, marginación y exclusión.* Además, los sistemas pueden ser vulnerables a choques y estresores que afectan su funcionamiento y ponen en riesgo el suministro de los bienes o servicios que ofrecen. La magnitud y complejidad de las crisis humanitarias dependerá de la capacidad que tengan los sistemas locales para responder a dichas crisis (GOAL, 2023a, p.23). Cuanto más resilientes e inclusivos sean estos sistemas, más capacidad tendrán las comunidades para alcanzar sus objetivos de desarrollo y más resilientes serán cuando se enfrenten a la adversidad (GOAL, 2019, p.14).

Considerando que las crisis humanitarias van creciendo en magnitud y complejidad, que el financiamiento es cada vez más limitado y que el enfoque tradicional de respuesta humanitaria no está respondiendo a las demandas actuales, es fundamental encontrar nuevas formas de apoyar a las poblaciones más vulnerables y excluidas, en particular las que viven en contextos frágiles y afectados por conflictos. El aprendizaje y la innovación del sector humanitario en la transición de crisis a la supervivencia y eventualmente a una mayor resiliencia, es más urgente que nunca. Es por ello que el escrito actual propone innovaciones y aprendizajes de más de cuarenta años de experiencia en respuesta humanitaria de la agencia internacional GOAL[3], sobre cómo transformar las crisis en resiliencia (GOAL, 2023a, p.7).

2. Metodología

Para la preparación de este capítulo se llevó a cabo una revisión de fuentes secundarias. Dentro de las principales fuentes revisadas está el Plan Estratégico de GOAL2025, reportes y manuales sobre enfoques y herramientas institucionales, material de diversas conferencias y presentaciones ofrecidas por GOAL, estudios de caso y publicaciones académicas de GOAL y sus socios. También se hizo la revisión de otras publicaciones relevantes del sector humanitario internacional.

En cuanto a los reportes y manuales institucionales, se revisaron principalmente el Enfoque de Resiliencia para Sistemas Sociales (R4S), el Análisis de la Resiliencia de las Comunidades ante Desastres (ARC-D) y el Enfoque de Barrio Resiliente e Incluyente (RINA).

3. Resultados

3.1. Pilares para contribuir a la resiliencia de comunidades y sus sistemas y a su transición desde la crisis a la resiliencia

GOAL con 47 años de experiencia y en base a un análisis integral de sus programas en los peores conflictos y crisis del mundo, desarrolló el *Marco de Crisis a la Resiliencia*, un enfoque constituido por cuatro pilares, que es el corazón del plan estratégico de la organización (GOAL, 2023a, p.23). Además de lograr los objetivos estratégicos y el cambio que GOAL pretende alcanzar como organización, el marco de «Crisis a la resiliencia» permite mitigar la duplicación o disminución de los sistemas y actores locales e incrementar el acceso a aquellos bienes y servicios que salvan vidas mediante sistemas más inclusivos y resilientes (GOAL, 2023, p.24). Estos pilares son:

a) Enfoque en sistemas: bajo este pilar se busca comprender, estabilizar y dar apoyo al funcionamiento de sistemas locales.

Según Campbell (2022) hoy más que nunca, el sector humanitario reconoce el impacto negativo que han tenido los silos sectoriales y el pensamiento tradicional reduccionista y lineal; por lo que es necesario aplicar un enfoque diferente

3 GOAL es una agencia internacional de respuesta humanitaria establecida en Irlanda hace más de 40 años. GOAL trabaja con las comunidades más vulnerables para ayudarlas a responder y superar las crisis humanitarias, y para ayudar a las personas que enfrentan la pobreza y la exclusión a lograr una mayor resiliencia y bienestar. Más información puede encontrarse en el siguiente enlace: https://www.goalglobal.org/

para afrontar la complejidad. Si bien muchos problemas se resuelven con el pensamiento tradicional, el uso de estos enfoques ante situaciones complejas puede traer consecuencias negativas (p.10). En este sentido, el enfoque en sistemas es la mejor forma de abordar la complejidad de las crisis humanitarias, especialmente en contextos frágiles y afectados por conflictos. En definitiva, la adopción de este enfoque puede minimizar el daño a los sistemas locales dinámicos, reducir el impacto de la crisis y aprovechar las capacidades de los actores locales para garantizar la continuidad de sus sistemas (PATEL *et al.*, 2021, p.3).

b) Asociación / Localización: propone mapear las partes interesadas y los actores permanentes en sistemas locales críticos, así como también dar apoyo y fortalecer las capacidades para el suministro de bienes y servicios.

Bajo este pilar localización se refiere al fortalecimiento e involucramiento en los sistemas locales y sus múltiples actores, que proveen bienes o servicios de los que dependen la población para cubrir sus necesidades (Patel et al., 2021, p.5). En definitiva, localización se trata sobre sistemas locales y no solamente sobre actores locales. Este pilar resalta que los principales catalizadores del cambio son los actores que conforman los sistemas locales. Por tal razón, las agencias humanitarias como GOAL, deben facilitar el cambio de la mano de estos actores locales, sabiendo que ellos permanecerán en el sistema mucho tiempo después de que la organización se haya ido. Esto garantiza que los esfuerzos apoyen a los sistemas locales y no se duplique el trabajo de los actores locales (GOAL, 2023a, p.24).

c) Marco de confianza y garantía: este pilar procura la confianza entre poblaciones afectadas, actores locales y la organización y sus programas (PATEL *et al.*, 2021, p.25).

Las crisis humanitarias representan múltiples riesgos para todas las partes interesadas (violencia basada en género, discriminación, entre otros) por lo que este pilar envuelve la aplicación de los más altos estándares de transparencia y rendición de cuentas, incluida la investigación del fraude y la corrupción, provisión de información sobre derechos y mecanismos de expresión de opiniones o denuncias, gestión de quejas y respuestas haciendo uso de tecnologías relevantes y accesibles al contexto (GOAL, 2023a, p.25).

d) Gestión Adaptativa: promueve la toma de decisiones y realización de ajustes en respuesta a la nueva información y cambios de contexto, usando un enfoque intencionado (USAID, 2018).

Este pilar es clave dado que las crisis se caracterizan por la imprevisibilidad, el riesgo y las amenazas. Por lo que se propone operar con un enfoque proactivo en el monitoreo de riesgos y disposición para una adaptación oportuna (GOAL, 2023a, p.25). Una buena práctica de este pilar es la gestión de datos y la tecnología, como la recopilación digital de datos para obtener información en tiempo real o, al menos, rápidamente, para agilizar la toma de decisiones y la comunicación entre los actores involucrados (PATEL *et al.*, 2021, p.4).

A continuación, el presente capítulo hace énfasis sobre el pilar 1 y 2, sobre el enfoque en sistemas y asociación/localización respectivamente.

3.2. Buenas prácticas para contribuir a la resiliencia de comunidades y sus sistemas y en su transición desde la crisis a la resiliencia

En más de 47 años de experiencia en respuesta humanitaria, la agencia internacional GOAL, ha comprendido que la magnitud de las crisis humanitarias depende de la capacidad que tengan las personas y los sistemas locales para responder a ellas (GOAL, 2023a, p.3).

Dentro del Marco de Crisis a la Resiliencia, GOAL propone la trayectoria de crisis a resiliencia la cual está al centro de la nueva estrategia de la organización y representa los niveles de progreso desde una emergencia repentina hasta un contexto de mayor estabilidad. La Figura 1 representa esta trayectoria, que va de izquierda a derecha y muestra un proceso optimista del mismo, pero con muchos eventos adversos en el camino.

Figura 1. Trayectoria de Crisis a la resiliencia. Fuente: GOAL, 2023a. p.23

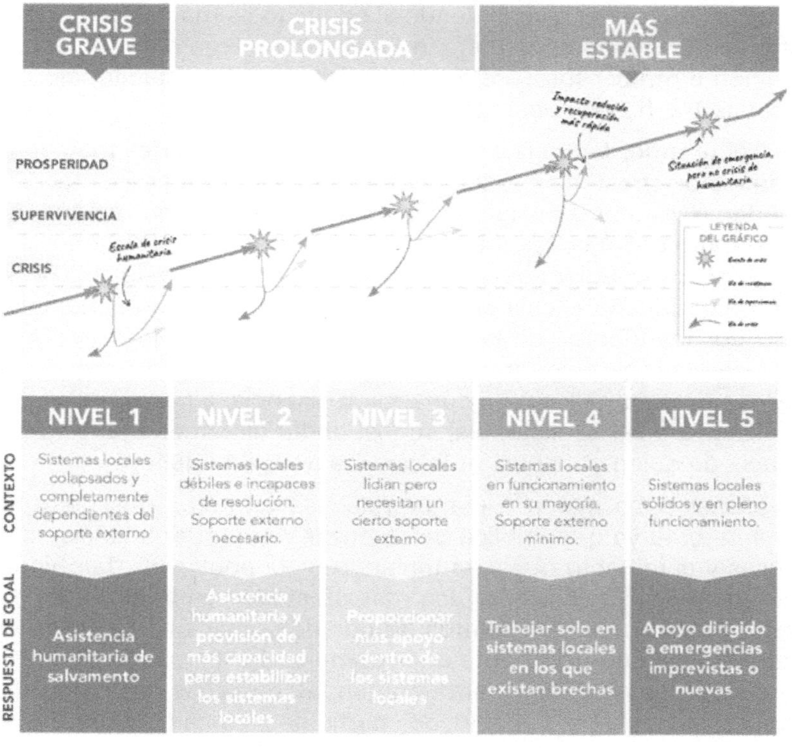

En cada nivel se muestra el impacto de un evento y las posibles rutas a las que puede conducir un evento adverso. La línea roja representa una ruta hacia la crisis, la línea amarilla representa una ruta de supervivencia y la línea verde representa una ruta de resiliencia y avanzar en el cumplimiento de objetivos de desarrollo. Pero el impacto de un evento adverso debería ser menor a medida que las personas y sus sistemas sean más resilientes y, por ende, asciendEn de nivel en la trayectoria de crisis a resiliencia. Los niveles de la trayectoria están determinados por el funcionamiento y la resiliencia de los sistemas locales y se presentan en una escala de uno a cinco, donde uno es el de menor resiliencia y cinco el de mayor resiliencia.

Según el nivel de resiliencia en el que se ubiquen los sistemas locales, la trayectoria de crisis a la resiliencia orienta sobre el abordaje que las agencias de ayuda humanitaria como GOAL, pueden ofrecer para fortalecer la resiliencia y funcionamiento de estos. Los tres tipos de abordaje sugeridos para transformar la crisis a la resiliencia son los siguiente: *protección, aprovechamiento, estabilización y fortalecimiento de los sistemas locales.* En el nivel 1 de la trayectoria, los sistemas están colapsados y la población depende totalmente de *asistencia humanitaria.* En el nivel 2 los sistemas locales se encuentran débiles e incapaces de resolución y si bien se requiere soporte externo, este debe orientarse a *estabilizar* dichos sistemas locales. Y así, cada nivel explica la situación y el mejor enfoque que las intervenciones deben seguir hasta alcanzar el nivel 5 donde el contexto es más estable, resiliente y los sistemas funcionan de manera independiente. Para determinar el tipo de intervención a ofrecer (protección, aprovechamiento, estabilización, fortalecimiento), GOAL ha propuesto los siguientes pasos:

Paso 1. Entender la crisis e identificar a las poblaciones más afectadas. Los choques o estresores pueden combinarse para formar eventos de riesgo que pueden dar lugar a crisis que revierta los avances en materia de desarrollo que tanto costó conseguir y afectando de manera desproporcionada a los más pobres y marginados. Por ejemplo, en noviembre de 2020 el sistema pesquero de pequeña escala en la costa norte de Honduras, no solo se vio afectado por los efectos de la pandemia sino también por dos huracanes que azotaron la región en un periodo de 3 semanas. Ante estos escenarios, uno de los primeros pasos para construir resiliencia, a cualquier nivel (hogar, comunidad o a nivel de sistemas) es responder claramente a las preguntas: ¿resiliencia de quién o de qué, ante qué y a través de qué?

Este primer paso ayuda a comprender las primeras dos preguntas (*de quién y ante qué)* ya que implica caracterizar y entender la crisis, identificar sus causas y el impacto que está teniendo en la población. También, es importante identificar quiénes son los más afectados y comprender las necesidades específicas de los distintos grupos de población, especialmente los más vulnerables. Entender «ante qué» o, mejor dicho, qué crisis es la que se busca atender, es muy importante porque las personas, las comunidades y los sistemas necesitarán capacidades particulares a cada choque o estresor contribuyendo a la crisis. Es posible que una misma población sea resiliente ante un choque o estresor y no a otros. Por ello, el impacto de un choque y su consecuente crisis, así como su efecto en los grupos de población será diferente. De ahí la importancia de invertir tiempo y recursos en entender esto.

Paso 2. Evaluar en qué punto de la trayectoria de crisis a resiliencia se encuentran la población objetivo. Esto requiere analizar bien el contexto en el que se desenvuelve la crisis y la población objetivo. En base a la evidencia del contexto, el equipo debe determinar si se está ante una crisis grave o repentina, una crisis prolongada o si ocurre en el marco de un contexto estable. En este punto, debe comprenderse bien las características sociodemográficas de la población objetivo, así como sus capacidades y vulnerabilidades. Diferentes fuentes secundarias o primarias pueden consultarse para el desarrollo del paso 1 y 2, sin embargo, una de las herramientas que GOAL utiliza es el Análisis de la Resiliencia Comunitaria ante Desastres (ARC-D)[4]. El ARC-D, desarrollada por GOAL y publicada por primera vez en 2014, utiliza una combinación de técnicas cualitativas para recabar información contextual y evaluar 30 componentes de resiliencia ante los principales escenarios de riesgo a nivel de comunidad. También, es importante recalcar que en 2021 el ARC-D fue adaptado específicamente para salud. La visión general del desempeño de la comunidad ante los escenarios de riesgo evaluados que ofrece el ARC-D, ayuda a identificar en qué nivel de la escala de uno a cinco del marco de crisis a la resiliencia se encuentra la población objetivo.

Paso 3. Priorizar y evaluar los sistemas locales críticos prioritarios. Para GOAL, no importa cuán frágil o colapsada sea la situación local, siempre existen sistemas de algún tipo en su lugar, aunque muchas veces están agobiados o atacados. GOAL trabaja para comprender estos sistemas antes de ofrecer asistencia, pues siempre hay actores locales con conocimientos y capacidades únicas (GOAL, 2023a, p.24). Este paso conlleva identificar los sistemas que son críticos para la resiliencia de la población objetivo y que han sido o están siendo afectados por la crisis. Si bien, por la naturaleza de las crisis el sistema crítico vinculado y/o afectado es evidente (el sistema de salud o de saneamiento vinculado a una epidemia de dengue, por ejemplo), muchas veces no es así. El enfoque C2R de GOAL, sugiere priorizar los sistemas críticos, evaluando cuatro criterios: *relevancia, oportunidad* para lograr cambio a escala, *factibilidad* considerando tiempos y recursos disponibles para una intervención *y capacidad de contribuir a la resiliencia* de las poblaciones objetivo. Por ejemplo, en el programa urbano «Haciendo Operativo un Enfoque de Barrio para Reducir el Riesgo de Desastres Urbanos en 3 Barrios de Alto Riesgo de Tegucigalpa», GOAL realizó un diagnóstico participativo integral de los barrios meta usando la herramienta ARC-D, talleres participativos, entre otros. Como resultado, se identificaron cinco sistemas

4 Más información sobre la herramienta ARC-D puede encontrarse aquí: https://resilience-nexus.org/arc_d_toolkit/what-it-is/

críticos para la resiliencia de las comunidades objetivo: *(1) Sistema de Vivienda Social, (2) Sistemas de Provisión y mantenimiento de drenajes y servicios de agua, (3) Sistemas de mercado para el Suministro Básico de Alimentos, (4) Sistemas de Alerta Temprana y Respuesta, y (5) Sistemas de Protección.* Las evaluaciones de impacto, incluidas las realizadas por la Universidad Internacional de Florida (FIU, por sus siglas en inglés), demostraron pruebas sólidas de que el enfoque del proyecto abordando los diferentes sistemas fue exitoso en el incremento de la resiliencia ante desastres y la satisfacción de vida en los barrios meta (SARMIENTO, J. P., *et al.*, 2018, p.30).

Ahora bien, una vez priorizados los sistemas, deben evaluarse para determinar su desempeño ante las crisis. Para ello, GOAL propone un enfoque innovador, el enfoque de resiliencia para sistemas sociales o R4S, que permite mapear cómo funcionan los sistemas y sus actores involucrados, y también evalúa la resiliencia y el comportamiento de los sistemas ante crisis, a fin de diseñar intervenciones que fortalezcan la resiliencia, el desempeño e inclusión de los sistemas locales. Este paso ayudará a identificar si los sistemas bajo análisis demuestran o no, mecanismos de afrontamiento o cierta capacidad de respuesta ante la crisis, permitiéndoles operar y mantener la entrega de sus bienes o servicios. De acuerdo con el desempeño de los sistemas, se determina en qué nivel de la escala de uno a cinco del marco de crisis a la resiliencia se ubica el o los sistemas priorizados. Por ejemplo, un nivel 1 sería si los sistemas están completamente colapsados y un nivel 3 serían sistemas resistiendo la crisis pero que requieren cierto soporte externo. La evaluación de los sistemas permite que las agencias humanitarias conozcan y respeten los actores locales y sus funciones dentro de los sistemas, a fin de proponer intervenciones que contribuyan a potenciar sus capacidades o cubrir brechas de manera temporal mientras otros actores retoman o asumen dicha función de forma permanente. Pues a diferencia de los actores locales, las agencias humanitarias no tienen un rol permanente dentro de los sistemas sino temporal.

Paso 4. Desarrollar intervenciones apropiadas: Según sea el nivel en el que se encuentre los sistemas locales priorizados, se determina el tipo de intervención que es necesaria. Si están totalmente colapsados como fue el caso del terremoto en Haití de 2010, se opta por la repuesta humanitaria (nivel 1); si los Sistemas locales están débiles e incapaces de enfrentar la crisis y dependen de apoyo externo (nivel 2), entonces se ofrece asistencia humanitaria o se provee de más capacidad para estabilizar el sistema; pero si los sistemas están enfrentando la crisis, pero necesidad de cierto apoyo externo, se ofrece dicho apoyo. Ahora bien, si los sistemas locales están en su mayoría funcionando (nivel 4), agencias como GOAL deberán apoyar a estos sistemas solo donde existen brechas. Finalmente, si los sistemas locales son robustos y están en pleno funcionamiento, se provee apoyo dirigido a emergencias nuevas e imprevistas (GOAL, 2023a, p.23).

Ejemplo de estabilización de sistemas en un contexto frágil y afectado por conflictos: sistema de mercado del pan y de provisión de agua potable en Siria.

Luego de más de una década de conflicto, el país tiene 7.2 millones de personas desplazadas internas y un 71 % de la población se encuentra en necesidad de asistencia humanitaria (Ocha, 2024, p.6). El programa de GOAL proporciona asistencia humanitaria a las comunidades de Idleb y el norte de Alepo, incluidas las poblaciones desplazadas y además procura la estabilización y el fortalecimiento del sistema de mercado del pan y el suministro de agua potable. En relación con el sistema de mercado del pan, GOAL asumió un rol temporal de suministro de harina y levadura a un número de panaderías que suministran pan a precios subsidiados acordados a una red de más de 400 vendedores en todo el noroeste de Siria (Patel, y otros, 2021). En 2022, GOAL facilitó el acceso a pan fresco a casi a la mitad del precio de mercado a 430,000 personas cada día (GOAL, 2022). GOAL trabaja con una serie de partes interesadas en el sistema de mercado para apoyar su funcionamiento y supervisar los precios de mercado (Patel, y otros, 2021). En cuanto al suministro de agua potable, en vista de que el conflicto dejó sin instituciones estatales para administrar la red del sistema de agua en Idleb, GOAL siguió un enfoque de estabilización reemplazando temporalmente la función del actores institucionales en 66 estaciones de bombeo y cuatro Unidades de Agua, haciendo inversiones en infraestructura crítica dañada por el conflicto, apoyando la provisión de combustible para la operación de las estaciones de bombeo de agua y subsidiando el pago de más de 300 empleados operando los sistemas de agua (Patel, y otros, 2021). Como resultado, solo en 2022 GOAL apoyó a 1.1 millón de personas con la provisión de agua potable limpia y segura (GOAL, 2022).

Figura 2. Representación simplificada del sistema de provisión y mantenimiento de drenajes en Tegucigalpa, Honduras. Fuente. Elaboración propia.

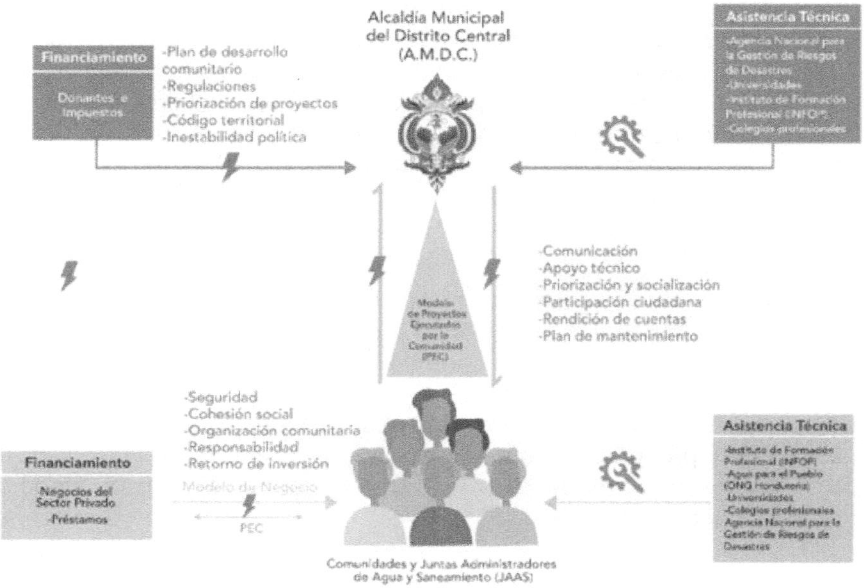

Ejemplo de fortalecimiento de un sistema en un contexto más estable: Sistema de provisión y mantenimiento de drenajes en Tegucigalpa, Honduras. En el marco del programa urbano «Barrio Resiliente», financiado por la USAID, GOAL identificó el sistema de provisión y mantenimiento de los servicios de agua como un sistema crítico para la resiliencia ante de desastres de barrios altamente vulnerables a deslizamientos e inundaciones repentinas y afectados por violencia e inseguridad social. Luego de mapear y entender el sistema, se identificaron todos los actores involucrados, su rol, capacidades, pero, sobre todo, permitió reconocer que este sistema estaba estrechamente relacionado con otro sistema crítico: la provisión y mantenimiento de drenaje. Sin embargo, ningún actor tenía el mandato ni era responsable de ello y no existía un modelo de financiación para la provisión y el mantenimiento del drenaje. La figura 2 muestra una representación simplificada del sistema y los estresores encontrados, especialmente en cuanto a la financiación y el apoyo técnico necesario. Esta brecha sistémica estaba aumentando el riesgo de deslizamientos de tierra, inundaciones, y enfermedades transmitidas por vectores en los barrios meta.

En respuesta a esto, GOAL facilitó un cambio sistémico al integrar la provisión y el mantenimiento del drenaje como parte del papel de las Juntas Administradoras de Agua. Para ello, **se desarrolló un modelo de negocio** y, para garantizar su éxito, se vincularon comités de gestión del agua con actores locales que fortalecieron sus capacidades operativas. Además, se desarrolló una campaña de cambio social y de comportamiento para promover el pago puntual del servicio de agua a fin de reducir los atrasos en el pago y aumentar la capacidad de las Juntas Administradoras de Agua para invertir en el mantenimiento de las tuberías y el drenaje. Finalmente, la construcción del drenaje se basó en la planificación de reducción del riesgo de desastres, misma que fue liderada por el gobierno local y la academia, entre otros actores. Como resultado de esta intervención, se incrementó el pago puntual de los usuarios y esto permitió a los Comités de Gestión del Agua invertir en el mantenimiento de tuberías y canaletas de agua. Además, se construyeron 55,00 metros de canal de drenaje e infraestructura de gestión de agua y se redujo el riesgo de deslizamientos de tierra, inundaciones repentinas, enfermedades transmitidas por vectores y por el agua. Un resultado inesperado, es que esta experiencia fue replicada por un actor local en otros barrios de Tegucigalpa. Este caso demuestra que, sin un enfoque sistémico, incluso si se hiciera una gran inversión en la provisión y el mantenimiento del drenaje, esto nunca habría sido sostenible y escalable.

Paso 5. Supervisar y evaluar como parte de la gestión adaptativa. Este paso sugiere utilizar herramientas que puedan medir la resiliencia tanto de la población objetivo como de los sistemas para determinar si se está avanzando o no en la transición de crisis a la resiliencia. También, para aprender e identificar donde hay buenas prácticas o elementos que requieren mejorarse o adaptarse. Para esto, GOAL propone el uso de la herramienta «Análisis de la resiliencia de las comunidades ante desastres» o ARC-D y el Enfoque R4S, esta última será tratada en la siguiente sección.

3.3. Innovaciones y aprendizajes en la medición y análisis de la resiliencia a desastres a nivel de sistemas

3.3.1. El Enfoque de Resiliencia para Sistemas Sociales (R4S)

Por «innovación» GOAL entiende como una nueva perspectiva, idea, tecnología o proceso que conduce a mejores soluciones o mejoras para resolver desafíos importantes (GOAL, 2023). En este sentido, El Enfoque de Resiliencia para Sistemas Sociales (R4S) desarrollado por GOAL en 2016, ofrece un enfoque innovador para analizar la resiliencia de los sistemas socioeconómicos y diseñar y guiar intervenciones con el objetivo de trabajar hacia sociedades más resilientes e inclusivas utilizando el enfoque en sistemas, técnicas de cambio social y de comportamiento. Desde 2016, el R4S ha sido aplicado por GOAL con el apoyo de diferentes donantes y socios, en más de 14 sistemas en 10 países entre África, Latinoamérica y El Caribe. Dentro de los sistemas analizados con el R4S está el sistema de pesca artesanal de baja escala, sistema de salud materna, neonatal e infantil, vivienda social, gestión de lodos fecales, agroforestería, entre otros.

El enfoque R4S ofrece un proceso estructurado paso a paso para evaluar la resiliencia de los sistemas socioeconómicos complejos y sus reacciones a los escenarios de riesgo. Una de sus principales innovaciones es el mapeo de sistemas como una herramienta visual que mejora la comprensión y análisis de estos sistemas. Además, R4S proporciona orientación sobre el análisis de los factores determinantes de los sistemas resilientes. La Figura 3 muestra los cinco componentes del R4S.

Figura 3. Componentes del Enfoque R4S. Fuente: GOAL, 2019, p.16.

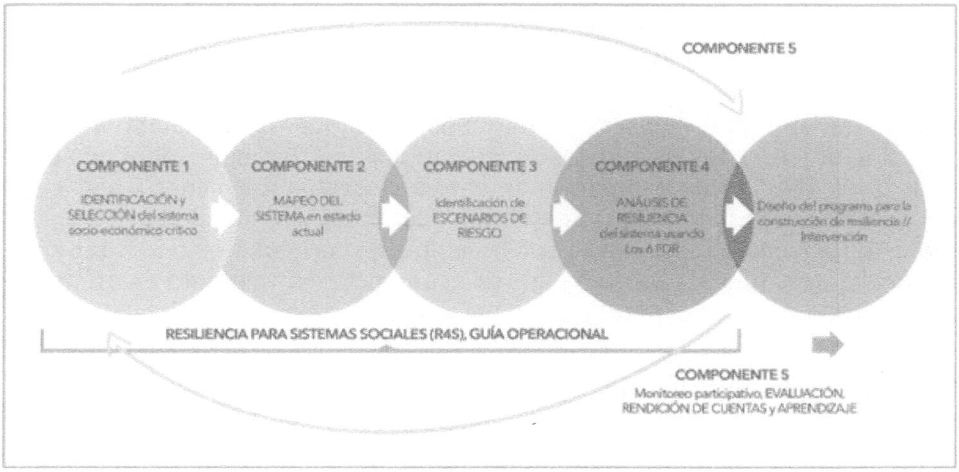

A continuación, se explica brevemente en qué consiste cada uno de los cinco componentes del Enfoque R4S.

Componente 1: Identifica y prioriza los sistemas socioeconómicos en función de su pertinencia para el grupo objetivo, la oportunidad de lograr cambios a gran escala, la viabilidad de los recursos de intervención y la contribución a la resiliencia del grupo objetivo.

Componente 2: Mapeo del estado actual de los sistemas socioeconómicos priorizados para comprender el papel de los diversos actores o su ausencia en los sistemas y sus relaciones entre sí.

Componente 3: Identificar y priorizar escenarios de riesgo que potencialmente podrían afectar a los sistemas socioeconómicos seleccionados, considerando la probabilidad de ocurrencia y el nivel de impacto.

Componente 4: Análisis de la resiliencia del sistema a través de una evaluación de vulnerabilidad y un análisis de bucle causal. Mediante un proceso participativo con los actores del sistema, se evalúa su resiliencia en función de seis factores determinantes de sistemas resilientes: *conectividad, diversidad, redundancia, gobernanza, participación y aprendizaje.* Sobre la base de este análisis, se desarrolla una teoría del cambio sistémica, junto con un mapa que establece la visión futura del sistema con los cambios propuestos para mejorar el funcionamiento, la resiliencia e inclusión de este.

Componente 5: Propone herramientas y buenas prácticas para la adopción de procesos participativos de monitoreo, evaluación, rendición de cuentas y aprendizaje.

Como resultado de la aplicación del Enfoque R4S, para GOAL es claro que, para construir sociedades resilientes e inclusivas, adoptar un enfoque en sistemas es uno de los primeros y más importantes pasos. Esto debido a que facilita la identificación tanto de los actores locales, sus roles e interacciones dentro de un sistema, como de sus capacidades y vulnerabilidades en tiempos normales y durante las crisis. Este ha sido el insumo clave para proponer soluciones que contribuyan en la transición de crisis a la resiliencia.

Los mapas en la aplicación del enfoque en sistemas ha demostrado ser una herramienta de visualización muy poderosa, que han facilitado la comprensión de los sistemas a pesar de su complejidad. También, identifica brechas que deben abordarse para mantener el acceso a los bienes y servicios del sistema en todo tiempo. Por ejemplo, identificar qué funciones del sistema están ausentes u operando con dificultad y, por ende, es necesario que agencias humanitarias u otros actores asuman temporalmente esa función mientras el actor correspondiente lo hace de forma permanente.

La práctica ha demostrado que las personas, las comunidades y los sistemas necesitarán capacidades específicas para ser resilientes frente a un determinado choque o estresor. Por ejemplo, el conocimiento del riesgo y la preparación que necesitan los actores de un sistema frente a terremotos o inundaciones es totalmente diferente al que se necesitaba para la pandemia de la COVID-19. Por lo tanto, podríamos encontrar que un sistema es resiliente frente a factores estresantes como la contaminación ambiental, pero no frente a inundaciones o crisis económicas. Otro aprendizaje es que los choques y estresores pueden combinarse y conformar escenarios o incluso que, sucedan varios escenarios de riesgos en cierto período de tiempo. Dando lugar a crisis que revierten los logros en materia de desarrollo que tanto costó obtener y afectan de manera desproporcionada a los más pobres y marginados. Si bien, esto ocurre con más frecuencia y con efectos devastadores en contextos frágiles y afectados por conflictos, también puede ocurrir en contextos más estables. Por ejemplo, en noviembre de 2020 el sistema pesquero de pequeña escala en la costa norte de Honduras, no solo se vio afectado por los efectos de la pandemia sino también por 2 huracanes, Eta e Iota, que azotaron la región en un periodo de tan solo tres semanas.

En este sentido, un elemento innovador dentro de la evaluación de la resiliencia de sistemas socioeconómicos ha sido el análisis de escenarios de riesgos. Si bien esto ha sido una práctica crucial en la gestión de riesgos de desastres, la planificación territorial, entre otras áreas desde hace muchos años, su aplicación en el marco de la evaluación y fortalecimiento de la resiliencia a nivel de sistemas se considera reciente. El uso de este análisis ha sido de gran utilidad para proporcionar una imagen clara de a qué debe ser resistente el sistema y para describir los posibles resultados negativos y la combinación de choques y estresores que podrían provocar los resultados finales, como la pérdida de vidas, bienes, etc. Esto se debe a que el abordaje de R4S sugiere el uso de mapas para visualizar los potenciales daños sobre el sistema y también resalta dónde y cómo prepararse para mitigar el impacto de los escenarios de riesgo. En definitiva, este análisis de la resiliencia ante escenarios de riesgos es un elemento que diferencia el enfoque en sistemas que utiliza GOAL en comparación a otros enfoques.

3.3.2. Estudio de caso sobre la aplicación del Enfoque R4S en el programa «Resiliencia de la Economía Azul» en la Costa Norte de Honduras

La pesca de baja escala es una fuente fundamental de empleo, ingresos, seguridad alimentaria y nutrición. Este sistema se mapeó por primera vez en 2016 por parte de la agencia humanitaria GOAL, para informar el diseño del programa «Resiliencia de la Economía Azul». Las principales limitaciones identificadas fueron la infraestructura inadecuada para la gestión de la cadena de frío, la falta de acceso a servicios financieros, la pobre gobernanza de los recursos naturales y el limitado cumplimiento de normas de higiene de alimentos, entre otras. Adicionalmente, se encontró que las comunidades de los pescadores enfrentaban inseguridad alimentaria, mientras que el sistema de pesca de baja escala (su principal fuente de alimentos e ingresos), era afectado por el cambio climático, la sobrepesca, entre otros factores.

Con base en la revisión de datos secundarios y la consulta con los actores del sistema, durante la fase inicial del programa en 2016 se identificaron choques y estresores pasados o con el potencial de afectar el sistema en un futuro. De manera participativa entre el equipo técnico y actores locales se analizó cómo podían combinarse estos choques y estresores y cuáles podrían ser sus posibles efectos negativos en todo el sistema. Con este análisis se construyeron posibles escenarios de riesgo, que fueron evaluados según su probabilidad de ocurrencia y el nivel de impacto para obtener una puntuación de riesgo. Como resultado, dos escenarios de riesgos fueron identificados como prioritarios: uno desencadenado por estresores como el cambio climático, la degradación ambiental y prácticas pesqueras insostenibles y el segundo, desencadenado por una tormenta tropical y marejadas con fuertes vientos. Por cada uno de estos escenarios de riesgo y nuevamente en conjunto con los actores locales y el equipo del programa, se efectuó un análisis de la vulnerabilidad de todos los actores y del sistema en general, y se evaluaron los seis factores determinantes de sistemas resilientes. El sistema de vulnerabilidad identificaba el nivel de vulnerabilidad de cada actor y las posibles interrupciones en la provisión de bienes y servicios. La evaluación de resiliencia ubicó al sistema en resiliencia baja para ambos escenarios de riesgos.

Este análisis sirvió de base para las intervenciones del Programa: conectar a pescadores y empresas de pescadores a un Sistema de Alerta Temprana (SAT) de Inundaciones, fortalecer un sistema de trazabilidad que podría mejorar los productos pesqueros y promover las buenas prácticas pesqueras, entre otras. Una solución que nació de los mismos actores locales fue la creación de REDPESCAH, una red pescadores integrada por más de 20 asociaciones de pescadores ubicada a lo largo de la costa norte de Honduras. REDPESCAH fue creada para consolidar la estructura de la pesca artesanal, así como ofrecer servicios a sus miembros sobre creación de marca, recolección y logística en zonas comerciales, consolidar la oferta comercial, facilitar el acceso a financiamiento, entre otros.

En 2020 se realizó un análisis de vulnerabilidad frente a un tercer escenario de riesgo: el confinamiento nacional en Honduras debido al COVID-19. Se descubrió que el 83 % de las funciones del sistema se interrumpían total o parcialmente. Este análisis dejó en evidencia que, el mayor impacto no fue para los pescadores que vendían directamente a los consumidores e intermediarios en sus comunidades, sino para las organizaciones pesqueras, las plantas de procesamiento y los supermercados que tenían clientes de mayor escala. Estos actores tenían grandes volúmenes de producto almacenado, pero sin poder movilizar, debido a las restricciones por el confinamiento. Además, informó al equipo del programa y a los actores del sistema para que se adaptaran rápidamente e incidieran en actores del sector gubernamental y privado para obtener su apoyo en la respuesta y recuperación de la crisis.

Gracias a la creación de la REDPESCAH y la implementación del sistema de trazabilidad (mejores prácticas de pesca y estándares de higiene y seguridad), algunos de los resultados a mencionar, es que las empresas de pescadores aplican mejores prácticas de pesca y fortalecieron sus capacidades financieras y administrativas. También, diversificaron sus productos y aumentaron su capacidad de comercialización en el mercado formal. En la actualidad el programa de la Resiliencia de la Economía Azul y el uso del enfoque R4S como herramienta clave de este programa, está siendo liderado por GOAL en siete países entre Latinoamérica y el Caribe (Honduras, Colombia, Haití, Guatemala y El Salvador) y África (Sierra Leona y Sudán del Sur).

4. Conclusiones

Las crisis ocurren cuando los sistemas locales colapsan, además las crisis se están volviendo cada día más complejas por lo que la construcción de resiliencia implica un enfoque en sistemas locales.

La única manera de hacer que las poblaciones afectadas por la crisis pasen de la crisis a la resiliencia es proteger, estabilizar y fortalecer los sistemas locales. Donde las agencias humanitarias solo tienen un rol temporal y de facilitadores de cambios, mientras que los actores locales son los principales catalizadores de cambios. La aplicación del enfoque en sistemas permite respetar y comprender los roles y las capacidades de los actores locales, para potenciar sus capacidades, no duplicar esfuerzos u ocasionar daños.

La innovación y el aprendizaje continuo en el sector humanitario y desarrollo son más necesarios que nunca para poder superar las crisis humanitarias.

5. Referencias bibliográficas

CAMPBELL, L., *Systems thinking for humanitarians.* Londres: ODI/ALNAP, 2022, S.L.

GOAL & Global Communities, *Innovation Lab: Resilient and Inclusive Neighborhood Approach.* Retrieved from GOAL Global, 2023, s.l, https://www.goalglobal.org/wp-content/uploads/2023/02/RINA_B04_2023.pdf

GOAL, *Análisis de la Resiliencia de las Comunidades ante Desastres*, 2016, S.L, https://resiliencenexus.org/arc_d_toolkit/what-it-is/

GOAL, 2019, S.L, https://resiliencenexus.org/es/r4s/

GOAL, *Syria: GOAL Global*, 2022, S.L, https://www.goalglobal.org/countries/syria/

GOAL, *Estrategia 2025: De la Crisis a la Resiliencia.* Dublín, 2023, S.L.

GOAL, Innovation Lab: GOAL GLOBAL. *RINA: Resilient and Inclusive Neighborhood Approach*, 2023, S.L, https://www.goalglobal.org/wp-content/uploads/2023/02/RINA_B04_2023.pdf

OCHA, *Panorama Global Humanitario* 2024, 2023, S.L, https://reliefweb.int/report/world/global-humanitarian-overview-2024-enarfres

OCHA, *Humanitarian Needs Overview* 2024, 2023, S.L, https://reliefweb.int/report/syrian-arab-republic/syrian-arab-republic-2024-humanitarian-needs-overview-february-2024

PATEL, S. S., MCCAUL, B., CÁCERES, G., PETERS, L. E., PATEL, R. B., & CLARK-GINSBERG, A. «Delivering the promise of the Sendai Framework for Disaster Risk Reduction in fragile and conflict-affected contexts (FCAC): A case study of the NGO GOAL's response to the Syria conflict». *Progress in Disaster Science,* 2021, 10, págs. 1-9. doi:http://dx.doi.org/10.1016/j.pdisas.2021.100172

SARMIENTO, J. P., SANDOVAL, V., JERATH, M., HOBERMAN, G., ARRIETA, A., CHEN, W., LIDTH DE JEUDE, M., SCHÜTTE, O., MAZARIEGOS, E., PALACIOS, E., CARDONA, O.D., BERNAL, G., RUIZ, P., ROSALES, E., POLAK, S., *Performance Evaluation in LAC Urban DRR Programming: The Neighborhood Approach. United States Agency for International Development (USAID)*, 2018, S.L, https://pdf.usaid.gov/pdf_docs/PA00T34V.pdf

USAID, ¿What is adaptive management? USAID, 2018, S.L, https://usaidlearninglab.org/

COLECCIÓN
SINGULARIDAD TECNOLÓGICA Y BUENA ADMINISTRACIÓN

COLEX

TÍTULOS PUBLICADOS

1. Enfoques, experiencias y formas de construir resiliencia en comunidades de Iberoamérica

Made in the USA
Middletown, DE
05 November 2026

36607870R00139